Arbeits- und Beschäftigungsformen im Wandel

Stephan Kaiser • Eva Bamberg
Rüdiger Klatt • Sonja Schmicker
(Hrsg.)

Arbeits- und Beschäftigungsformen im Wandel

Springer Gabler

Herausgeber

Stephan Kaiser
Institut für Entwicklung
Universität der Bundeswehr München
Neubiberg
Deutschland

Eva Bamberg
Fachbereich Psychologie, Arbeits- und
Organisationspsychologie
Universität Hamburg
Hamburg
Deutschland

Rüdiger Klatt
WISO Forschungsgruppe
Technische Universität Dortmund
Dortmund
Deutschland

Sonja Schmicker
An-Institut der Otto-von-Guericke Universität
METOP GmbH
Magdeburg
Deutschland

ISBN 978-3-658-00330-2
DOI 10.1007/978-3-658-00331-9

ISBN 978-3-658-00331-9 (eBook)

Die Deutsche Nationalbibliothek verzeichnet diese Publikation in der Deutschen Nationalbibliografie; detaillierte bibliografische Daten sind im Internet über http://dnb.d-nb.de abrufbar.

Springer Gabler

Springer Gabler ist eine Marke von Springer DE. Springer DE ist Teil der Fachverlagsgruppe Springer Science+Business Media
www.springer-gabler.de

Einleitung

Neue Arbeits- und Beschäftigungsformen sind ein mittlerweile gängiges Phänomen der modernen Arbeitswelt. Unternehmen nutzen Zeitarbeitende, Arbeiter auf Abruf, so genannte Solo-Selbstständige, Teilzeitarbeitende und vieles mehr. Für Unternehmen, aber zum Teil auch für Arbeitnehmer, sind diese neuen Arbeits- und Beschäftigungsformen unter anderem ein zentrales Instrument zur Flexibilisierung. Für betroffene Beschäftigte halten sie jedoch auch nicht zu unterschätzende Herausforderungen bereit. Vor diesem Hintergrund hat sich der vorliegende Band zum Ziel gesetzt, einen Einblick in spezifische Arbeits- und Beschäftigungsformen und deren Konsequenzen zu liefern. Die Entstehung des Bandes basiert auf vier Verbundprojekten, die im Rahmen des vom Bundesministerium für Bildung und Forschung (BMBF) geförderten Förderschwerpunkts „Balance von Flexibilität und Stabilität in einer sich wandelnden Arbeitswelt" gefördert wurden und gemeinsam die Fokusgruppe „Arbeits- und Beschäftigungsformen im Wandel" gebildet haben. Dieser Förderschwerpunkt ist wiederum eingebettet in das BMBF Forschungs- und Entwicklungsprogramm „Arbeiten – Lernen – Kompetenzen entwickeln. Innovationsfähigkeit in einer modernen Arbeitswelt". Die Verbundprojekte der Fokusgruppe schlagen vor dem Hintergrund des Wandels zu flexibleren Arbeitsformen neuartige und innovative Konzepte zum Umgang mit flexiblen Arbeits- und Beschäftigungsformen vor. Dabei steht nicht nur die Perspektive der Unternehmen, sondern auch die der betroffenen Mitarbeiter im Blickpunkt.

Konkret fokussieren die vier beteiligten Verbundprojekte auf unterschiedliche Formen der Flexibilisierung. Das Projekt FlexIKo[KMU] beschäftigt sich allgemein mit Flexibilisierungsstrategien in kleinen und mittleren Unternehmen, das Projekt FlexiBalance behandelt die Arbeits- und Beschäftigungsform „Zeitarbeit" und fokussiert hierbei insbesondere auf Fragen des Berufseinstiegs nach der Elternzeit. Das Projekt RUF untersucht Phänomene der Flexibilisierung der Arbeitszeit, während sich das Projekt FlinK mit der Flexibilisierung der Beschäftigungsformen vor dem Hintergrund des zunehmenden Einsatzes von Freelancern auseinandersetzt. Entsprechend der Logik der Fokusgruppe ist der vorliegende Band in vier Teile untergliedert:

- In einem ersten Teil wird die Flexibilisierung des Personaleinsatzes im Spannungsfeld von Flexibilisierung und Standardisierung diskutiert. Hierbei erfolgt ein Fokus auf kleinere und mittlere Unternehmen, denen innovative, flexible und praxisgerechte Personaleinsatzkonzepte geboten werden sollen. Im Ergebnis wird ein Modell vorgeschlagen, das es Unternehmen erleichtert, Flexibilisierungsinstrumente zu systematisieren und zielorientiert zu nutzen.

- Im zweiten Teil des Buches steht die Beschäftigungsform „Freelancing" im Mittelpunkt der Betrachtung. Freelancer sind eigenverantwortlich auf Projektbasis für Unternehmen tätig und gewinnen in dynamischen Branchen zunehmend an Relevanz. Die Konsequenzen, die sich aus diesen strukturellen Veränderungen der Beschäftigungsverhältnisse ergeben, werden sowohl auf individueller Ebene des einzelnen Freelancers als auch auf der Ebene der einsetzenden Unternehmen analysiert.

- Die Verfasser des dritten Teils des vorliegenden Buches beschäftigen sich mit den Konsequenzen der Zeitarbeit für Familie und Beruf. Ziel ist es, die bisher nur wenig genutzten Arbeitspotenziale von Personen mit familiärer Verantwortung stärker zu nutzen. Dies geschieht durch eine Sicherstellung der Betreuung von Kindern oder der zupflegenden Angehörigen, so dass die zeitliche Flexibilität der Arbeitskräfte verbessert wird. Es geht folglich insgesamt um die Frage, wie sich Bedingungen für die Vereinbarkeit von Familie und Beruf durch innovative Personaldienstleistungskonzepte in Kombination mit Dienstleistungen zur Familienbetreuung weiterentwickeln lassen.

- Der vierte Teil des Buches konzentriert sich auf eine besondere Art der Flexibilisierung der Beschäftigung: die Arbeit auf Abruf bzw. die sogenannte Rufbereitschaft. Es werden Modelle und Lösungsvorschläge entwickelt, wie einerseits Unternehmen Flexibilität, Präsenz und Verfügbarkeit erlangen und gleichzeitig die Bedürfnisse und Entwicklungspotenziale von Mitarbeitern andererseits berücksichtigt und gefördert werden können.

Wir wünschen den Lesern des vorliegenden Buches eine anregende Lektüre und freuen uns auf konstruktive Rückmeldungen.

Die Herausgeber

Danksagung

Dieses Buch wurde im Rahmen des Förderschwerpunkts „Balance von Flexibilität und Stabilität" aus Mitteln des Bundesministeriums für Bildung und Forschung und aus dem Europäischen Sozialfonds der Europäischen Union gefördert.

Inhaltsverzeichnis

Mitarbeiterverzeichnis

Prof. Dr. Eva Bamberg Fachbereich Psychologie, Universität Hamburg, Von-Melle-Park 11, 20146 Hamburg, Deutschland
E-Mail: bamberg@uni-hamburg.de

Johannes Becker Wissenschaftliche Fakultät, Heinrich-Heine-Universität, Universitätsstr. 1, 40225 Düsseldorf, Deutschland

Dr. Bernd Benikowski Gaus GmbH, Medien Bildung Politikberatung, Märkische Str. 86–88, 44141 Dortmund, Deutschland
E-Mail benikowski@gaus.de

Ulrike Bonss Institut für Entwicklung zukünftiger Organisationen, Universität der Bundeswehr München, Werner-Heisenberg-Weg 39, 85577, Neubiberg, Deutschland

Henrik Cohnen Technische Universität Dortmund, WISO Forschungsgruppe Arbeitssoziologie, Otto-Hahn-Str. 4, 44221 Dortmund, Deutschland

Jan Dettmers Fachbereich Psychologie, Universität Hamburg, Von-Melle-Park 11, 20146 Hamburg, Deutschland

Simon Fietze Fachbereich Psychologie, Universität Hamburg, Von-Melle-Park 11, 20146 Hamburg, Deutschland

Niklas Friedrich Fachbereich Psychologie, Universität Hamburg, Von-Melle-Park 11, 20146 Hamburg, Deutschland

Winfried Glöckner METOP GmbH, An-Institut der Otto-von-Guericke-Universität Magdeburg, Sandtorstr. 23, 39106 Magdeburg, Deutschland

Panja Goerke Fachbereich Psychologie, Universität Hamburg, Von-Melle-Park 11, 20146 Hamburg, Deutschland

Matthias Großholz METOP GmbH, An-Institut der Otto-von-Guericke-Universität Magdeburg, Sandtorstr. 23, 39106 Magdeburg, Deutschland

Markus Hiddemann Gaus GmbH, Medien Bildung Politikberatung, Märkische Str. 86–88, 44141 Dortmund, Deutschland

Tim Vahle-Hinz Fachbereich Psychologie, Universität Hamburg, Von-Melle-Park 11, 20146 Hamburg, Deutschland

Ingrid Josephs FernUniversität Hagen, LG Psychologie des Erwachsenenalters, Universitätsstr. 33, 58084 Hagen, Deutschland

Prof. Dr. Stephan Kaiser Institut für Entwicklung zukünftiger Organisationen, Universität der Bundeswehr München, Werner-Heisenberg-Weg 39, 85577, Neubiberg, Deutschland E-Mail: Stephan.Kaiser@unibw.de

Monika Keller Fachbereich Psychologie, Universität Hamburg, Von-Melle-Park 11, 20146 Hamburg, Deutschland

Dr. Andrea Kettenbach FernUniversität Hagen, LG Psychologie des Erwachsenenalters, Universitätsstr. 33, 58084 Hagen, Deutschland E-Mail: andrea.kettenbach@fernuni-hagen.de

Prof. Dr. Rüdiger Klatt Technische Universität Dortmund, WISO Forschungsgruppe Arbeitssoziologie, Otto-Hahn-Str. 4, 44221 Dortmund, Deutschland E-Mail Ruediger.Klatt@tu-dortmund.de

Prof. Dr. Rüdiger Klatt Technische Universität Dortmund, WISO Forschungsgruppe Arbeitssoziologie, Otto-Hahn-Str. 4, 44221 Dortmund, Deutschland E-Mail: Ruediger.Klatt@tu-dortmund.de

Wenzel Matiaske Fachbereich Psychologie, Universität Hamburg, Von-Melle-Park 11, 20146 Hamburg, Deutschland

Pia Rauball Gaus GmbH, Medien Bildung Politikberatung, Märkische Str. 86–88, 44141 Dortmund, Deutschland

Katja Richter METOP GmbH, An-Institut der Otto-von-Guericke-Universität Magdeburg, Sandtorstr. 23, 39106 Magdeburg, Deutschland

Inga Rössing Institut für Entwicklung zukünftiger Organisationen, Universität der Bundeswehr München, Werner-Heisenberg-Weg 39, 85577, Neubiberg, Deutschland

Shiva Sayah Wissenschaftliche Fakultät, Heinrich-Heine-Universität, Universitätsstr. 1, 40225 Düsseldorf, Deutschland

Henning Soll Fachbereich Psychologie, Universität Hamburg, Von-Melle-Park 11, 20146 Hamburg, Deutschland

Dr.-Ing. Sonja Schmicker METOP GmbH, An-Institut der Otto-von-Guericke-Universität Magdeburg, Sandtorstr. 23, 39106 Magdeburg, Deutschland
E-Mail: sonja.schmicker@metop.de

Silke Steinberg Technische Universität Dortmund, WISO Forschungsgruppe Arbeitssoziologie, Otto-Hahn-Str. 4, 44221 Dortmund, Deutschland

Prof. Dr. Stefan Süß Wissenschaftliche Fakultät, Heinrich-Heine-Universität, Universitätsstr. 1, 40225 Düsseldorf, Deutschland
E-Mail: Stefan.Suess@hhu.de

Bernd-Friedrich Voigt METOP GmbH, An-Institut der Otto-von-Guericke-Universität Magdeburg, Sandtorstr. 23, 39106 Magdeburg, Deutschland

Dieter Wagner METOP GmbH, An-Institut der Otto-von-Guericke-Universität Magdeburg, Sandtorstr. 23, 39106 Magdeburg, Deutschland

Teil I
Flexibler Personaleinsatz

Flexibler Personaleinsatz im Spannungsfeld von Individualisierung und Standardisierung

Sonja Schmicker, Dieter Wagner, Winfried Glöckner, Matthias Großholz, Katja Richter und Bernd-Friedrich Voigt

1.1 Einführung

Die Wirtschaft befindet sich derzeit in einem tiefgreifenden gesellschaftlichen, wirtschaftlichen und technischen Wandel. Besonders gravierende Herausforderungen an Unternehmen ergeben sich aus der fortschreitenden Globalisierung, verbunden mit einer Verschärfung des internationalen Wettbewerbs, sowie aus dem demografischen Wandel mit seinen unmittelbaren und mittelbaren Folgen. Neue flexible Arbeitsformen, welche nicht immer den Wünschen der Arbeitspersonen entsprechen, finden eine starke Verbreitung. Gleichzeitig differenzieren sich die individuellen Ansprüche der Mitarbeiter/-innen an die Arbeit deutlich. Zum Beispiel suchen immer mehr hochqualifizierte Frauen und Männer mit spezifischen, oft zeitlich begrenzten Spielräumen in der Familiengründungsphase, eine angemessene Teilzeitbeschäftigung. Für Fachkräfte steht der Wunsch nach einer akzeptablen Work-Life-Balance bei der Beurteilung der Attraktivität von Arbeitgebern immer stärker im Fokus (vgl. Schmicker et al. 2011; BMFSFJ 2010).

Die Unternehmen versuchen, mit mannigfaltigen Flexibilisierungsansätzen, z. B. technologischen und finanzwirtschaftlichen, den Problemen zu begegnen. Ein sehr wichtiger Ansatzpunkt besteht darin, durch flexible Lösungen des Personaleinsatzes die Wettbewerbsfähigkeit der Unternehmen zu sichern. Diese Ansätze sind nicht gänzlich neu, beschränken sich aber bisher meist auf die zeitliche Flexibilität.

Betrachtet man die Entwicklung der Arbeitswelt insgesamt, befindet sich diese in einer Umbruchsphase. Diese ist besonders durch zwei zentrale Merkmale gekennzeichnet (vgl. Moldaschl und Voß 2003; Voß 2007):

S. Schmicker (✉) · D. Wagner · W. Glöckner · M. Großholz · K. Richter · B.-F. Voigt
METOP GmbH, An-Institut der Otto-von-Guericke-Universität Magdeburg, Sandtorstr. 23, 39106 Magdeburg, Deutschland
E-Mail: sonja.schmicker@metop.de

S. Kaiser et al. (Hrsg.), *Arbeits- und Beschäftigungsformen im Wandel*,
DOI 10.1007/978-3-658-00331-9_1, © Springer Fachmedien Wiesbaden 2013

Tab. 1.1 Chancen und Risiken einer zunehmenden Individualisierung

	Chancen	Risiken
Unternehmen	Erhöhung der Arbeitszufriedenheit und der Mitarbeitermotivation	Langfristig negative Gesundheitswirkungen
	Leistungssteigerungen der Mitarbeiter ohne „Druck" vom Unternehmen	Sinkende Verbundenheit mit Unternehmen
	Innovationsfähigkeit steigt	Fluktuation von sogenannten „Leistungsträgern"
Mitarbeiterinnen und Mitarbeiter	Selbstverwirklichung steigt	Steigende Anforderungen an die Eigenstrukturierung der Arbeit mit Überforderungssymptomatik
	Orientierungslosigkeit sinkt	Selbstausbeutung
	Fremdkontrolle reduziert sich	Zugriff auf gesamte Lebenswelt durch den Arbeitgeber
	Individuelle Intentionen können besser realisiert werden	Bindungsfähigkeit sinkt

- Zunehmende Entgrenzung von Arbeit und Leben
  Dieses zeigt sich deutlich dadurch, dass die Grenzen zwischen Arbeit und Leben (besser: Erwerbsarbeit und „restliches" Leben) zunehmend durchlässiger werden. Bemerkenswerte Beispiele dafür sind die Zunahmen flexibler Arbeitszeiten sowie die immer stärkere Verbreitung von Home Office und anderen Konzepten flexibler Arbeitsorte.
- Subjektivierung der Arbeit
  Diese tritt in doppelter Art und Weise in Erscheinung. Einerseits als bewusst eingesetztes Managementkonzept zur Gewährung von Freiheiten mit dem Ziel, dass Arbeitspersonen ihre Arbeit selbst optimieren. Damit entsteht sozusagen automatisch neben einer möglichen auch eine erzwungene Flexibilität der Arbeit. Andererseits entsteht Subjektivität in Form gestiegener subjektiver Ansprüche des Menschen selbst an die Arbeit und ihrer Bedingungen.

Becker (2012) beschreibt darüberhinausgehend eine sogenannte „Quadriga des postmodernen Zeitgeistes", die durch die Phänomene Individualisierung, Temporalisierung, Fragmentierung und Ästhetisierung beschrieben werden kann. (vgl. Hillmann 2007; Kohli 1985; Mythen 2005; Brannen und Nilsen 2005; Lawler 2008). Die dreiteilige Normalbiografie (Ausbildung, Erwerbstätigkeit, Renteneintritt) weicht einem multiperspektivischen Biografiemodell (Horx 2010). Die Lebensentwürfe und -verhältnisse vervielfachen und differenzieren sich. Aus diesen Phänomenen entstehen neue personalwirtschaftliche Herausforderungen, die auf die Schaffung sowohl flexibler als auch stabiler Arbeitsbedingungen orientieren sowie eine stärkere Individualisierung fördern.

Die genannten Entwicklungen zeigen zusammenfassend ambivalente Ergebnisse für Belegschaft und Unternehmen und führen zu Chancen und Risiken (vgl. Kleeman et al. 1999). Einige Beispiele enthält Tab. 1.1.

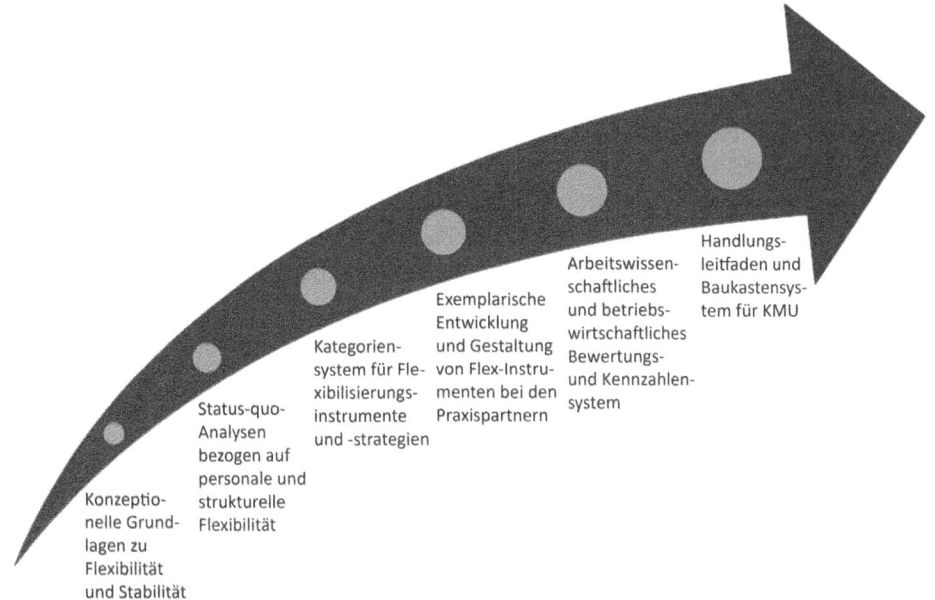

Abb. 1.1 Methodisches Vorgehen im Projekt FlexIKo^{KMU}

Es entsteht damit unmittelbar die Frage, wie Unternehmen und speziell die kleinen und mittleren Unternehmen (KMU) diese notwendige Individualisierung von betrieblichen Gestaltungslösungen erreichen, ohne eine nicht beherrschbare Anzahl von Lösungen mit negativen Folgen für das Unternehmen und auch die Belegschaft hervorzurufen.

In diesem Kontext greift das BMBF-Projekt FlexIKo^{KMU} „Flexible Personaleinsatzstrategien – Innovative Konzepte für KMU" die Fragestellungen auf und versucht, unternehmens- und mitarbeitergerechte flexible Personaleinsatzkonzepte zu entwickeln. Die Konzentration auf KMU begründet sich aus zwei Gesichtspunkten. Zum einen beschäftigen die KMU die Mehrzahl der Arbeitnehmer/-innen in Deutschland. Dennoch wird nach wie vor die überwiegende Zahl arbeitswissenschaftlicher und betriebswirtschaftlicher Untersuchungen in Großunternehmen realisiert. Zweitens führt die Konzentration auf KMU aus vielerlei Gründen zu einem gewissen Zwang nach (relativer) Einfachheit und größtmöglicher Praktikabilität und Verständlichkeit als ausgewiesenes Ziel des Projektes.

Im Ergebnis der Projektarbeit wurde folgende grundsätzliche Vorgehensweise konzipiert und mit Erfolg exemplarisch angewendet (siehe auch Abb. 1.1):

- Analyse der betrieblichen Situation und der unternehmens- und mitarbeiterbezogenen Zielstruktur.In diesem Zusammenhang wurden standardisierte Fragebögen und teilstrukturierte Interviewleitfäden für die Belegschaft und die Geschäftsführung sowie Moderationskonzepte für Gruppendiskussionen entwickelt, um mitarbeiter- und unternehmensbezogene Ziele zu definieren.

- Bildung einer betrieblichen Arbeitsgruppe mit Vertreter/-innen der Geschäftsführung und der Belegschaft und/oder des Betriebsrates zur Sicherung eines konsequent partizipativen Vorgehens.
- Beteiligungsorientierte Entwicklung betrieblicher Gestaltungslösungen auf der Basis der entwickelten Flexibilisierungsinstrumente und -Modelle unter Berücksichtigung unternehmens- und mitarbeiterbezogener Bewertungskriterien.
- Probeweise Einführung und Evaluation.
- Erarbeitung eines arbeitswissenschaftlichen und betriebswirtschaftlichen Bewertungs- und Kennzahlensystems.
- Aufbereitung der Erkenntnisse und Gestaltungslösungen zu einem betrieblichen Handlungsleitfaden mit einem entsprechenden Baukastensystem bewährter Flex-Modelle und -Instrumente.

Die Verbundstruktur lässt sich wie folgt beschreiben:

Als wissenschaftliche Partner fungierten die METOP GmbH, An-Institut der Otto-von-Guericke-Universität Magdeburg mit Kernkompetenzen auf dem Gebiet der Arbeitsorganisationsgestaltung und die Universität Potsdam, Lehrstuhl für Betriebswirtschaftslehre mit Kernkompetenzen im Schwerpunkt Organisation und Personalwesen.

Die Praxispartner waren vier KMU mit verschiedener Ausrichtung und Größe. Das erste Unternehmen A) stellt Drehstrommotoren und -generatoren nach Kundenwünschen her und ist international aufgestellt. Die Zahl der Mitarbeiter/-innen beträgt ca. 220. Der zweite Partner ist ein Sondermaschinenbauer B) mit Kunden vorwiegend aus der Automobilindustrie und dem Maschinenbau in Deutschland. Das Unternehmen hat ca. 60 Beschäftigte. Das dritte Unternehmen C) entwickelt, produziert und konfektioniert orthopädische Gelenkimplantate. Dabei wird das gesamte Spektrum von der Entwicklung neuer Produkte über den Prototypenbau bis zur Serienfertigung für Kunden bedient. Hier sind ca. 170 Mitarbeiter/-innen beschäftigt. Ein deutschlandweit tätiger Ingenieurdienstleister D), welcher vorwiegend Konstruktionsaufträge für die Automobilindustrie abwickelt, komplettiert die Praxispartner. Hier arbeiten ca. 30 Mitarbeiter/-innen, wobei eine Reihe von Mitarbeitern/-innen beim Kunden vor Ort tätig ist.

Als Moderator für den prozessbegleitenden Transfer zwischen Wissenschaft und Praxis fungierte das wirtschaftspsychologische Beratungsunternehmen Managing Organizations, das auf akteurs-zentrierte Organisationsentwicklungsprojekte spezialisiert ist.

1.2 Konzeptionelle Grundlagen

Unbestritten gilt Flexibilität als ein wesentlicher Faktor zur Sicherung der Wettbewerbs- und Zukunftsfähigkeit von Unternehmen. Die erforderliche Flexibilität wird in verschiedenen Arten sichtbar. Zum Beispiel kann mit Hilfe verbesserter Maschinen- und Steuerungskonzepte die technische Flexibilität erhöht werden, neuartige Finanzinstrumente ermöglichen eine sicherere Versorgung der Unternehmen mit Liquidität.

Im Zusammenhang mit der Problematik der Individualisierung rückt der flexible Personaleinsatz in den Fokus der Betrachtungen. Im Gegensatz zu den anderen Flex-Arten entsteht hier potenziell ein Spannungsfeld zwischen den objektiven und/oder von der Geschäftsführung als wichtig angesehenen Notwendigkeiten des Unternehmens und den individuellen Motiven, Erwartungen, Bedarfen und Interessen der Mitarbeiter/-innen. In Abhängigkeit von der Unternehmensphilosophie, den konkreten Arbeitsaufgaben und arbeits- und fertigungsorganisatorischen Regelungen wird von Mitarbeitern/-innen eine bestimmte Flexibilität erwartet. Im Gegenzug hat jeder Mitarbeiter/jede Mitarbeiterin in Anhängigkeit von seiner/ihrer lebens- und berufsbiografischen Situation sowie seinen/ihren Bedürfnissen Vorstellungen für die eigene optimale Flexibilität in der Arbeit. Die methodisch unterstützte Beherrschung von dabei auftretenden Spannungen/Dysbalancen ist der wichtigste Schlüssel für erfolgreiche flexible Personaleinsatzkonzepte.

In diesem Zusammenhang ist die Bestimmung eines praktikablen Flexibilitätsbegriffes für alle betrachteten Systeme (Unternehmen, Netzwerk, Mensch) notwendig, zumal in der Literatur keine einheitliche Definition existiert.

Im Folgenden wird unter **Flexibilität**

> die Fähigkeit eines Systems verstanden, selbständig proaktiv oder reaktiv mit externen oder intern induzierten Veränderungen umzugehen, um festgelegte Ziele zu erreichen. Auch die selbständige Anpassung des Zielsystems als Reaktion auf eine zukünftige oder bereits eingetretene Veränderung ist möglich.Die für eine Veränderungsbewältigung nötigen und zur Verfügung stehenden […anhand des Erfolgskriteriums bewertete…] Ressourcen in Prozessen, Systemen und Strukturen werden als Flexibilitätspotenziale bezeichnet, (in Anlehnung an Brehm 2003; Voigt und Saatmann 2005).

Für die praktische Nutzung ist die eindeutige Beschreibung der tatsächlichen oder gewünschten Flexibilität wesentlich. Dafür haben sich die in der Tab. 1.2 aufgeführten Flexibilitätskategorien von Reilly (2001) – leicht modifiziert und ergänzt um die biografische Flexibilität – als geeignet erwiesen.

Mit Hilfe dieser Kategorien lässt sich die Flexibilität von betrieblichen Gestaltungslösungen für Personaleinsatzkonzepte beschreiben und letztlich auch im Kontext geeigneter Kriterien bewerten. Für Flexibilisierungsinstrumente und -modelle ist es möglich, die Potenziale und damit die erreichbaren Wirkungsrichtungen aufzuzeigen. Für weitergehende Forschungen lässt sich darüber hinaus die Frage stellen, ob die beschriebenen Kategorien ebenfalls für das System Mensch in der personellen Ebene (außerhalb der Erwerbsarbeit) anwendbar sind und so die vorgestellte Definition für Flexibilität auf beide Systeme (innerhalb und außerhalb der Erwerbsarbeit) angewendet werden kann.

Im Analyse-, Gestaltungs- und Bewertungsprozess sind verschiedene Entwicklungsstadien und Verallgemeinerungsstufen von betrieblichen Flexibilisierungskonzepten und -lösungen zu unterscheiden. In der Literatur existiert keine einheitliche Sprachregelung

Tab. 1.2 Flexibilitätskategorien zur Beschreibung von flexiblen Personaleinsatzstrategien

Bezeichnung	Erläuterung
Funktionale Flexibilität	Bedeutet Anpassung der Arbeitsorganisation an wechselnde Rahmenbedingungen und damit die Möglichkeit der Variation von Arbeitsteilung, Arbeitsstruktur und Arbeitsorganisation
Monetäre Flexibilität	Heißt Variationsfähigkeit in Entgelt- und Anreizsystemen, bezogen auf quantitative und qualitative Regelungen
Numerische Flexibilität	Umschließt die Fähigkeit eines Unternehmens, das Arbeitskräftevolumen an intern oder extern induzierte Nachfrageschwankungen im Rahmen des betrieblichen Leistungsportfolios anzupassen
Räumliche Flexibilität	Besteht in der Variationsfähigkeit des Arbeitsortes und des Arbeitsplatzes hinsichtlich Arbeitsorganisation und Unternehmen
Zeitliche Flexibilität	Besteht in der Variationsfähigkeit der Arbeitszeit/Lebensarbeitszeit bezogen auf Lage (chronologisch) und Dauer (chronometrisch)
Vertragliche Flexibilität	Ist die Variationsfähigkeit in der juristischen/rechtlichen Form der Bindung zwischen Unternehmen und Arbeitsperson als Mitarbeiter/ Freelancer oder selbstständiger Unternehmer
Sonderform Biografische Flexibilität	Beinhaltet die Variationsfähigkeit in der Strukturierung/Systematisierung des Arbeitsverhältnisses nach berufs- und lebensbiografischen Phasen

für die verwendeten Begrifflichkeiten wie z. B. Modelle, Werkzeuge, Instrumente, Gestaltungslösungen. Für eine saubere methodische Differenzierung der Problematik entsteht auf mehreren Ebenen ein Definitionsbedarf.

Für die allgemeine Beschreibung von (eher) eindimensionalen konzeptionellen Leitbildern bzw. Konzepten zur Optimierung der personellen Flexibilität bzw. Teile von ihr wird der Begriff „**Flex-Instrument**" genutzt. Beispiele dafür sind die Gleitzeit, Home-Office und Kurzarbeit. In diesem Sinne stellen sie Typenlösungen dar, welche als Basis für die Entwicklung der betrieblichen Gestaltungslösung für die Unternehmen dienen. Flex-Instrumente lassen sich sinnvoll und unabhängig von den konkreten betrieblichen Gegebenheiten als Standardlösungen in Gestaltungskatalogen zusammenstellen.

Die Beschreibung von mehrdimensionalen konzeptionellen Leitbildern bzw. Konzepten zum flexiblen Personaleinsatz wird als **Flex-Modell** bezeichnet. Beispiele dafür sind das Cafeteria-Modell mit Home-Office als Bestandteil und Teilzeitmodelle. Auch Modelle dienen als Basis für betriebliche Gestaltungslösungen, sind aber komplexer als Flex-Instrumente. Modelle lassen sich sinnvoll in Katalogen zusammenfassen.

Für die Bezeichnung und Beschreibung der im Unternehmen konkret genutzten bzw. im Detail beschriebenen Lösungen für Flex-Instrumente und zugehöriger Arbeitshilfen wird der Begriff „**betriebliche Flex-Gestaltungslösung**" verwendet. Aufgrund ihrer Konkretheit und Einmaligkeit lassen sich betriebliche Gestaltungslösungen sinnvoll nur als Beispiele in Gestaltungskatalogen nutzen.

1.3 Empirische Untersuchungsergebnisse aus arbeitswissenschaftlicher Perspektive

1.3.1 Ausgangslage

Ausgehend vom bereits beschriebenen gesellschaftlichen, wirtschaftlichen und technischen Wandel und dem daraus abzuleitenden Bedarf einer stärkeren Individualisierung der Arbeits- und Beschäftigungsbedingungen stellt sich die Frage, welche arbeitswissenschaftliche Problem- und Zielstellungen damit verbunden sind. Im Zusammenhang mit dem Förderschwerpunkt Balance von Flexibilität und Stabilität in einer sich wandelnden Arbeitswelt standen folgende Themen im Projekt im Vordergrund der Arbeiten:

- Bestimmung der Ursachen und Wünsche für individuelle Flexibilitätsbedarfe in der Arbeitswelt,
- Operationalisierung der Sozialverträglichkeit als arbeitswissenschaftliche Bewertungsebene zur systematischen Einbindung des Überlappungsbereiches zwischen personeller (Mensch außerhalb der Organisation) und personaler (Mensch als Teil der Organisation) Ebene,
- Entwicklung neuer Ansätze für ein Strukturmodell zur Erfassung der individuellen lebens- und berufsbiografischen Bedarfe von Arbeitspersonen,
- Erarbeitung von Personalführungsinstrumenten zur kontinuierlichen systematischen Erfassung der individuellen lebens- und berufsbiografischen Bedarfe,
- Ableitung von Konsequenzen für den Analyse, Bewertungs- und Gestaltungsprozess und die Arbeitsmethodik zur Entwicklung flexibler und individuell begründeter Personaleinsatzstrategien.

Eine Analyse der Ausgangslage zeigt eine Reihe von theoretischen Ansätzen zu Ursachen individueller Flexibilitätsbedarfe, die unter Umständen auch auf die Gestaltung der Arbeit Einfluss haben. Eine erste Quelle von Beschreibungsansätzen findet man im Bereich der Sozialstrukturforschung als sogenannte Klassen-, Schicht- und Lagemodelle (vgl. Geißler, 2011). Sie sind zwar nicht ausdrücklich zu diesem Zweck entwickelt worden, lassen aber Rückschlüsse auf unser Anliegen zu. Beispiele enthält Tab. 1.3.

Insgesamt ermöglichen diese Modelle, einige grundsätzliche, primär latente Bedarfe zu ermitteln. Allerdings erlauben sie letztlich nicht, die individuelle Situation so präzise zu beschreiben, dass daraus die Flexibilitätsbedarfe zielgenau abgeleitet werden können.

Für die Berücksichtigung individueller Flexibilitätsbedarfe ist es erforderlich, nach personenbezogenen Merkmalen zur Beschreibung von Eigenschaften, Einstellungen, Motiven, Zielen, Ressourcen, Qualifikationen und Kompetenzen von Arbeitspersonen zu differenzieren. Hierfür gibt es weitere Beschreibungsmodelle (vgl. Schlick et al. 2010; Heyse und Erpenbeck 2004; Schwarzer et al. 2002), die als zweite Quelle in unsere Betrachtungen eingeflossen sind. Unter Eigenschaften eines Menschen werden dabei relativ beständige und allgemeine Verhaltensdispositionen (Traits) z. B. im Sinne von Persönlichkeitsmerk-

Tab. 1.3 Klassen-, Schicht- und Lagenmodelle zur Beschreibung individueller Bedarfe

Bezeichnung Modell	Kurzbeschreibung
Lebensab-schnitte (Oerter und Montada 2002)	Die Autoren definieren sieben verschiedene Lebensabschnitte (vorgeburtliche Entwicklung, frühe Kindheit, Kindheit, Jugendalter, frühes Erwachsenenalter, Erwachsenenalter, Alter). Innerhalb dieser Abschnitte kommt es zu Entwicklungsaufgaben und normativen Lebenskrisen, welche vorhersehbar sind
Der Lebenszyklus (Graf 2001)	Der individuelle Lebenszyklus beinhaltet die drei Lebensbereiche Identität, Familie und Beruf. Diese Lebensbereiche stehen in Verbindung und durchdringen sich gegenseitig
Lebensstile 2020 (Zukunftsinstitut 2007)	Horx und Mitarbeiter gehen davon aus, dass zwischen den Lebensphasen und Lebensstilen eine Zuordnung existiert. Ohne näher auf die wichtigen (vermuteten) Lebensstile wie Communities, Inbetweens und Greyhoppers einzugehen, wird angenommen, dass sich diese Lebensstile im Zusammenhang mit den Megatrends entwickeln und wesentlich auf die individuellen Bedarfe auswirken
Geschlechterkulturelle Familienmodell (Pfau-Effinger 2000; Clement und Clement 2001; Fischer 2008)	Pfau-Effinger geht davon aus, dass in Europa fünf geschlechterkulturelle Familienmodelle existieren: Familienökonomisches Modell, traditionelles und modernisiertes bürgerliches Familienmodell, egalitär-erwerbsbezogenes und egalitär-familienbezogenes Familienmodell. Clement und Fischer unterscheiden in diesem Zusammenhang Doppelverdiener- und Doppelkarrierepaare, die sich durch ihr Grundmotiv des Nachgehens einer gleichberechtigten beruflichen Tätigkeit unterscheiden. Während Doppelverdienerpaare im Wesentlichen aufgrund existenzieller Fragestellungen eine doppelte Vollzeittätigkeit suchen, sind Doppelkarrierepaare primär auf die Befriedigung beruflicher Selbstverwirklichungsziele fixiert
Kritische Lebensereignisse (Filip 1995)	Kritische Lebensereignisse, verstanden als nicht-normative Einschnitte im Lebensverlauf, welche nicht vorhersehbar und mit hohem emotionalem Aufwand verbunden sind, in den alltäglichen Handlungsvollzug eingreifen und eine Reorganisation des Lebens erforderlich machen, können als Krise oder Chance wahrgenommen werden. In jedem Falle sind Flexibilitätspotenziale zur Bewältigung der kritischen Lebensereignisse vorteilhaft
Typen der Lebensplanung (Geisler und Oechsle 1996)	Die Autoren gehen von fünf Typen der Lebensplanung aus: familienzentrierte, berufszentrierte, doppelte, individualisierte und die Verweigerung der Lebensplanung. Je nach Lebensplanungstyp ergeben sich normativ andere individuelle Flexibilisierungswünsche.
Lebensplanungstypen junger Frauen (Keddi 2009)	Aufbauend auf die Typen der Lebensplanung systematisiert Keddi sieben Lebensthemen für junge Frauen: Familie, Beruf, Doppelorientierung, eigener Weg, Suche nach Orientierung, gemeinsamer Weg, Aufrechterhaltung des Status quo

malen und Fähigkeiten (vgl. Brockhaus Psychologie 2001) verstanden. Einstellungen drücken primär relativ stabile Verhaltensbereitschaften gegenüber bestimmten Objekten, Personen oder Ideen aus. Qualifikations- und Könnensmerkmale sind hingegen Ergebnisse von Lern- und Arbeitsprozessen einer Arbeitsperson. Anpassungsmerkmale beschreiben schließlich kurzfristige und in der Regel reversible Beanspruchungszustände im Ergebnis von aktuellen Belastungs- und Beanspruchungsprozessen. Unter Ressourcen verstehen wir

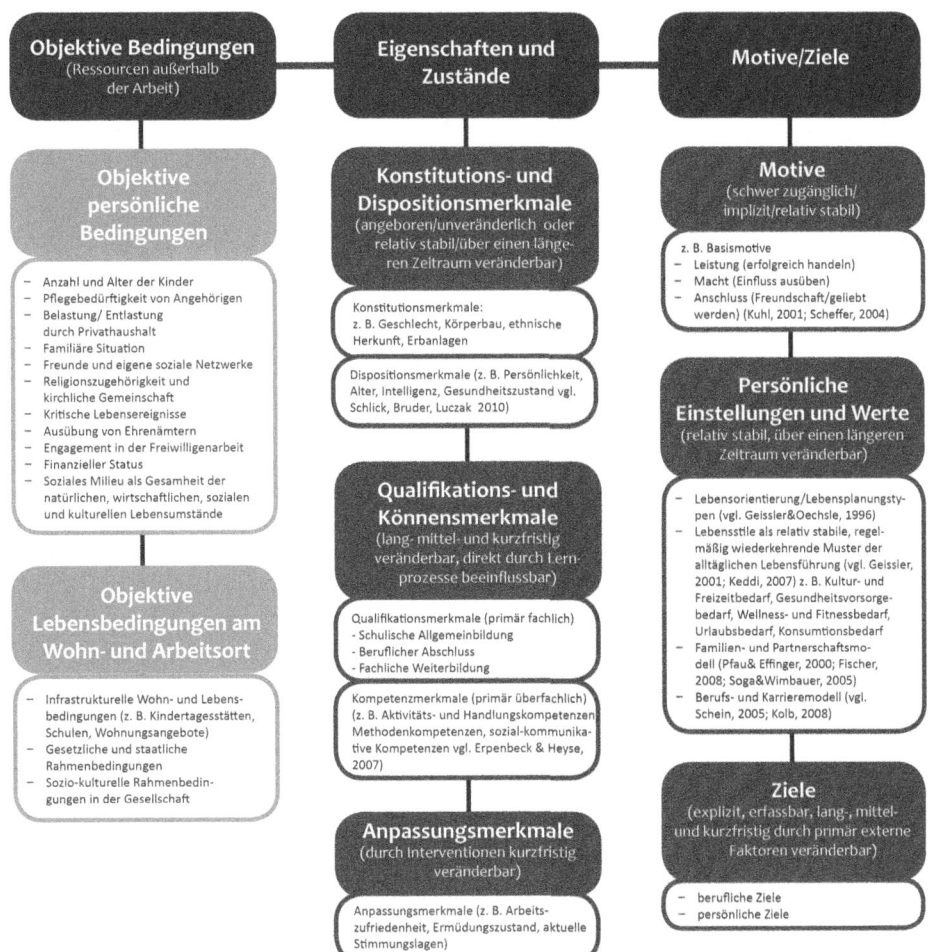

Abb. 1.2 Personenbezogene Einflussgrößen auf Flexibilitäts-/Stabilitätsbedarfe in der Arbeit (eigene Darstellung)

im Unterschied zu gesundheitspsychologischen Ansätzen explizit materielle und soziale Faktoren, über die die Arbeitsperson in der personellen Ebene (außerhalb der Arbeit) verfügt, die aber sehr starken Einfluss auf den Flexibilitäts-/Stabilitätsbedarf in der Arbeit haben. In Summe sind das die objektiven Bedingungen im persönlichen Lebensumfeld. In Zielen drücken sich bewusst wahrgenommene definierte und angestrebte Zustände innerhalb einer Ereignisfolge aus, meist von menschlichen Handlungen zu einem Zweck. Motive hingegen sind Wertungsdispositionen, die für einzelne Menschen charakteristische Ausprägungen im Sinne von Beweggründen des Handelns haben (Nerdinger et. al. 2011). Das Ergebnis, auf das sich das Handeln richtet, wird erst zum tatsächlichen Ziel durch die emotionale Verbindung mit dem Motiv.

In Zusammenführung aller Quellen wurde ein Strukturmodell zur Erfassung personenbezogener Einflussgrößen entwickelt (vgl. Abb. 1.2).

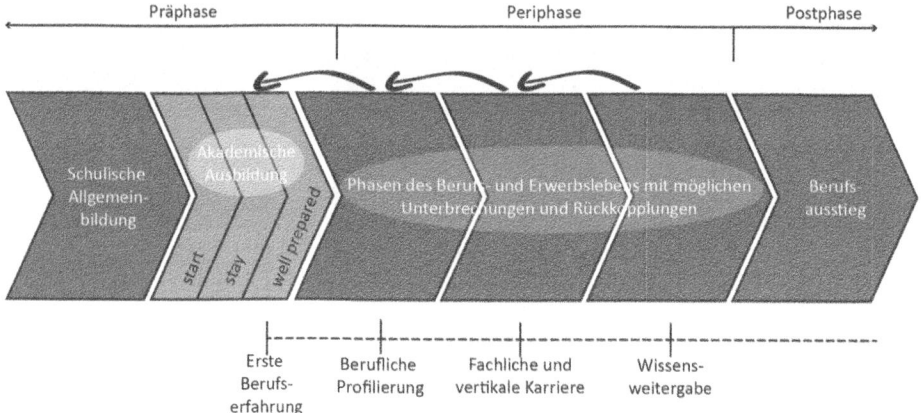

Abb. 1.3 Lebens- und berufsbiografische Phasen zur Analyse individuelle Bedarfe (vgl. Schmicker et al. 2011)

Über die in Abb. 1.2 dargestellten Ressourcen, Eigenschaften, Zustände und Motive lässt sich die im Kap. 1.4.2 beschriebene personelle Flexibilitätskompetenz hinsichtlich des Flexibel-Sein-Wollens, – Könnens, -Müssens und –Dürfens differenziert beschreiben.

Die „klassische" Arbeitsgestaltung und auch weiterführende empirische Studien zur Work-Life-Balance richten sich überwiegend auf das Zeitmanagement zwischen inner- und außerbetrieblichen Zeiten in der synchronen Perspektive der täglichen und wöchentlichen Arbeitszeit. Unterbelichtet bleibt dabei die diachrone Perspektive der Lebens(arbeits)zeit sowie die im Laufe des Lebens veränderlichen personenbezogenen Einflussgrößen auf die Gestaltung von Arbeit. Trotz umfangreicher Forschungsarbeiten zur alters- und alternsgerechten Arbeitsgestaltung ist die Berücksichtigung der individuellen Bedarfe über die verschiedenen Abschnitte der Berufs- und Lebensbiografie in den bisherigen praktischen Gestaltungslösungen nur ansatzweise zu finden – in der erforderlichen Verschränkung der sozial-, gesundheits- und arbeitswissenschaftlichen Perspektive überhaupt nicht.

Ausgehend vom in der Abb. 1.2 dargestellten Erfassungsmodell persönlicher Einflussgrößen ist eine

Bedarfsbeschreibung/Clusterung nach typischen berufs- und lebensbiografischen Phasen und Situationen aus den genannten Argumenten sinnvoll (vgl. Abb. 1.3). In der Literatur findet sich dazu eine Reihe von Aspekten und Systematisierungen, die nützlich für eine zielgerichtete Analyse sein können. Das veraltete industrielle Biografiemodell (Kindheit – Erwerbs- und Familienarbeit – Ruhestand) wird von einem multiperspektivischen Modell abgelöst, dass durch zyklische Lernphasen sowie

zahlreiche Rückkopplungen und Umbrüche in der Phase des Berufs- und Erwerbslebens, aber auch in der persönlichen Lebensbiografie gekennzeichnet ist (vgl. Horx 2010).

Mit den Trends nach Individualisierung und der Entgrenzung von (Erwerbs-) Arbeit und (übrigem) Leben wird zunehmend ein Problem der Arbeitswissenschaft offensichtlich, welches bisher im Wesentlichen nur theoretisch diskutiert wurde (z. B. Quaas, 2008). Es besteht in der Operationalisierung der Bewertung der Sozialverträglichkeit als neue arbeitswissenschaftliche Bewertungsebene, die als Normativ genutzt werden kann, um auch individuelle Bedarfe im Kontext zu möglichen Auswirkungen auf Gesundheit, Ethik sowie Nachhaltigkeit unseres Lebens bewerten zu können. Diese neue Ebene der Bewertung ist zwar nicht umstritten, aber deren Operationalisierung gerade unter dem Aspekt der KMU-Tauglichkeit mit einigen Schwierigkeiten verbunden. Mit der Anerkennung einer weiteren Bewertungsebene „oberhalb" von Persönlichkeitsförderlichkeit, Beeinträchtigungsfreiheit, Schädigungslosigkeit und Ausführbarkeit (vgl. Hacker 2005) im Allgemeinen als Sozialverträglichkeit bzw. Sozialgerechtheit bezeichnet, rücken erstmals Bewertungselemente außerhalb der unmittelbaren Erwerbsarbeit in den Fokus (vgl. Quaas 2008; Schlick et al. 2010). Das Problem besteht in erster Linie darin, diese Ebene für den praktischen Einsatz zu operationalisieren. Dies ist noch nicht in erforderlichem Maße geschehen. Da der Begriff „Sozialverträglichkeit" als rechtlich unbestimmter Begriff nicht eindeutig definiert ist und auch keineswegs nur durch Unternehmen und Mitarbeiter/-innen beeinflusst wird, sondern auch politische, rechtliche und soziale Aspekte besitzt, entstehen bei der Bearbeitung große Probleme. Allerdings sollten diese nicht davon abhalten, erste Vorschläge für KMU-taugliche Lösungsansätze zu liefern.

Sozialverträglichkeit wird ganz allgemein als Vereinbarkeit der Arbeit und deren Bedingungen, unter denen sie realisiert wird, mit sozialen Bedarfen, Normen und Werten verstanden. Damit unterliegt sie gesellschaftlichen Veränderungsprozessen. Außerdem überschreitet sie in Übereinstimmung mit der Tendenz der Entgrenzung von Arbeit und Leben die Grenzen der Erwerbsarbeit und damit auch die Einflussmöglichkeiten der Arbeitsgestaltung in den Unternehmen. Dies erfordert, die arbeitsbezogenen Bewertungsaspekte und -kriterien abzugrenzen. Einen Überblick zu ersten praxiserprobten Überlegungen enthält Tab. 1.4. Diese sind anhand theoretischer Überlegungen und im Ergebnis praktischer Anwendungen weiterzuentwickeln. Zu beachten ist auch der Prozesscharakter der Lösungen, d. h. gute Lösungen sind immer gute Lösungen auf Zeit. Demzufolge sind die betrieblichen Gestaltungslösungen in regelmäßigen Abständen bzw. bei gravierenden Änderungen der Rahmenbedingungen im Unternehmen zu überprüfen und ggf. anzupassen. Durch die Operationalisierung der Sozialverträglichkeit kann dem Grundprinzip der Arbeitsgestaltung in der Einheit von Analyse, Bewertung und Gestaltung besser entsprochen werden.

1.3.2 Ausgewählte Ergebnisse aus der Analyse und Gestaltung

Über eine ausführliche Analyse der soziodemografischen Daten sowie die Erfassung der Wünsche der Mitarbeiter/-innen erwiesen sich drei biografische Faktoren als besonders wichtig für den abzuleitenden individuellen Flexibilisierungsbedarf in unserer Untersu-

Tab. 1.4 Arbeitsbezogene Bewertungsaspekte und –kriterien der Sozialverträglichkeit (eigene Darstellung)

Lfd. Nr.	Bewertungsaspekt	Unternehmensbezogene Bewertungskriterien(bezüglich Sozialverträglichkeit)
1	Ethik der Arbeit (und der Produkte, nicht durch Flex-Instrumente beeinflussbar)	(partizipative) Entscheidungsstrukturen und Prozeduren
		Wahrnehmung der sozialen Verantwortung, auch der persönlichen Verantwortung
		Prozess der Definition von Arbeitsaufgaben, -aufträgen
		Arbeits- und Sozialverhalten gegenüber Mitarbeitern/-innen und Kunden
		Anwendung wissenschaftlicher Methoden in der Arbeitsgestaltung
2	Familienverträglichkeit Kapella 2007	Einstellung zu Kinderwunsch, Kinderbetreuung und Elternzeit
		Kontakte während Elternschaft
		Unterstützungsmöglichkeiten für Betreuung und Pflege
		Familienfreundliche Arbeitszeiten
		Flexible Gestaltung des Arbeitsortes
		Personalentwicklung für Frauen und Männer mit Betreuungspflichten für Kinder und Angehörige
		Spezielle Hilfen für Familien (z. B. finanzielle Zuschüsse bei Geburt, Beteiligung an Kosten der Kinderbetreuung)
		Kinderbetreuungsangebote
3	Work-Life-Balance 4manager	Freiräume in der Arbeit zulassen bzw. schaffen
		Zeit für Familie, Kinder, Freunde, Hobbies
		Sinnvolle Nutzung der Freizeit möglich (Ehrenämter, gesundheitsbewusstes Verhalten)
		Balancegefährdende Symptome:
		Stress und Burnout
		Zerrüttung von Beziehungen
		Leben nur über Arbeit definiert
		Mangelhaftes Zeitmanagement
		Fremdbestimmung
		WLB-Symptome
		Selbstbewusstsein
		Emotionale und materielle Unabhängigkeit
		Frieden mit sich selbst und der Welt
		Grundvertrauen in Zukunft
		Verständnis für andere
		Gelassenheit

Tab. 1.4 (Fortsetzung)

Lfd. Nr.	Bewertungsaspekt	Unternehmensbezogene Bewertungskriterien(bezüglich Sozialverträglichkeit)
4	Menschenwürdiges Einkommen (Umstritten, aber 8,50 €/h bzw. 1.400 €/Monat gelten als menschenwürdig, Hartz IV wird oft als zu niedrig eingestuft)	Hängt stark von den individuellen Bedingungen ab Vollzeitbeschäftigte: ca. 1.400 € brutto Mit Kindern mehr, der (umstrittene) Richtwert bei Hartz IV beträgt 251 € (0–14 Jahre) bzw. 287 € (15–17 Jahre)
5	Nachhaltigkeit der Arbeit	*Sicht der Mitarbeiter/-innen:*
		Langfristige Gesundheit bereits bewertet über Ebenen Ausführbarkeit, Schädigungslosigkeit und Gesundheitsförderung
		Existenzsicherung/Arbeitsplatzsicherheit
		Unternehmenssicht:
		Wirtschaftlichkeit/Wettbewerbsfähigkeit (Bestandteil der betriebswirtschaftlichen Bewertung)

chungsstichprobe. Das waren der hohe Anteil von Doppelverdienerpaaren über die gesamte Belegschaft ab der Altersstufe 30plus, der relativ hohe Anteil an älteren Mitarbeitern/-innen trotz unterschiedlicher Altersstrukturen und von jungen Familien (vgl. Abb. 1.4 und 1.5).

Deshalb ist es verständlich, wenn eine Konzentration der Wünsche auf mehr zeitliche (22,7 % bis 46,8 % der Wünsche je nach Unternehmen), funktionale (7,9 % bis 34,0 %) und monetäre (11,4 % bis 19,6 %) Flexibilität zu verzeichnen ist. Von insgesamt 576 geäußerten Wünschen waren 236 zeitlicher Natur. Daneben ergab die Wunschbefragung der Mitarbeiter/-innen, dass auch unternehmenskulturellen und kommunikativen Verbesserungswünschen eine große Bedeutung beigemessen wird.

Ausgehend von diesen generellen Feststellungen geht aus der soziodemografischen Analyse und der anschließenden Wunschbefragung der Mitarbeiter/-innen hervor, dass es zwischen den Unternehmen unterschiedliche berufs- und lebensbiografische Herausforderungen/Schwerpunktsetzungen im Abgleich mit den betrieblichen Bedarfen gibt. Tabelle 1.5 beschreibt exemplarisch die Gestaltungsschwerpunkte für Unternehmen B und D.

Die charakteristischen Merkmale der betrieblichen Gestaltungslösungen zum flexiblen Personaleinsatz sind in den Tab. 1.6 und 1.7 dargestellt.

Eine sehr interessante Erkenntnis aus dem Projekt FlexIKo[KMU] erschließt sich im Vergleich der entwickelten betrieblichen Gestaltungslösungen in den einzelnen Unternehmen. Dieser Vergleich zeigt, dass bei prinzipiell gleicher methodischer Vorgehensweise auf der Basis unterschiedlicher Zielstellungen und Lösungsansätze differenzierte Lösungen

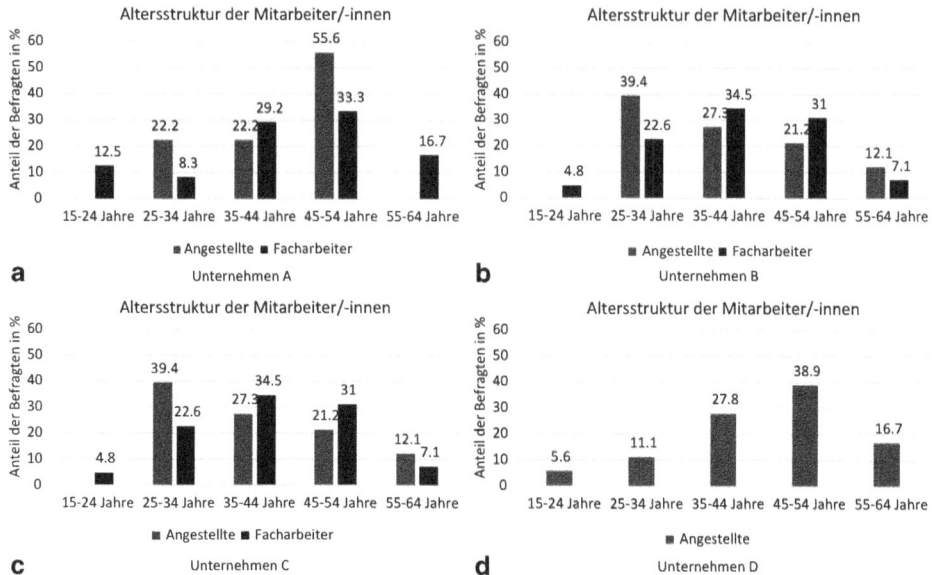

Abb. 1.4 Altersstruktur der Mitarbeiter/-innen in den Unternehmen A–D. *AN* Angestellte, *FA* Facharbeiter/-innen/gewerbliche Mitarbeiter/-innen

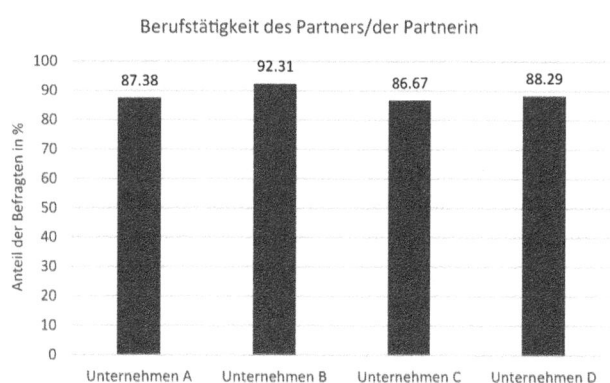

Abb. 1.5 Anteil der Doppel-verdienerpaare in den Unternehmen. Berufstätigkeit des Partners/der Partnerin

entwickelt wurden. Alle Lösungen wurden im Konsens zwischen Geschäftsführung und Belegschaft und – wenn vorhanden – dem Betriebsrat erarbeitet. Alle Mitarbeiter/-innen wurden umfassend informiert. Die schrittweise Einführung hat bereits begonnen. Dies kann ein direkter Hinweis dafür sein, dass individuelle und auch unternehmensspezifische Bedarfe mit Hilfe dieser Methodik berücksichtigt werden können.

Diese Tatsache bedeutet allerdings nicht, dass alle Wünsche der Geschäftsführung bzw. der Mitarbeiter/-innen erfüllt werden können. Es verbleiben in der Regel Positionen,

Tab. 1.5 Gestaltungsschwerpunkte in zwei Fallbeispielen

Unter-neh-men	Betrieblicher Bedarf	Lebens- und berufsbio-grafische Situationen und Bedarfe	Gestaltungs-konsequenzen
B	Hoher Bedarf für zeitliche und funktionale Flexibili-sierung des Personalein-satzes in der Produktion wegen großer, kurzfristiger Kapazitätsschwankungen	Hohe Anzahl junger Facharbeiter/-innen in der Familiengründungsphase	Verbesserung der Gleitzeit-regelungen und Nutzung der Gleitzeitkonten
		Notwendigkeit der Ver-sorgung pflegebedürftiger Angehöriger	Verbesserung der Kom-munikation und Koope-ration durch funktionale Flexibilisierung
		Doppelverdienerkon-stellationen (91 % der Belegschaft)	Kurze, unkomplizierte Abstimmungsformen bei persönlichen Problemen – direkte
		Hohes ehrenamtliches Engagement in der Freizeit (22 % der Belegschaft)	Entscheidungs-kompetenz beim Produktionsleiter ohne lange Genehmi-gungs-verfahren bei der Geschäftsführung
	Hohe Mobilitätsanforde-rungen durch Arbeit beim Kunden	Hohe Anzahl von Mitarbei-tern/-innen mit akademi-schen Abschluss (über 94 % der Belegschaft)	Verstärkte Möglich-keiten für Home Office schaffen zur räumlichen Flexibilisierung
	Kommunikationsdefizite innerhalb des Unterneh-mens wegen hohem Anteil von Arbeit beim Kunden	Hohes Engagement bei der Kinderbetreuung (70 % der Befragten haben Kinder im Haushalt)	Flexibilisierung der Arbeitszeit- und Gleitzeitkonten
		Vielfältige Freizeitange-bote (58 % der Mitarbeiter nutzen mindestens 2 x Freizeitaktivitäten an Werk-tagen, 21 % üben ehrenamt-liche Tätigkeiten aus)	Temporäre Teil-zeitmodelle in der Familiengründungsphase
D		Doppelverdienerkons-tel-lation (86,7 % der Belegschaft, 11 % der Part-ner/-innen mit regelmäßi-ger Wochenendarbeit)	Verbesserung der inner-betrieblichen Kommunika-tion durch bessere IT-Tools

welche zumindest noch nicht konsensfähig sind. Dies als methodischen Mangel auszu-legen, wäre aber falsch. Sämtliche partizipative und konsensorientierte Vorgehensweisen sind stets damit verbunden, dass (ggf. vorläufig) bestimmte (noch) nicht konsensfähige Themen auch ausgeklammert werden.

Tab. 1.6 Merkmale des betrieblichen Flexibilisierungskonzeptes Unternehmen B

Schwerpunkt	Beschreibung
Gleitzeit- und Überstundenmodelle in der Produktion	Trotz der engen zeitlichen Bindung an die Produktionsabläufe werden individuelle Gestaltungsspielräume insbesondere zur Berücksichtigung von Familienarbeit außerhalb der Betreuungszeiten durch Kindertagesstätten aber auch bei Krankheit von Kindern ermöglicht
Schaffung monetärer Anreize für besondere Leistungen	Ziel ist es, diese besonderen Leistungen der Mitarbeiter/-innen in der Produktion und Verwaltung möglichst zeitnah zu honorieren und damit ihre Motivation zu erhöhen
	Dabei sind sowohl herausragende Leistungen an bestimmten Projekten bzw. Aufträgen als auch langfristig gute Arbeitsleistungen zu berücksichtigen. Dafür wurde ein unternehmensspezifisches Bewertungsschema entwickelt
Entwicklung und Nutzung einer Checkliste für die Optimierung des Abnahmeprozesses beim Kunden	Der Prozess der Abnahme/Endkontrolle gestaltet sich im Sondermaschinenbau aufgrund der Spezifika jedes Produktes besonders kompliziert. Dort treffen viele Probleme aufeinander, die dann häufig unplanmäßige Überstunden- bzw. Wochenendarbeit verursachen
	Deshalb ist es vorteilhaft, eine allgemeine Checkliste für die bei der Abnahme/Endkontrolle wesentlichen Aufgaben zu besitzen, die für den jeweiligen konkreten Fall spezifiziert werden kann. Damit verbunden ist eine Erhöhung der funktionalen Flexibilität der jeweils Verantwortlichen für die Abnahme, in der Regel ein Teamleiter

1.4 Empirische Untersuchungsergebnisse aus betriebs- und personalwirtschaftlicher Perspektive

1.4.1 Ausgangslage

Kleine und Mittelständische Unternehmen (KMU) stehen bei konjunkturellen und saisonalen Schwankungen besonderen Herausforderungen gegenüber. Dies betrifft sowohl die Belastbarkeit ihrer organisationalen und personalen Ressourcen als auch die Anforderungen an das Management. Personalüberhängen folgen binnen kürzester Zeit Fachkräftemangel und Personalengpässe. Der lange Zeit bestehende Arbeitgebermarkt wandelt sich mehr und mehr zum War for Talents. Verantwortungs- und Entscheidungsträger sind daher auf die Reaktionsschnelligkeit und die Umstellungsfähigkeit ihrer Unternehmen

Tab. 1.7 Merkmale des betrieblichen Flexibilisierungskonzeptes Unternehmen D

Schwerpunkt	Beschreibung
Optimie-rung der Kernarbeitszeit	Im Ergebnis der Diskussionen wurde die Kernarbeitszeit mit Anwesenheits-pflicht von bisher 8.00 Uhr bis 15.00 Uhr auf montags bis donnerstags 9.00 bis 15.00 und freitags 9.00 Uhr bis 14.00 Uhr reduziert. Von einzelnen Mit-arbeitern/-innen geäußerte weitergehende Wünsche konnten mit Hinweis auf Kundenanforderungen nicht berücksichtigt werden
	Für Einsätze bei Kunden gelten jeweils spezifische Sonderregelungen, wobei angestrebt wird, sich an den oben genannten Zeiten zu orientieren.
Einfüh-rung von Home-Office	Grundsätzlich besteht bei den Mitarbeitern/-innen großes Interesse an Home Office, wobei das gewünschte Ausmaß differiert. Nach Abklärung der tech-nischen und sicherheitstechnischen Fragen und der Durchführung eines Pilotversuches erfolgt die schrittweise Einführung von Home-Office-Modellen. Als Pilotlösung konnte einer Mutter mit gesundheitlichen Problemen geholfen werden, ihre Arbeit von zu Hause weiterzuführen. Der jeweils mögliche Umfang von Home-Office wird auftragsbezogen bestimmt. Die Erfahrungen waren durchgängig positiv
	Grenzen der Einführung bestehen bei der Auftragsrealisierung direkt beim Kunden. Hier ist die Genehmigung des Auftraggebers erforderlich. Allerdings ist auch dort die Bereitschaft zu zeitweiligem Home-Office weit verbreitet
Nutzung des Cafeteria-Modells für individuelle Gehaltsanpas-sungen	Im Unternehmen existieren zwei grundsätzliche Formen von Gehaltsanpassun-gen. Die eine besteht in einer prozentualen Anhebung der Entgelte aller Mit-arbeiter/-innen, die zweite in der Gewährung individueller Gehaltserhöhungen. Für die zweite Form werden steuer- und sozialversicherungspflichtige Bestim-mungen genutzt, um für die Mitarbeiter/-innen und das Unternehmen optimale Lösungen zu finden
	Insgesamt umfasst das Portfolio im Unternehmen sechs Bausteine: Waren-gutscheine, Maßnahmen zur Gesundheitsförderung, Kindergartenzuschuss, Fahrtkostenzuschuss, Zuschuss zur betrieblichen Altersvorsorge, Telefon- und Internetkostenzuschuss
	In Abhängigkeit von den individuellen Lebenssituationen und Präferenzen wer-den aus diesen Möglichkeiten die nutzbaren ausgewählt. Wenn keine sinnvolle Anwendungsmöglichkeit im spezifischen Fall vorliegt bzw. die Mitarbeiter/-in-nen dies nicht wünschen, wird eine Erhöhung des Brutto-Entgeltes vorgesehen
Anerkennung besonderer Leistungen	Einmalige Anerkennungen besonderer Leistungen von Mitarbeiter/-innen erfolgen auf Wunsch ebenfalls mittels des Cafeteria-Modells. Auch dort wird in Abstimmung mit dem Mitarbeiter/der Mitarbeiterin die individuell optimale Lösung gesucht. Alternativ erfolgt die Anerkennung als Einmalzahlung zum monatlichen Entgelt

angewiesen, um vor allem auch im Personalbereich Schwankungen kurzfristig ausgleichen und gleichzeitig langfristige Zielsetzungen konsequent verfolgen zu können. Vor allem re-gionale, lokale sowie individuelle Besonderheiten im Kontext der demographischen Mega-trends und des allgemeinen Wertewandels bestimmen die Situation in den Unternehmen und lassen häufig keine Standardlösungen aus Arbeitgebersicht zu (Geuting und Pelz

2005, S. 22). Dies ist umso schwieriger, als das auch die Anforderungen der Mitarbeiter an die Organisation immer komplexer werden und häufig teilweise starken Änderungen unterliegen. Dabei tritt die gleichzeitige Erfüllung von persönlichen sowie arbeitsbezogenen Zielen immer mehr in den Vordergrund. Generationengerechte, vor allem verstärkt biografieorientierte Personalarbeit erfordert zudem eine ungewohnte Neuorientierung an den vielschichtigen Bedürfnissen und Anforderungen der verschiedenen Mitarbeitergruppen. Als Folge entwickelt sich ein unternehmensspezifischer und individueller Bedarf an neuen, schnell anpassbaren und leicht handhabbaren Personaleinsatzinstrumenten. Sinnvoll ausgestaltet bieten diese eine Möglichkeit, Unternehmensziele auch als Mitarbeiterinteressen gleichzeitig zu verfolgen. Dies wird insbesondere dann notwendig, wenn Kontextwirkungen eine flexible Anpassung des Verhaltens oder des Zielsystems beider Akteure erfordern.

1.4.2 Ausgewählte Ergebnisse aus der Analyse der Mitarbeitersicht

Flexibilität gehört zu den Kernkompetenzen der Employability (Rump, Eilers und Wilms 2011). Relevante Flexibilitätsunterschiede zwischen Mitarbeiter/-innen werden auf der personellen Ebene empirisch vor allem in den Spektren der Sozial- und Methodenkompetenzen verankert. Diese Ergebnisse sprechen dafür, dass ein hoch ausgeprägtes berufliches Selbstkonzept die Basis für anforderungsspezifische Flexibilitätsbereitschaft bildet und nicht umgekehrt Flexibilitätsbereitschaft dazu dient, subjektiv mangelhaft erlebte Fachkompetenzen zu kompensieren (Grothe 2001). Anforderungsspezifische Flexibilität wird von Bitterwolf (1992) unterschieden in „zielorientiert" und „domänenspezifisch" (latente Flexibilität). So lässt sich bei flexibel einzuschätzenden Persönlichkeiten häufig ein ausgeprägter Wunsch nach Abwechslung und Veränderung identifizieren. Ebenso sind flexible Personen häufig durch eine überdurchschnittlich hohe Mobilität, zeitliche Variabilität und vergütungsbezogene Anpassungsfähigkeit gekennzeichnet. Hier ist zu unterscheiden, dass der erste Bereich grundsätzlich auch intrinsisch gesteuert sein kann, während die anderen drei Bereiche stärkeren externen Einflüssen/Zwängen unterliegen. Damit kann von einer (lebens-) und erwerbsbiografisch dynamischen Anpassung der individuellen Ausprägung auf diesen Bereichen ausgegangen werden.

Im Überlappungsbereich mit der **personalen Flexibilität** erlaubt **personelle Flexibilität** den Mitarbeiter/-innen, über die verlässlich zugesicherte Beweglichkeit zu verfügen, notwendige Einsatzverantwortungen im Unternehmen (zeitlich, räumlich, funktional, rechtlich) durch flexible Kompensationslösungen im privaten Alltag zu ermöglichen – und vice versa. Somit sichert die abgestimmte Flexibilität aus privater und beruflicher Sphäre dem Individuum langfristige Stabilität bei der Verfolgung und Harmonisierung der persönlichen Ziele und Motive. Je erfolgreicher und nachhaltiger das Individuum diese Flexibilitäts- und Stabilitätsherausforderungen bewältigt, umso höher kann die **personelle Flexibilitätskompetenz** eingeschätzt werden.

Der Mitarbeiter agiert zum einen basierend auf seiner persönlichen (latenten) Flexibilitätsneigung, die je nach Persönlichkeit unterschiedlich hoch ausgeprägt sein kann. Zum anderen wird sein Flexibilitätsspielraum jedoch durch die allgemeinen lebens- und erwerbsbiographischen Anforderungen, durch besondere rollenspezifische Erfordernisse und Einschränkungen, und über die infrastrukturellen Gegebenheiten im unmittelbaren (sozialen) Umfeld determiniert. Somit lässt sich die personelle Flexibilität hinsichtlich des **Flexibel-Sein-Wollen, Flexibel-Sein-Können, Flexibel-Sein-Müssen, Flexibel-Sein-Dürfen** umschreiben.

Die strategischen und operativen Ziele für den Einsatz von Instrumenten des flexiblen Personaleinsatzes sind aus Sicht des Unternehmens in der Literatur zahlreich dokumentiert. Weitgehend unerforscht ist allerdings, welche Wirkungen der Einsatz der Instrumente bei den betroffenen Mitarbeitern auslöst, wenn die Funktionalitäten eines Instruments auf die persönlichen flexibilitätsbezogenen Ziele und Motive treffen. Ebenfalls weitgehend unerforscht sind die kombinierten oder teilweise kompensatorischen Effekte auf Mitarbeiterseite, die erst durch die Gesamtheit der verschiedenen angebotenen Flexibilisierungsinstrumente (System der betrieblichen Gestaltungslösungen des flexiblen Personaleinsatzes) entstehen.

Mit den im Projekt FlexIKo[KMU] entwickelten Verfahren zur Erfassung der IST- und SOLL-Situation der flexibilitätsbezogenen betrieblichen Personaleinsatzinstrumente soll der Anwender sowohl aktuelle betriebliche Lösungen evaluieren als auch konkreten Handlungsbedarf für Anpassungen oder Neuerungen ableiten können. Insbesondere im Überschneidungsbereich von personeller und personaler Flexibilität (vgl. Großholz et. al. 2012, S. 7.) entstehen im operativen Personaleinsatz die relevanten positiven, aber auch negativen Nutzungseffekte. Aus wirtschaftswissenschaftlicher Sicht ist daher für die Erfassung der Effektivität konkreter betrieblicher Gestaltungslösungen des flexiblen Personaleinsatzes eine Zusammenführung von beiden Perspektiven beider Akteure (Mitarbeiter/-innen und Unternehmensführung) zu verfolgen. Für die Beschreibung und Interpretation der vornehmlich qualitativen Forschungsergebnisse zum Erwartungshorizont und zur subjektiven Nutzenbewertung der Mitarbeiter/-innen hinsichtlich angebotener Flexibilisierungslösungen im Betrieb werden im Folgenden Ausschnitte aus der Gesamterhebung dargestellt. Zum besseren Verständnis des Erkenntnisweges erfährt der Leser auch die Einbettung der für diese Fragestellungen relevanten Erhebungsmethoden und –instrumente in das gesamte Forschungsdesign des Projekts FlexIKo[KMU].

Zielstellung der Untersuchung Mitarbeiter/-innen sind Nutzer (und im besten Falle auch Mit-Gestalter) von Flexibilisierungslösungen. Instrumente des flexiblen Personaleinsatzes bieten Mitarbeitern/-innen die Möglichkeit, bestimmte Ziele und Aufgaben zu erfüllen, die ohne die resultierenden Freiheitsgrade, Handlungs- und Entscheidungsspielräume bei der zeitlichen, monetären, funktionalen etc. Gestaltung ihres Einsatzes nicht in gleicher Qualität oder Quantität erreichbar wären. Dies gilt sowohl für Flexibilität am Arbeitsplatz selbst und in der umgebenden beruflichen Sphäre, als auch für entsprechende Anpassungsleistungen in der privaten Sphäre. Deshalb bewerten Mitarbeiter/-innen den Nutzen der im Unternehmen zur Verfügung stehenden Flexibilitätsangebote vor dem Hintergrund einer möglichst zielführenden Harmonisierung ihrer Bedürfnisse aus den beiden Flexibilitäts-Sphären. Eine subjektiv negativ bewertete Nutzenbilanz kann bei Mitarbeiter/-innen zu nachhaltigen Motivations- und Leistungsverlusten führen und auf Grund der breiten Wirkung der Instrumente teilweise erheblichen Schaden verursachen, wenn ganze Mitarbeitergruppen betroffen sind.

Gibt es also möglicherweise spezifische Ziel- und Motivstrukturen, die insbesondere dann bei der Bewertung eines Arbeitgeberangebots (hier Instrumente des Personaleinsatzes) zur Geltung kommen, wenn Flexibilitätslösungen zur Disposition stehen? Lassen sich im vorliegenden Untersuchungsfeld aus den subjektiven Nutzenbilanzen und den qualitativen Beschreibungen der Vor- und Nachteile aus dem Flexibilitätsangebot typische Cluster ableiten, die Hinweise für Dysbalancen, Fehlplanungen und bessere Gestaltungslösungen bieten? Insofern stellt sich handlungsleitend die Frage, vor dem Hintergrund welcher verallgemeinerbaren arbeitsbezogenen Erwartungen, Ziele und Motive eine Bewertung eines betrieblichen Flexibilisierungsangebotes durch Mitarbeiter stattfindet?

Design Auf Grund der Vielschichtigkeit der zu verfolgenden Fragestellung wurde ein mehrdimensionales Forschungs- und Erhebungsdesign realisiert. Als Informationsquellen wurden einerseits Geschäftsführung und Personalverantwortliche, wenn nötig voneinander unabhängig, in mehreren Schritten (statistisch-deskriptive Erfassung der Unternehmensdaten, teilstandardisiertes Interview zur Bewertung der Flexibilisierungslösungen, leitfadengestütztes Interview zum Flexibilitätsverständnis und zur Flexibilitätsstrategie sowie Innovationsworkshop) befragt. Ergänzend wurden hierzu auch die Produktions- bzw. Teamleiter, als Schnittstelle zwischen Unternehmensführung und Mitarbeitern/-innen interviewt. Analog hierzu fand auf der Mitarbeiterebene eine Befragung zu den im Unternehmen angebotenen Flexibilisierungsinstrumenten statt. Andererseits wurde eine fragebogengestützte Vollerhebung der Belegschaften bei den untersuchten Unternehmen durchgeführt. Auf der Grundlage der gewonnen Erkenntnisse der Unternehmensbefragung war diese in drei Teilen untergliedert, welche sowohl spezielle Angaben zu den Erfahrungen und Wünschen mit den Flexibilisierungsinstrumenten, soziodemografische Angaben als auch Auskünfte über allgemeine Wünsche im Hinblick auf die Flexibilisierung und Individualisierung der Arbeit im Allgemeinen und den angebotenen Flexibilisierungsinstrumenten des Personaleinsatzes im Speziellen enthielt. Zur Assistenz und zur Klärung bei Verständnisfragen waren bei den Erhebungen immer zwei Forscher persönlich vor Ort und ansprechbar.

Die eingesetzten Erhebungsinstrumente erlauben für beide Perspektiven sowohl eine qualitative als auch eine quantitative Auswertung von Daten hinsichtlich der Wahrnehmung und Bewertung von betrieblichen Gestaltungslösungen des flexiblen Personaleinsatzes. Entscheidend für die wissenschaftliche Ableitung der nachfolgend aufgeführten Erkenntnisse ist der Umstand, dass die Befragten ihre quantitativ skalierte, subjektive (Nutzen-)Bewertung eines Flexibilisierungsinstruments jeweils durch umfangreiche Beschreibungen der empfundenen Vor- und Nachteile aus der Nutzung ergänzen sowie

		Bewertungssubjekt "Was wird bewertet?"	
		Mitarbeiter	Unternehmen
Bewertungsobjekt "Wer bewertet?"	Mitarbeiter	Qualitativ 1 Quantitativ	Qualitativ 2 Quantitativ
	Unternehmen	Qualitativ 3 Quantitativ	Qualitativ 4 Quantitativ

Abb. 1.6 Bewertungslogik für Mitarbeiter- und Unternehmensbefragung

resultierende individuelle Änderungswünsche verschriftlichen mussten. Geschäftsführung und Mitarbeiter/-innen hatten zudem die Möglichkeit, die Effekte der Flexibilisierungsinstrumente sowohl für sich selbst als, auch für die jeweils andere Perspektive zu bewerten. Ein entsprechendes Erhebungs- und Auswertungsdesign lässt sich vereinfacht in Form einer Vier-Felder-Tafel wie in Abb. 1.6 (Bewertungslogik für Mitarbeiter- und Unternehmensbefragung) darstellen.

Die Mitarbeiter/-innen reflektieren in Feld 1 als Bewertungssubjekt ihren persönlichen beruflichen und privaten Nutzen von Flexibilitätsinstrumenten einerseits quantitativ und beschreiben darüber hinaus ihre positiven wie negativen Erfahrungen mit dem jeweiligen Instrument qualitativ. Das Bewertungssubjekt ist in diesem Fall auch das Bewertungsobjekt. Zum anderen schätzen die Mitarbeiter/-innen in Feld 2 Vor- und Nachteile des Flexibilitätsinstrumentes qualitativ in Bezug auf das Unternehmen ein und geben eine quantitative Bewertung ab. Das gleiche Vorgehen zeichnet auch das Unternehmen als Bewertungssubjekt aus. In Feld 3 bewertet das Unternehmen das Flexibilitätsinstrument qualitativ sowie quantitativ bezogen auf die Mitarbeiter und reflektiert die Vereinbarkeit der Unternehmensziele und -strategien in Hinblick auf das jeweilige Flexibilitätsinstrument in Feld 4. Insofern ergeben sich als sogenannte Bewertungsobjekte ebenfalls zwei Perspektiven, nämlich einerseits der Nutzen eines Instruments für den/die Mitarbeiter und andererseits der Nutzen für das Unternehmen/die Unternehmensleitung. Als hilfreich für die Analyse der Aussagen hat es sich erwiesen, für den Mitarbeiternutzen eine Unterscheidung zwischen den Effekten in der beruflichen Sphäre und denen in der privaten Sphäre vorzugeben, da sich im Überschneidungsbereich aus der Sicht des Ausfüllenden die Vor- und Nachteile häufig neutralisieren können und diese somit ohne eine systematische Trennung nicht erfassbar werden.

Stichprobe Um eine größtmögliche Rücklaufquote zu erreichen, erfolgte die Datenerhebung durch die Forscher persönlich und am Standort der beteiligten Unternehmen, welcher sich bei den untersuchten Unternehmen in Brandenburg oder Sachsen-Anhalt befindet. Die Stichprobe wurde bereits im Abschn. 1 beschrieben.

Für die Erfassung der Mitarbeitersicht konnten so von insgesamt 327 Mitarbeiterinnen und Mitarbeitern Aussagen generiert werden, deren Alter zwischen 18 und 64 Jahren lag. Mit 74,6 % aller Befragten war ein größerer Anteil männlicher Mitarbeiter (gegenüber 25,4 % weiblicher Mitarbeiter) bezüglich der Geschlechterverteilung festzustellen. Hinsichtlich der hierarchischen Einordnung in das Unternehmen umfasste die Auswahl vom geringfügig Beschäftigten bis hin zur Führungskraft im mittleren Management alle im Unternehmen vorgefundenen Ebenen. Um eine sinnvolle Auswertung differenzierter Betrachtungen und eine Analyse individueller Bewertungen sowie unterschiedlicher Sichtweisen zu ermöglichen, wurden die Mitarbeiter/-innen darüber hinaus zu bestimmten Arten des vertraglich festgelegten Beschäftigungsverhältnisses zugeordnet. Unter Berücksichtigung der Position und der Arbeitsinhalte der Befragten wurden fünf Klassen unterschieden, welche vom „Geringfügig Beschäftigten" über den „Auszubildenden" und den „(gewerblichen) Facharbeiter" bis hin zum Angestellten ein umfassendes Bild über die unternehmensspezifische Mitarbeiterstruktur gestatten.

Die Unternehmenssicht wurde in 9 Experteninterviews erhoben. Hierbei wurden Mitglieder der oberen Führungsebene (Geschäftsführer und Produktionsleiter) mit Personalverantwortung befragt, wobei fünf der Interviewten den Status eines Geschäftsführers und drei den eines Betriebs- oder Produktionsleiters innehatten. Aufgrund der von Ihnen zu verantwortenden Aufgaben in der Unternehmens- als auch Personalführung konnten diese als kompetent für die Einschätzung der Unternehmens- sowie Mitarbeiterbelange bezeichnet werden.

Methodik Die Erfassung und Bewertung von Flexibilitätsnutzen kann sinnvollerweise sowohl auf einer quantitativen als auch auf einer qualitativen Ebene erfolgen. Es empfiehlt sich, beide Datenformate bei der Evaluierung und bei der Gestaltung von Flexibilisierungslösungen zu berücksichtigen. Zur Erfassung der Nutzenperspektiven beider Bewertungssubjekte (Unternehmensleitung und Mitarbeiter/-innen) hat sich die Erfassung qualitativ auszuwertender Daten als äußerst zielführend bewährt, da sich insbesondere Erwartungshorizonte und Zielsysteme erfassen lassen, die bei entsprechender Auswertung auch zahlreiche Informationen für die Neu-/Andersgestaltung der Flexibilisierungslösungen liefern.

Bei der Befragung hatten die Mitarbeiter/-innen die Möglichkeit, sich zu den über alle Unternehmen hinweg von den Geschäftsführern genannten Instrumenten in einem halbstandardisierten Fragebogen zu äußern. Von besonderem Interesse war hierbei, welche Instrumente des flexiblen Personaleinsatzes die Mitarbeiter/-innen für sich selbst als vorhanden sowie nutzbar einstuften und wie genau Ihre persönliche Nutzung für die beschriebenen Instrumente ausfällt. Im zweiten Teil des Fragebogens beurteilten die Mitarbeiter/-innen die für sie angebotenen Instrumente im Hinblick auf Ihre subjektiven positiven sowie negativen Erfahrungen mit dem Instrument auf den oben beschriebenen Sphären. Darüber hinaus bestand die Möglichkeit, eventuelle Änderungs- bzw. Ergänzungsvorschläge bezüglich des jeweiligen Instruments anzugeben. Die im Folgenden dargestellten Auswertungen beziehen sich auf die folgenden sechs offenen Fragen des Mitarbeiterfragebogens:

- Bitte beschreiben Sie, wie Sie persönlich das angebotene Flexibilisierungsinstrument nutzen!
- Welche Vorteile hat das angebotene Flexibilisierungsinstrument aus Ihrer Sicht für die Mitarbeiter im Unternehmen?
- Welche Nachteile hat das angebotene Flexibilisierungsinstrument aus Ihrer Sicht für die Mitarbeiter im Unternehmen?
- Welche Vorteile hat das angebotene Flexibilisierungsinstrument aus Ihrer Sicht für das Unternehmen?
- Welche Nachteile hat das angebotene Flexibilisierungsinstrument aus Ihrer Sicht für das Unternehmen?
- Welche Änderungswünsche haben Sie persönlich für das angebotene Flexibilisierungsinstrument?

Die quantitative Bewertung des jeweiligen Instruments nahmen Mitarbeiter/-innen auf einer fünfstufigen Skala vor. Die Antwortabstufungen variierten dabei von „extrem schlecht (1)“, „unterdurchschnittlich (2)“, „durchschnittlich (3)“, „überdurchschnittlich (4)“ bis „ausgezeichnet (5)“.

In einem ersten Auswertungsschritt wurden die von den Mitarbeiter/-innen genannten Instrumente des flexiblen Personaleinsatzes systematisiert und den Ergebnissen der Erhebung mit den Vertretern der Geschäftsleitung gegenübergestellt. Es lässt sich konstatieren, dass in beiden Fällen die Nennungen zu zeitlichen und monetären Flexibilisierungsangeboten überwiegen. Interessant scheint dabei die Tatsache, dass hierbei häufig kein einheitlicher Wissenstand über Angebot und Nutzbarkeit von Flexibilisierungsinstrumenten festzustellen ist, wobei die Kenntnis sowie Bewertung der Flexibilisierungsinstrumente teilweise erheblich in Abhängigkeit von Unternehmen und betrachtetem Instrument variiert. Auch scheinen die Begrifflichkeiten für bestimmte Flexibilisierungslösungen sowohl betriebsintern als auch betriebsübergreifend nicht einheitlich geregelt zu sein, was einen möglichen Erklärungsansatz für die vorangegangen Ergebnisse darstellen könnte. Bei der Auswertung der auf den Skalen angegebenen Werte wurde deutlich, dass der Mitarbeiternutzen des betrieblichen Systems der Gestaltungslösungen in allen befragten Unternehmen insgesamt leicht überdurchschnittlich eingeschätzt wurde. Darüber hinaus konnte festgestellt werden, dass die Bewertung für das Unternehmen für einen Großteil der erhobenen Instrumente deutlich besser ausfällt, als die Bewertung für die Mitarbeiter/-innen selbst. Clustert man die vorgefundenen Instrumente nach den eingangs beschriebenen Flexibilitätskategorien ergibt sich der größte Bewertungsunterschied bei funktionalen Instrumenten.

Qualitatives Vorgehen Die Informationen der Antworten auf die offenen Fragen wurden mithilfe einer qualitativen Inhaltsanalyse in Anlehnung an Mayring (vgl. Mayring 2008) aus den Aussagen der Mitarbeiter/-innen herausgearbeitet. Das hermeneutisch inhaltsanalytische Vorgehen verfolgte das interpretative Ermitteln von Bedeutungsinhalten und latenten Informationen, um ausgesucht flexibilitätstypische Ergebnisse zu erhalten,

bewusst ohne hypothesenbildenden Bezug zu existierenden Theorien der Arbeitsmo-
tivation und Arbeitszufriedenheit. Der bekannte Nachteil mangelnder Objektivität und
Repräsentativität (vgl. Atteslander 2003, S. 218.) dieser Vorgehensweise wird hier bewusst
in Kauf genommen und zusätzlich durch methodische Anpassungen der Urform der
Inhaltsanalyse nach Mayring (vgl. Mayring 2008, S. 57) begegnet. Grundlegend für die
Durchführung der qualitativen Inhaltsanalyse ist das von Mayring entwickelte Verfahren,
welches die Reduktion des Datenmaterials auf wesentliche Inhalte und die Abstraktion bei
gleichzeitiger Beibehaltung eines Abbildes des Basismaterials zum Ziel der Analyse hat.

Der qualitativen Auswertung der von den Mitarbeiter/-innen erhaltenen Antworten
ging eine ausführliche Analyse und Interpretation der quantitativen Bewertungen voraus.
Ziel hierbei war es, die im offenen Teil des Fragebogens gemachten Aussagen im Hinblick auf Ihre Richtung/Färbung einordnen zu können. So konnte z. B. die Antwort „Freizeit" oder „Familie" von den Mitarbeitern/-innen sowohl als positive als auch negative
Erfahrung mit dem Instrument gemeint sein. In einem zweiten Schritt erfolgten die formale Überarbeitung aller qualitativen Aussagen und die Überführung in die elektronische
Datenerfassung mithilfe von SPSS. Kombinationsaussagen der Mitarbeiter/-innen welche
z. B. durch Verknüpfungen oder Kommata-Trennung verbunden waren, wurden in Einzelaussagen separiert. Jede qualitative Einzelaussage wurde anschließend mit einem Tag versehen, um die Färbung (positiv oder negativ) kenntlich zu machen und so die spätere Analyse zu vereinfachen. Um einen Gesamteindruck aller Äußerungen zu erhalten, führten
nachfolgend zwei unabhängige geschulte Forscher/-innen eine anonymisierte Durchsicht
über alle Unternehmen und alle Instrumente durch, an welche sich die Zuordnung der
Aussagen zu den definierten Flexibilitätskategorien (numerisch, zeitlich etc.) anschloss.
Beide Forscher/-innen kamen unabhängig voneinander zu der Erkenntnis, dass der Inhalt
vieler Aussagen nicht oder nicht vollständig erfasst werden kann, nicht die Funktionalität
des Flexibilisierungsangebots für die Mitarbeiter/-innen im Vordergrund steht, sondern
seine Eignung/Fähigkeit zur Ziel- und Bedürfnisentsprechung entlang der persönlichen
Erwartungen und Kompetenzen. Daher erfolgte im Anschluss eine exemplarische Analyse
der Aussagen für zwei Instrumente eines Unternehmens und die anschließende unabhängige, qualitative Gruppierung der Aussagen. Ziel hierbei war es, für die spätere Analyse aller Äußerungen ein geteiltes Daten- und Interpretationsverständnis zu erreichen, welches
durch eine anschließende gemeinsame Diskussion des Vorgehens und der Gruppierungs-
logik generiert werden konnte.

Im Ergebnis konnten 25 inhaltlich trennbare Bewertungslogiken (Aussage-Gruppen)
als erste vollständige inhaltliche Zusammenfassungen der Äußerungen für die beiden betrachteten Instrumente identifiziert werden. Im weiteren Vorgehen analysieren beide For-
scher/-innen alle Daten gemeinsam und stimmen sich über Zuordnung der Äußerungen
zu bestehenden Gruppen oder der Neubildung bzw. dem Wegfall einer Aussagengruppe
ab, wobei hier auch Mehrfachzuordnungen möglich waren, wenn eine Aussage mehrere
Aspekte ansprach. Insgesamt konnten so in ca. vier Monate Arbeit über 89.000 Einzel-Zu-
ordnungen vorgenommen werden. Viele der zu Beginn identifizierten Gruppen konnten
so bestätigt werde. Andere mussten ergänzt werden und wiederum andere verschmolzen

miteinander. Die Reihenfolge der durchgeführten Analyse kann wie folgt beschrieben werden:

- je Instrument (alphabetisch geordnet) wurden zunächst
- Vorteile Mitarbeiter/-innen,
- dann Nachteile Mitarbeiter/-innen,
- dann Vorteile Unternehmen,
- dann Nachteile Unternehmen,
- dann Änderungswünsche analysiert und zugeordnet.

Hierbei kam teilweise durch eine moderierte Reflexion der Zuordnungslogiken die Unterstützung einer dritten Fachexpertin zum Einsatz. Die resultierenden Gruppen wurden nochmals inhaltlich geclustert und zu 4 (Über-)Kategorien kombiniert. Auf der Grundlage der gewonnen Erkenntnisse fand eine erneute Zuordnung aller Einzelaussagen zu den resultierenden Kategorien und Untergruppen statt, welche als Nebeneffekt auch eine Konsistenzprüfung und die Schaffung von hoher Transparenz für Außenstehende hatte. Eine erneute Überprüfung der Cluster auf Trennschärfe sowie Festlegung der vorläufig endgültigen Version schlossen die Untersuchung ab.

Qualitative Auswertung Nach Sichtung und Bereinigung aller Antworten konnten für die Auswertung die folgenden Aussagen generiert werden:

- Vorteile Mitarbeiter/-innen 1062
- Nachteile Mitarbeiter/-innen 885
- Änderungswünsche 687

Zunächst fällt auf, dass die befragten Mitarbeiter/-innen mehr Einschätzungen zu den Vorteilen als zu den Nachteilen der beschriebenen Flexibilisierungslösung geäußert haben. Dies ist insofern nicht verwunderlich, als das für einen Großteil der Gestaltungslösungen bei der quantitativen Bewertung ein positives Bild vorherrscht. Die anschließende Zuordnung der generierten Antworten zu den im Projekt identifizierten Flexibilitätskategorien (Großholz et. al. 2012, S. 8.) hatte zum Ziel für die später abzuleitenden Handlungsempfehlungen die Gestaltungsmöglichkeiten zu identifizieren, in denen zwischen Mitarbeiterbedürfnissen und Unternehmensinteressen ein passgenauer Fit erzielt werden kann. Für eine umfassende Erklärung, Systematisierung und Analyse der Mitarbeiterwünsche ist dieses Vorgehend allerdings nicht ausreichend. Auf der Grundlage dieser Erkenntnis erfolgten im nächsten Schritt die Identifikation von thematischen Schwerpunkten und die Bildung von inhaltlichen Clustern. Der Fokus lag dabei in der Suche nach Mustern individueller und interindividueller Ziele und Motive (Erlebniswelten), welche die Präferenz und die Bewertung von Gestaltungslösungen direkt beeinflussen können.

Aus den generierten Ergebnissen wurden die in Tab. 1.3 („Ziel und Motivsystem") dargestellten personellen Faktoren (Grundmotive) und die Zielsysteme abgeleitet. Diese

Tab. 1.8 Grundmotive und daraus abgeleitete Zielsysteme

Sicherheit	Streben nach … (positive Effekte verstärken)	Vermeiden von … (negative Effekte verringern)
Physisch (körperlich)	Körperlicher Unversehrtheit, angemessenen Regenerationsmöglichkeiten	Gesundheitsgefährdenden Bedingungen des flexiblen Personaleinsatz, Verletzungen, Überlastung
Psychisch (geistig)	Planungssicherheit, Komfort-, (Sicherheits-) polster, emotionaler Stabilität, Ausgeglichenheit	Kritischen zukünftigen Situationen, Angst vor Konsequenzen bei eigenem Fehlverhalten, Mobbing, Stress, psychischen Erkrankungen
Materiell (finanziell)	Hohem Grundlohn, Existenzsicherung	Zahlungsunfähigkeit, Abhängigkeitserleben
Gerechtigkeit	Streben nach … (positive Effekte verstärken)	Vermeiden von … (negative Effekte verringern)
Leistungs-gerechtigkeit	Anerkennung persönlicher Leistungen, individueller Leistungsdifferenzierung, Leistungsobjektivität, angemessener Leistungshonorierung	sozialen Mitnahmeeffekten, Ausbeutung, Niveauverschiebungen durch Selbstständlichkeit bei Mehrleistungserwartungen
Verteilungs-gerechtigkeit	Kultur der Wertschätzung, solidarische Ergebnisverteilungen, Gleichverteilung, Regelkonformität, Transparenz von Ergebnissen	Intransparenz, Willkür, Verletzung vereinbarter Regelungen, Ausbeutung, Ungleichbehandlung
Selbst-bestimmung	*Streben nach … (positive Effekte verstärken)*	*Vermeiden von … (negative Effekte verringern)*
Nutzungs-souveränität	hoher individueller Reaktionsfähigkeit bei Zielkonflikten, Autonomie, Eigenverantwortung, Freiheit bei der Abgrenzung von Beruf und Privatleben	Zwang und Einengung, Bevormundung, negativen Konsequenzen geringem Fehlverhalten, Formalismus, Kontrolle durch Dritte, Informationsbringschuld
Gestaltungs-souveränität	optimierter persönlicher Bedürfnis- und Zielerreichung durch/trotz Arbeit, hoher individueller Aktionsfähigkeit bei Zielkonflikten, Mitbestimmung, störungsfreien Arbeitsbedingungen	Zwang, Bevormundung, Entpersonalisierung, langfristiger Demotivation, Nachteilen durch Organisationsmängel Dritter
Zufriedenheit	*Streben nach … (positive Effekte verstärken)*	*Vermeiden von … (negative Effekte verringern)*

Tab. 1.8 (Fortsetzung)

Sicherheit	Streben nach … (positive Effekte verstärken)	Vermeiden von … (negative Effekte verringern)
Private Lebens-gestaltung	großen Handlungsspiel-räumen, privatem Glück, Vereinbarkeit von Beruf und Privatem, Spaß, beruflichem Erfolg, Wertschätzung, sozialem Anschluss, Konsum, Status	beruflichen Nachteilen durch private Verpflich-tungen, privaten Nachteilen durch berufliche Verpflichtungen, Demotivation, Begrenzung der Lebenswirklichkeit auf die Arbeit, begrenzten persönlichen Ressourcen
Individuelle Ent-wicklungs-pers-pektive	Veränderung des persön-lichen Wirkspektrums, Kompetenz- und Persön-lichkeitsentwicklung, (Selbst-)Wertsteigerung, Employability, Zuversicht	Stagnation, Langeweile, Konkurrenz, Eintönigkeit

stellen für interessierte Unternehmen eine gute Orientierungs- und Gestaltungshilfe bei der Planung und Umsetzung von betrieblichem Flexibilitätspotential dar. Vor allem im Feld der Harmonisierung von Unternehmenszielen und Mitarbeiterinteressen bietet die entwickelte Systematik eine Reihe von Gestaltungsmaßnahmen, welche sich positiv sowohl auf die Effektivität als auch auf die Effizienz der durch die Unternehmen initiierten Flexibilisierungsmaßnahmen auswirken können.

1.4.3   Ausgewählte Ergebnisse aus der Analyse der Unternehmenssicht

Die Entscheidung für ein Flex-Instrument und der Einsatz betrieblicher Gestaltungslö-sungen sind aus Unternehmenssicht von erheblicher wirtschaftlicher Bedeutung. Durch Experteninterviews mit der Geschäftsführung und Produktionsleitung wurde die Ziel-struktur und die sich daraus ergebenden Bedarfe aus Unternehmenssicht identifiziert. Ausgewählte Erkenntnisse werden im Folgenden überblickshaft vorgestellt.

Flexibilität aus Unternehmenssicht Bei der Auftragsakquise besteht die essentielle Herausforderung, sich im Preiskampf zu behaupten und dem Kostendruck standzuhalten. Ein der Interviewten formuliert es recht prägnant: „[Wichtig ist], dass wir Aufträge haben, die richtigen Aufträge haben und dass die bei uns richtig behandelt werden."

Für die kommenden Geschäftsperioden gilt das formulierte Ziel, Wachstum mittels der Erschließung neuer Geschäftsfelder sowie durch neue Investitionsvorhaben zu generieren. Es wurde deutlich, dass vor allem ein großer Wissensbedarf besteht um die Innovations-fähigkeit des Unternehmens zu erhalten und die definierten Kernbereiche weiter voran-zubringen.

Die Qualitätsstrategie wird zur Kundenbindung von der Unternehmensführung konsequent weiterverfolgt. Die notwendigen Anforderungen an die Mitarbeiter/-innen finden sich in Überlegungen zu allen Unternehmensebenen von normativ über strategisch bis operativ wieder. Dazu gehört die intensive Identifikation der Mitarbeiter/-innen mit dem Qualitätsanspruch bis hin zu strategischen Kooperationen mit Hochschulen und Universitäten.

Kundengewinnung und Halten von Bestandskunden sind gleichermaßen wichtig für die Unternehmen. Dabei werden unterschiedliche Strategien angewendet, zum einen wird die Diversifikation genannt, zum anderen wird eher die Spezialisierung auf einen Produktbereich bevorzugt. Aber auch die Expansion auf den europäischen Markt und die Erhöhung des Exportanteils werden angegeben.

Aus der Perspektive des Unternehmens ist ein kontinuierlicher, störungsrobuster Geschäftsprozess wichtig. Aus diesem Grund ist es notwendig, durch eine flexible Arbeitsgestaltung auf vorhersehbare und unvorhersehbare Kapazitätsbedarfe und -schwankungen adäquat reagieren zu können. In den Interviews wurde deutlich, dass den Unternehmen diese Thematik und die zugehörigen Aspekte bewusst sind. Weiterhin erhoffen sich die Unternehmen auch gerade durch den Einsatz von Flexibilisierungsinstrumenten wie Gleitzeit eine Steigerung ihrer Attraktivität als Arbeitgeber als einen weiteren Baustein zur Gewinnung der notwendigen Arbeitnehmer. Denn als besonders große Herausforderung hat sich der Fachkräftemangel in den Interviews dargestellt. Die Auswirkungen sind in verschiedensten Bereichen spürbar. Dem Problembewusstsein hat sich nun eine strukturierte und strategiefolgende Lösungsentwicklung anzuschließen.

Es wurde erkannt, dass bei der Attraktivität auch die Erwartung an die Höhe des Entgeltes eine Rolle spielt. Da die Gehaltshöhen, wie in Großunternehmen angeboten, für ein KMU nicht realisierbar sind, besteht die Herausforderung, das Gehalt in einer noch attraktiven Höhe anzulegen und durch andere Maßnahmen die bestehende Differenz zu kompensieren. Damit entsteht als weiterer Ansatzpunkt die Erhöhung der Arbeitgeberattraktivität unabhängig von Gehalt bzw. Lohn. Vom Unternehmen wird erkannt, dass die Arbeitsaufgabe an sich, die Arbeitsbedingungen, aber vor allem eine wertschätzende Atmosphäre im Unternehmen für die Attraktivität des Unternehmens von hoher Bedeutung sind.

Flexibilität benötigt Strukturen und standardisierte Abläufe Durch die Interviews zieht sich durchgehend die Ansicht, dass die Prozesse, Anforderungen und Ressourcen grundsätzlich sich eher durch Stabilität auszeichnen sollten. Dabei werden Maßnahmen wie eine gute Planung der Unternehmensabläufe, ständige Dokumentation auf der einen Seite und Unternehmensanalysen und Marktbeobachtungen auf der anderen Seite als sinnvoll genannt. Es wurde auch deutlich, dass es hier noch Handlungsbedarf gibt. Damit wird unsere etwas verkürzende These „Stabilität durch Flexibilität" gestützt. Ein Unternehmer bringt dies wie folgt zum Ausdruck: „Flexibilität bedeutet für mich nicht jeden Tag, Dinge immer wieder neu erfinden und anders machen, sondern Flexibilität bedeutet für mich, Standardprozesse zu definieren, damit einen Großteil der täglichen Arbeit reibungslos ablaufen zu lassen und mehr Energie für die Ausreißer, für die Besonderheiten zu haben und dafür dann flexibel genug zu sein, darauf eingehen und darauf reagieren zu können."

Damit Flexibilität zum Wachstum des Unternehmens beitragen kann, sind Strukturen, im konkreten Ressourcen erforderlich, die im eintretenden Problemfall entlastend wirken. Sie sind im Bereich der technischen Kapazitäten und in einer engen Kooperation mit Zulieferern zu suchen.

Verschiedene Einsatzmöglichkeiten der Mitarbeiter im Prozess wurden im Interview sehr häufig als notwendige Voraussetzung für Flexibilität genannt (funktionale Flexibilität). Zum Teil wird dies in einzelnen Unternehmen durch die Einführung von Springersystemen realisiert. In Abhängigkeit von der Komplexität und Schwierigkeit der Aufgaben ist dazu häufig eine aufwändige Qualifizierung erforderlich.

Die Entwicklung eines Unternehmenstools Im Projekt wurde ein Interviewleitfaden entwickelt und eingesetzt, welcher in drei Bereiche gegliedert war:

In einem ersten Abschnitt stehen die Themen Flexibilität und Stabilität im Vordergrund. Zum einen verorten die Interviewten ihr eigenes Unternehmen in Bezug auf Flexibilität. Zum anderen sind sie dazu aufgefordert, ihr grundlegendes Verständnis zu den verwendeten Begriffen und Zusammenhängen zu formulieren.

Im zweiten Abschnitt des Interviews beschäftigen sich die Interviewten mit dem aktuell vergangenen Geschäftsjahr. Zuerst wurden die anvisierten Geschäftsziele erfragt. Die noch präsenten Ereignisse und vor allem Herausforderungen beim Erreichen der definierten Ziele waren zu beschreiben. Dabei ging es auch darum geeignete Mittel, vor allem auf den flexiblen Personaleinsatz bezogen, zu identifizieren.

Im dritten Abschnitt wiederholen sich größtenteils die Fragen aus dem zweiten Abschnitt, allerdings wurden die Interviewten aufgefordert, diesmal in die mittel- bis langfristige Zukunft des Unternehmens zu schauen.

Die Interviews wurden aufgezeichnet, transkribiert und anschließend qualitativ ausgewertet.

Für Unternehmen ist dieses Vorgehen zur Vorbereitung eines betrieblichen Gestaltungsprozesses zu ressourcenintensiv, zumal sich ihr Erkenntnisinteresse auf die unternehmensspezifischen Informationen beschränkt. Mittels folgender Checkliste können die Unternehmen aber die Anforderungen und Intensionen aus Unternehmenssicht identifizieren beziehungsweise sichtbar machen.

Die Erfahrungen im Projekt haben gezeigt, dass die Beantwortung dieser Fragen das Unternehmen bei der Standortbestimmung hinsichtlich des Themas Flexibilität unterstützt. Die Unternehmenssicht ist für den bevorstehenden Gestaltungsprozess zu externalisieren, erst dann wird sie kommunizierbar und kann im Prozess zum notwendigen Konsens aus Mitarbeiter- und Unternehmensinteressen beitragen.

Tab. 1.9 Checkliste Unternehmensbefragung

1. Flexibilität im Unternehmen
Was verstehe ich unter dem Begriff Flexibilität (im Unternehmen)?
Im Zusammenhang mit dem Thema Flexibilität fällt auch oft der Begriff Stabilität. Was bedeutet Stabilität für unser Unternehmen?
Wann ist unser Unternehmen stabil?
Wie flexibel sehe ich unser Unternehmen?
Wie begründe ich diese Einschätzung?
Welches Beispiel aus dem Unternehmensalltag unterstützt meine Aussage?
Welche Situationen fallen mir ein, bei denen ich mehr Optionen des flexiblen Personaleinsatzes benötige?
An welchen Indikatoren oder Kriterien bemesse ich in unserem Unternehmen Flexibilität?
2. Vergangenes Geschäftsjahr
Welche Ziele verfolgte das Unternehmen im vergangenen Geschäftsjahr 20XX?
Was waren die größten Barrieren beim Erreichen dieser Ziele?
Mit welchen Lösungsansätzen haben wir versucht, die Barrieren zu überwinden?
Wie erfolgreich waren diese Maßnahmen?
Woran mache ich das fest?
Welche Rolle spielte dabei das Thema personale Flexibilität?
Im Hinblick auf das vergangene Geschäftsjahr, was braucht das Unternehmen in Bezug auf personale Flexibilität (den flexiblen Personaleinsatz)?
3. Zukünftige Ziele und Herausforderungen
Welche Ziele verfolgt das Unternehmen in den nächsten Geschäftsjahren?kurz-, mittel- und langfristig
Was sind meiner Meinung nach die größten Barrieren beim Erreichen dieser Ziele?
Mit welchen Lösungsansätzen werden wir versuchen die Barrieren zu überwinden?
Welche Rolle spielt dabei das Thema personale Flexibilität?

1.4.4 Konsequenzen für die Erhebung und Analyse von Mitarbeiter- und Unternehmenssicht aus personalwirtschaftlicher Perspektive

Das dargestellte methodische Vorgehen hat zum wissenschaftlichen Erkenntnisprozess im Verstehen der Wechselwirkung zwischen personeller und personaler Flexibilität und zum Ausbalancieren zwischen beiden Ebenen fundierte Erkenntnisse geliefert. Primär dienten die eingesetzten Instrumente der wissenschaftlichen Evaluierung vorgefundener Flex-Instrumente bzw. Flex-Gestaltungslösungen und sind auch mit Rückgriff auf eine externe Unterstützung im betrieblichen Gestaltungsprozess einsetzbar.

Während die quantitativen Daten bei entsprechenden zeitlichen Ressourcen auch selbständig durch die betriebliche Arbeitsgruppe ausgewertet werden können, empfiehlt sich zur Auswertung und Interpretation der qualitativen Daten in jedem Fall die Unterstützung durch externes Methoden-Know-how. In der Praxis finden sich in den seltensten Fällen ausreichende Interpretationskompetenzen und zeitliche Ressourcen für eine zielführende qualitative Auswertung. Die logisch und inhaltlich konsistente Zuordnung von Bewertungsaussagen zu den Flexibilitätskategorien und vor allem in das Motiv- und Zielstrukturraster erfordert ausgewiesene Expertise und mehrere Ebenen zur Konsistenzprüfung, um verlässliche und verwertbare Erkenntnisse ableiten zu können. Es wird empfohlen, auch die dann folgende Ableitung von Gestaltungsempfehlungen unter Einbeziehung externer Interpretations- und Beratungspartner durchzuführen.

Die Zuordnung und Clusterung der Aussagen zu den Vor- und Nachteilen der Instrumente kann jedoch zur Vereinfachung mittels eines im Projekt entwickelten Motivrasters erfolgen (siehe Tab. 1.3. Grundmotive und daraus abgeleitet Zielsysteme). Je nach gewünschter Auswertungstiefe können die erfassten Daten aus den Befragungen für einzelne Personen oder für Personengruppen, für einzelne Instrumente oder Instrumentenfamilien, nach Flexibilitätskategorien oder nach Motiven und Zielen aufbereitet werden. Nachhaltig besonders zielführend sind Auswertungen, die diese Aspekte miteinander kombinieren und bei denen qualitative und quantitative Inhalte verschränkt analysiert werden.

Für die Nutzung aller bei der Erhebung und Analyse verwendeten Tools gilt, dass eine komplette Anwendung nicht zwingend erforderlich ist. Ebenso können zusätzliche eigene spezifische Analysen zur Ergänzung sinnvoll sein.

Die Erhebungs- und Analysetools dienen insgesamt dazu,

- auf der Basis der Unternehmensstrategie die Ziele für flexible Personaleinsatzkonzepte aus Unternehmenssicht zu bestimmen, die vorliegende Situation zu bewerten und damit eine angemessene Datenbasis für die Gestaltung zu schaffen.
- die Wünsche und Bedarfe der Mitarbeiter und die relevanten Lebensumstände zu erfassen, welche für flexible Personaleinsatzkonzepte bedeutsam sind.

1.4.5 Anforderungen an den Gestaltungsprozess

Die vorgestellten Ergebnisse stellen auf der einen Seite die Ziele und Motive der Mitarbeiter dar, auf der anderen Seite die Ziele und Bedarfe aus Sicht der Unternehmensleitung. Diese sind Grundlage für den Prozess der Auswahl und Gestaltung geeigneter Instrumente zum flexiblen Personaleinsatz.

Anforderungen an den bevorstehenden Prozess:

- Wünsche und Vorstellungen der Mitarbeiter und Geschäftsführung gleichermaßen einbeziehen
- Innovative Personaleinsatzstrategien entwickeln
- Rahmen zum innovativen Arbeiten geben
- Für aktuelle und zukünftige Probleme gemeinsam Lösungen suchen

Abb. 1.7 Phasen des Inno-
vationsworkshops (eigene
Darstellung)

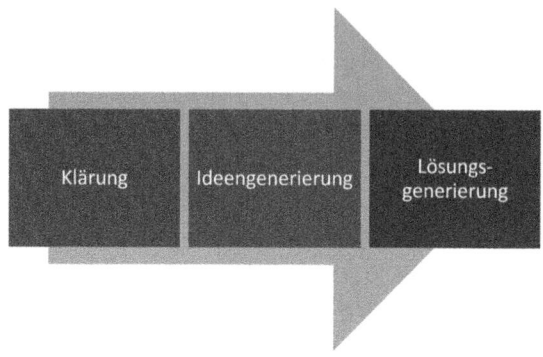

Der erste Punkt wurde wie beschrieben mittels der durchgeführten Status-Quo-Analysen
in jedem Unternehmen vorbereitet. Um den Aspekt der Lösungsentwicklung für zukünftige Herausforderungen zu unterstützen entschied sich das Team die Unternehmen mit
einem Zukunftsszenario zu konfrontieren, welches aus Prognosen aktueller Studien zu-
sammengestellt wurde.

In einem Innovationsworkshop, an dem Vertreter der Unternehmensleitung und Mitarbeiter aus verschiedenen Bereichen und Ebenen zusammenkamen, entwickelten die
Teilnehmenden aus dem beschriebenen Szenario mit den Erkenntnissen aus den voran-
gegangenen Analysen verschiedene zu bearbeitende Problemfelder. Die Struktur des Inno-
vationsworkshops teilte sich in drei Phasen, die in Abb. 1.7 dargestellt sind.

Die entwickelten Lösungsoptionen wurden als Impulse in die betriebliche Gestaltungs-
arbeit gegeben. Auch im fortlaufenden Prozess waren regelmäßige Meetings mit Unternehmensführung, Mitarbeitern und Prozessbegleitern aus dem Forschungsteam wichtiger
Bestandteil. Somit wurde ein partizipativer Prozess gewährleistet, der die Mitarbeiter- und
Unternehmenssicht fortlaufend integriert.

1.5 Ausblick und Chancen

Welche Schlussfolgerungen für das praktische betriebliche Vorgehen können aus den
theoretischen Systematisierungsmodellen, methodischen Ansätzen und empirischen Befunden zusammenfassend gezogen werden?

- Zunächst lässt sich feststellen, dass eine fundierte Analyse der unternehmens- und der
  personenbezogenen Bedingungen erforderlich ist. Wie detailliert diese Analyse erfolgen muss, hängt von den konkreten Bedingungen im Unternehmen ab. Zum Beispiel
  sind die Unternehmensstrategie und die Wettbewerbsbedingungen sowie die Personalstruktur und die vorhandene Datenbasis wichtige Einflussgrößen. Für die praktische
  Nutzung ist deshalb die Bereitstellung eines breiten Spektrums an Analyseinstrumenten
  vorteilhaft. Insgesamt liefert die strategische Unternehmensplanung hierzu diverse Instrumente.

- Eine Erfassung der individuellen Flexibilisierungsbedarfe über die Systematisierungs-modelle – Individuelle Einflussgrößen sowie die lebens- und berufsbiografische Situa-tionsanalyse (Abb. 1.2 und 1.3) – ist zielführend und möglich, allerdings aufgrund der bekannten Schwierigkeiten eines psychologischen Vertrages nicht in allen Unter-nehmen umsetzbar. Der Begriff „Psychologischer (Arbeits-)Vertrag" beinhaltet dabei alle Erwartungen und Angebote von Arbeitnehmern/-innen und Arbeitgebern/-innen als Bestandteil der Arbeitsbeziehungen (Reader und Grote 2012). Es handelt sich um mehr oder weniger implizite Erwartungen und Angebote, die über den schriftlichen Arbeitsvertrag hinausgehen und dafür eine Kultur des gegenseitigen Vertrauens, der Loyalität und der Wertschätzung voraussetzen. Entsteht ein Verdacht des Vertragsbru-ches sowohl aus Sicht des Unternehmens als auch aus Sicht der Mitarbeiter/-innen, sind Aspekte der Sozialverträglichkeit nicht mehr oder nur noch eingeschränkt auf Basis vorliegender objektiv erfassbarer Personalstatistik gestaltbar.

Die methodische Vorgehensweise bei der Gestaltung von geeigneten Modellen und Flex-Instrumenten zu konkreten betrieblichen Gestaltungslösungen zu kommen, hat sich bewährt. Hierbei ist die im Projekt entwickelte Katalogisierung von wesentlichen Flex-Instrumenten der zeitlichen, funktionalen, räumlichen, vertraglichen, numerischen und biografischen Flexibilisierung eine entscheidende Handlungshilfe zur Bewältigung der gestalterischen Herausforderungen angesichts einer zunehmenden Individualisierung. Diese Flexibilisierungsinstrumente sind u. a. mit einer Definition, der Beschreibung mit-tels der Flexibilitätskategorien, Literaturhinweisen, Einsatzvoraussetzungen und Anwen-dungsempfehlungen sowie entstehenden Chancen und Risiken für Unternehmen und Mitarbeiter/-innen ausführlich und anwendungsorientiert dargestellt. Sie bilden eine wichtige Basis für Unternehmen zur effizienten und effektiven Entwicklung der optimalen betrieblichen Gestaltungslösungen.

Die betrieblichen Flexibilisierungsnotwendigkeiten sowie die Flexibilisierungsbedarfe und -wünsche der Mitarbeiter/-innen werden in einem partizipativen Prozess miteinan-der abgeglichen. Auf diesem Wege werden konsensfähige Projekte und Maßnahmen zum beiderseitigen Nutzen erarbeitet und betriebswirtschaftlich sowie arbeitswissenschaftlich bewertet. Eine detaillierte und umfängliche Darstellung erfolgt in einem Handlungsleit-faden, welcher im Jahr 2013 unter dem Titel „Entwicklung und Einsatz flexibler Gestal-tungslösungen für Personaleinsatzkonzepte in KMU" veröffentlicht wird.

Diese Grundgedanken spiegeln sich in Abb. 1.8 wieder. Zur Sicherung der Übersicht-lichkeit wurde auf die Darstellung von parallel verlaufenden Prozessen und notwendigen Rückkopplungen verzichtet.

Die Effektivität dieser Vorgehensweise konnte in den vier KMU empirisch nachgewie-sen werden. Derzeit wird an der Entwicklung eines Fragebogens und zugehöriger Aus-werteroutinen gearbeitet, über die individuelle Flexibilisierungsbedarfe bestimmt werden können. Die Ausarbeitung erfolgt auf der Basis des in Abb. 1.2 dargestellten Strukturmo-dells und der bisher in der Status-Quo-Analyse eingesetzten Methoden. Auf der Grundlage von Items auf der individuellen Ebene, der Erwerbsarbeitsebene sowie der Familien- und

Abb. 1.8 Vorgehensmodell
zur Erfassung der individuellen
sowie unternehmensbezogenen
Flexibilitätsbedarfe und der
Gestaltung adäquater Lösungen
für den flexiblen Personaleinsatz (vereinfacht)

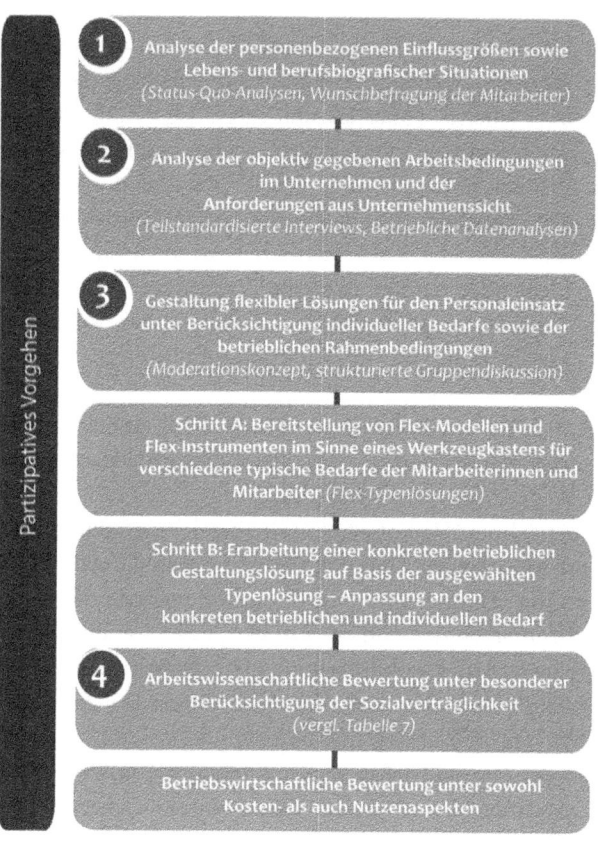

Partnerschaftsebene sollen diese Bedarfe ermittelt werden. Sie sind eine fundierte Datenbasis für individuelle bzw. individualisierbare flexible Gestaltungslösungen. Daraus lassen
sich für mehrfach im Unternehmen vorhandene bzw. zu erwartende Bedarfskonstellatio-
nen typische Modelle und Instrumente auswählen und Lösungen erarbeiten, vorhalten
und bei Bedarf einsetzen. Beispiele dafür könnten sein:

- Instrumente und Lösungen für ältere Mitarbeiter/-innen im Übergang in den Ruhe-
  stand
- Instrumente und Lösungen für Familien mit Kindern
- Instrumente und Lösungen für Doppelverdienerpaare

Sind diese Überlegungen erfolgreich und lassen sich in der Praxis bestätigen, können
die individuellen Bedingungen noch sachgerechter und effizienter in betrieblichen Gestaltungslösungen zum Personaleinsatz eingesetzt werden. Allerdings verbleibt immer die
Einschränkung, dass für Sonderfälle und -bedingungen stets in individueller Weise ohne
Rückgriff auf „Typenlösungen" gearbeitet werden muss.

Die Erfahrungen in den vier KMU zeigen:

- Das beteiligungsorientierte Vorgehen ist der Schlüssel zur Individualisierung.Nur wenn sich die Mitarbeiter/-innen am Gestaltungsprozess beteiligen, können mit hoher Wahrscheinlichkeit individuell akzeptierte Lösungen entstehen. Die Befragungsergebnisse zeigen, dass bei der Geschäftsführung die Wünsche der Mitarbeiter/-innen oft unpräzise und unzureichend bekannt sind. Daraus resultieren falsche Ausgangsbedingungen und gut gemeinte, aber nicht zielgenaue Vorschläge.
- Betriebliche Gestaltungslösungen können nicht einfach auf andere KMU übertragen werden, es gibt keine Standardlösungen für flexible Personaleinsatzkonzepte. Hier sind u. a. die Mitarbeiter in angemessener Form zu trainieren und zu informieren.dies gilt sowohl bezüglich der Auswahl und Nutzung der Instrumente und Modelle als auch ihrer konkreten Ausgestaltung.
- Es ist eine gewisse „Machtverschiebung" zwischen Arbeitgeber- und Arbeitnehmermarkt bei Fachkräften auf dem Arbeitsmarkt erkennbar. Dies führt dazu, dass Unternehmen zunehmend bereit sind, Flexibilisierungswünsche der Mitarbeiter/-innen zu erfüllen. In den vier Unternehmen wurde nachgewiesen, dass dies nicht zu Nachteilen für die Unternehmen führen muss.
- Gute Lösungen sind nicht notwendig immer diejenigen, die die höchste Akzeptanz bei den Mitarbeiterinnen und Mitarbeitern finden. Entscheidend ist auch, dass sie den Aspekten einer umfassenden Sozialverträglichkeit/-gerechtigkeit (insbesondere in der Ethik- und Nachhaltigkeitsebene) entsprechen.
- Gute Lösungen sind immer gute Lösungen auf Zeit, d. h. optimale Flexibilisierungslösungen sind immer an der im Wandel begriffenen betrieblichen Wirklichkeit zu spiegeln. Dies betrifft Unternehmens- und individuelle Interessen sowie Bedarfe.

Das konsequent partizipative Vorgehen mit einem umfassenden Informations- und Kommunikationsprozess in der Belegschaft ist im Zusammenhang mit einer sachgerechten Analyse, Bewertung und Gestaltung von flexiblen Gestaltungslösungen für den Personaleinsatz der Schlüssel für ein erfolgreiches betriebliches Handeln auch im Kontext einer fortschreitenden Individualisierung. Die teilweise angeführte Argumentation, dass die Wünsche und Ziele von Unternehmen und Mitarbeitern/-innen kaum in Übereinstimmung gebracht werden können, hat sich so nicht bestätigt. Richtig ist, dass es Elemente von Gestaltungslösungen gibt, die (noch) nicht die Akzeptanz beider Partner/-innen finden. Dann werden diese Elemente (möglicherweise zunächst) nicht in die unternehmerische Praxis eingeführt. Hier gilt grundsätzlich die Regel „Weniger ist mehr". Für das Unternehmen ist es im Allgemeinen nicht zu empfehlen, seine Flexibilisierungswünsche – wenn es überhaupt rechtlich möglich ist – gegen den Widerstand der Mitarbeiter/-innen durchzusetzen. Als sehr bedeutsam für die Akzeptanz von Lösungen hat sich die umfassende Information der Belegschaft erwiesen. Im Projekt wurde oft wahrgenommen, dass der Informationsbedarf der Belegschaft an vielen Stellen unterschätzt wird. Nachdem insbesondere die nicht unmittelbar an der Entwicklung der Gestaltungslösung beteiligten Mitarbeiter/-

innen in persönlichen Gesprächen umfassend durch Vertreter der Unternehmensleitung informiert wurden, stieg die Akzeptanz der Lösungen erheblich an.

Die möglichen negativen Folgen der Trends zur Entgrenzung und Individualisierung von Arbeit können sowohl aus Sicht der Mitarbeiter/-innen als auch aus Unternehmenssicht grundsätzlich beherrscht werden. Dies ist allerdings nicht voraussetzungslos möglich. Eine Schlüsselfunktion nimmt dabei die Unternehmenskultur mit ihren gelebten Werten und Normen ein. Bedingungen für das Gelingen einer für beide Seiten zufriedenstellenden Übereinkunft zwischen betrieblichen und individuellen Bedarfen sind z. B. eine offene, angstfreie Kommunikation, eine organische, nicht hierarchische Unternehmensstruktur, Belohnungsrituale, aber auch die Nichtbestrafung von Fehlern sowie die Akzeptanz persönlicher Erwartungen und Problemlagen, die möglicherweise auch zeitweise die Leistungsfähigkeit der Mitarbeiter/-innen einschränken können.

Unser Projekt FlexIKo^{KMU} stellte ein aufeinander abgestimmtes Vorgehen sowohl aus der betriebs- und personalwirtschaftlichen als auch arbeitswissenschaftlichen Perspektive bei der Gestaltung flexibler Personaleinsatzstrategien für KMU in den Fokus. Trotz unterschiedlicher fachspezifischer Grundlagen ist es im Projekt gelungen ein gemeinsames praxistaugliches Vorgehensmodell zu entwerfen, dass kleine und mittlere Unternehmen nachhaltig unterstützen kann.

Literatur

Atteslander P (2003) Methoden der empirischen Sozialforschung, 10. Aufl, Berlin u. a
Becker M (2012) Diversity Management-Umgang mit Vielfalt. Vortrag auf Symposium „Wissens- und Technologietransfer in den Neuen Bundesländern-Herausforderungen und Visionen", 18.10.2012, Universität Potsdam
Bitterwolf W (1992) Flexibilität des Handelns: empirische Untersuchungen zu einem Persönlichkeitskonstrukt. Roderer, Regensburg
BMFSJ (2010) Familienfreundlichkeit-Erfolgsfaktor für Arbeitgeberattraktivität. Publikationsversand der Bundesregierung, Rostock
Brandstädter J (2007) Das flexible Selbst. Spektrum, München
Brannen J, Nielsen N (2005) Individualisation, choice and structure: a discussion of current trends in sociological analysis. Sociol Rev 53:412–428
Brehm CR (2003) Organisatorische Flexibilität der Unternehmung. Deutscher Universitätsverlag, Wiesbaden
Clement U, Clement U (2001) Doppelkarrieren. Familien- und Berufsorganisation von Dual Career Coupless. Familiendynamik 3(26):252–274
Filipp S-H (Hrsg) (2010) Kritische Lebensereignisse. Beltz PVU, Weinheim
Fischer M (2008). Wie gelingen Doppelkarriere-Partnerschaften?, VDM Verlag Dr. Müller, Saarbrücken
Geisler R (2011) Die Sozialstruktur Deutschlands, 6. Aufl. VS Verlag für Sozialwissenschaften, Wiesbaden
Geissler B, Oechsle M (1996) Lebensplanung junger Frauen. Zur widersprüchlichen Modernisierung weiblicher Lebensläufe. Deutscher Studienverlag, Weinheim
Geuting J, Pelz C (2005) Demographischer Wandel in Deutschland – Ein Überblick. Grin Verlag. Norderstedt

Graf A (2001) Lebensorientierte Personalentwicklung. Management, 3, 24–31. http://www.bwl-onli-ne.com/500KapitelOrdner/520KapitelOrdner/IOM-03_2001 %2872dpi%29.pdf. Zugegriffen: 27. Nov. 2012

Grote S, Kauffeld S (2000) Flexible Mitarbeiter: Eine explorative Analyse zu Dimensionen, Typen und Korrelaten der Flexibilitätsbereitschaft. In: Frieling E, Kauffeld S, Grote S, Bernard H. Fle-xibilität und Kompetenz: Schaffen flexible Unternehmen kompetente und flexible Mitarbeiter? Waxmann, Münster, S 237–260

Grote S (2001) Der flexible Mitarbeiter. Herbert Utz Verlag, München

Großholz M, Richter K, Schmicker S, Voigt B, Wagner D (2012) Richtig flexibel – Anforderung an innovative Personaleinsatzstrategien in KMU. In: Personalquarterly 01/2012; 64.Jg.; S. 7–13

Hacker W (2005) Allgemeine Arbeitspsychologie, 2. Aufl. Verlag Hans Huber, Bern

Heyse V, Erpenbeck J (2004) Kompetenztraining. Schäffer-Poeschel, Stuttgart.

Hillmann K-H (2007) Wörterbuch der Soziologie, 5. Aufl. Verlag Alfred Kröner, Stuttgart

Horx M (2010) Das Megatrend-Prinzip. Deutsche Verlags-Anstalt, München

Kapella O (2007) Familienfreundlichkeit – Definition und Indikatoren. Working Paper Nr. 58. Wien: Österreichisches Institut für Familienforschung der Universität Wien

Keddi B (2007) Lebensthemen, der rote Faden in der Lebensgestaltung junger Frauen http://www.erwachsenenbildung-ekhn.de/fileadmin/erwachsenenbildung/006_Frauenbildung/02_PDFs/Lebensthemen_-_der_rote_Faden….pdf. Zugegriffen: 27. Nov. 2012

Kleemann F, Matuschek I, Voß G (1999) Zur Subjektivierung von Arbeit, Querschnittsgruppe Arbeit und Ökologie, S. 99–512

Kohli M (1985) Die Institutionalisierung des Lebenslaufs- Historische Befunde und theoretische Argumente. Kölner Zeitschrift für Soziologie Sozialpsychologie 37:1–29

Kölbl S (2008). Entwicklung eines Konzepts für das Management hoch qualifizierter Humanressour-cen am Beispiel der Dual Career Coupless, kassel university press, Kassel

Lamnek S (1993) Qualitative Sozialforschung, 2. Aufl. München

Lawler E (2008). Talent: making people your competitive advantage, Jossey-Bass, San Franzisko

Mayring P (2008) Qualitative Inhaltsanalyse. Grundlagen und Techniken. Beltz, Weinheim

Moldaschl M, Voß GG (Hrsg) (2003) Subjektivierung von Arbeit, 2. Aufl. Meringen: Rainer Hampp Verlag, München

Mythen G (2005). Employment, individualization and insecurity:rethinking the risk society per-spective. Sociol Rev 53:129–149

Nerdinger F, Blickle G, Schaper N (2011) Arbeits- und Organisationspsychologie. 2. Aufl. Springer Verlag, Berlin und Heidelberg

Oerter R, Montada L (Hrsg) (2002) Entwicklungspsychologie. 5. Aufl. Beltz Verlage, Weinheim

Pfau-Efinger B (2000) Kultur und Frauenerwerbstätigkeit in Europa. Theorie und Empirie des inter-nationalen Vergleichs. Verlag Leske + Budrich, Opladen

Quaas W (2008) Eine Kultur der Menschenwürde in der Arbeit-Herausforderungen an eine zeitge-rechte humanistische Arbeitswissenschaft, Otto-von-Guericke-Universität Magdeburg

Reader S, Grote G (2012) Der psychologische Vertrag. Hogrefe Verlag, Göttingen

Reilly P (2001) Flexibility at work, Balancing the interests of employer and employee. Gower Publi-shing, Aldershot

Rump J, Eilers S, Wilms G (2011) Strategie für die Zukunft. Lebensphasenorientierte Personalpoli-tik 2.0 Ministerium für Wirtschaft, Klimaschutz,Energie und Landesplanung Rheinland-Pfalz, Mainz

Sennett R (1998) Der flexible Mensch. Die Kultur des neuen Kapitalismus, 3. Aufl. Berlin Verlag, Berlin

Schein E (2005). Karriereanker, Lanzenberger Dr. Looss Stadelmann Verlags GmbH, Darmstadt

Schlick H, Bruder R, Luszak H (2010) Arbeitswissenschaft, 3. Aufl. Springer

Schmicker S, Wassmann S, Kramer C (2011) Arbeitgeberattraktivität aus Sicht von Studierenden. Universitätsverlag Magdeburg

Schwarzer R, Jerusalem M, Weber H (Hrsg) (2002) Gesundheitspsychologie von A bis Z. Hogrefe-Verlag, Göttingen.

Solga, H, Wimbauer, C (Hrsg) (2005) Wenn zwei das Gleiche tun… Ideal und Realität sozialer (Un-) Gleichheit in Dual Career Couples. Verlag Barbara Budrich, Opladen.

Voigt K-I, Saatmann M (2005) Begriffsbestimmung Flexibilität und Adaptivität. Arbeitspapier Flex-Log 2005–01

Voß GG (2007) Gesellschaftlicher Wandel und Beratung, Vortrag DGfB-Kongress, Mainz 2007. Abgerufen von http://www.dachverband-beratung.de/dokumente/Voss_Gesellschaftlichler_Wandel_und_Beratung.pdf. Zugegriffen: 18. Juli 2012

Zukunftsinstitut GmbH (2007) Kurzinfo. Lebensstile 2020. Eine Typologie für Gesellschaft, Konsum und Marketing http://www.zukunftsinstitut.de/verlag/studien_detail.php?nr=58. Zugegriffen: 26. Nov 2012

http://www.4managers.de/management/themen/worklife-balance/. Zugegriffen: 12. Dec 2012

Teil II
Freelancer als Phänomen einer modernen Arbeitswelt

Veränderte Marktbedingungen und zunehmender Wettbewerbsdruck stellen seit Jahren hohe Flexibilitätsanforderungen an Unternehmen und haben zu Veränderungen in ihren Personalstrukturen geführt. Diese Entwicklung wird durch eine starke Zunahme soge-nannter atypischer oder flexibler Beschäftigungsformen begleitet. Der zeitlich befristete Einsatz dieser externen Mitarbeiter, z. B. Leiharbeitnehmer oder Freelancer (freie Mitar-beiter), ermöglicht Unternehmen ein an die Marktbedingungen angepasstes Agieren. Mit dem Zugewinn an Flexibilität ist jedoch auch ein Verlust an Stabilität verbunden. Hieraus ergibt sich sowohl auf sowohl auf der Ebene der Unternehmen als auch auf individueller Ebene ein Spannungsfeld von Flexibilisierung und Stabilisierung. Dieses wird im Folgen-den mit drei Schwerpunktsetzungen näher beleuchtet, die sich aus der Unterscheidung der organisationalen und individuellen Ebene sowie der betriebswirtschaftlichen und psy-chologischen Perspektive ergeben.

- In einem ersten Kapitel steht die individuelle Ebene aus betriebswirtschaftliche Perspe-ktive im Fokus: Hier führt die zunehmende Flexibilisierung der Beschäftigungsverhält-nisse zu einer Abnahme an Stabilität, die die Arbeitszufriedenheit und das Commitment der Freelancer beeinflusst und zudem Auswirkungen auf das Privatleben der Freelancer hat. Phasen der Erwerbsarbeit und Nichterwerbsarbeit wechseln sich ab und flexible Arbeitszeiten erschweren eine klare Trennung von Arbeit und Freizeit. Es werden Möglichkeiten aufgezeigt, wie Berufs- und Privatleben besser vereinbart werden kön-nen. Eine weitere Herausforderung, die die Freelancer-Tätigkeit auf individueller Ebene stellt, ist der Erhalt der eigenen Beschäftigungsfähigkeit (Employability). Diesbezüglich werden Konzepte vorgestellt, die es Freelancern ermöglichen ihre Beschäftigungsfähig-keit langfristig sicherzustellen.
- In einem zweiten Kapitel wird die individuelle Ebene aus einer psychologische Perspe-ktive betrachtet und gefragt, welche Herausforderung sich aus der Freelancer-Tätigkeit für unterschiedliche Typen von älteren Freelancern („40 + ") ergeben. Klassische, aber auch moderne entwicklungspsychologisch informierte Laufbahntheorien prognosti-

zieren mit zunehmendem Lebensalter ein steigendes Bedürfnis nach Stabilität und dem Erhalt eines erreichten Status Quo. Dies ist mit den Implikationen der freiberuflichen Tätigkeit, zumindest auf den ersten Blick, nicht vereinbar. Aus psychologischer Perspektive lässt sich jedoch auch ein anderes Ausgangsbild zeichnen: Stabilität ohne Veränderung führt zu Starrheit oder auch Langeweile. Entscheidend ist letzten Endes die Herstellung einer individuell adaptiven Stabilitäts-/Veränderungsbalance. Im zweiten Kapitel werden Dimensionen beschrieben, die diese Balance bei unterschiedlichen Typen von Freelancern moderieren. Aus den Ergebnissen können Empfehlungen für die Ausgestaltung eines Beziehungsmanagements abgeleitet werden.

- Ein drittes Kapitel beinhaltet die Perspektive des einsetzenden Unternehmens: Der Einsatz von Freelancern bietet Unternehmen einen Gewinn an Flexibilität. Nachfrageschwankungen in der personellen Kapazität können durch den temporären Einsatz externer Freelancer kompensiert werden. Neuartige Aufgaben können umgehend bewältigt werden, indem dafür erforderliches Wissen und Kompetenzen am externen Markt beschafft werden. Hierbei muss jedoch von der Unternehmensseite die Integration des spezifischen Wissens der Freelancer in das Unternehmen gestaltet werden. Es werden folglich Möglichkeiten zur Ausgestaltung eines nachhaltigen Wissensmanagements aufgezeigt. Ein weiteres Problemfeld aus Unternehmenssicht besteht in der Frage, inwieweit Freelancer durch das Unternehmen in ihrem Leistungsverhalten zu beeinflussen sind bzw. konkreter wie gemischte Teams aus internen und externen Mitarbeitern erfolgreich geführt werden können.

Der einzelne Freelancer aus betriebswirtschaftlicher Perspektive

2

Stefan Süß, Johannes Becker und Shiva Sayah

2.1 Ansatzpunkte der Untersuchungen

Die Erforschung des Spannungsfelds von Flexibilisierung und Stabilisierung erfolgte in diesem Teil des FlinK-Projekts auf individueller Ebene aus betriebswirtschaftlicher Perspektive. Dies war nötig um festzustellen, inwieweit Freelancer (als Ein-Personen-Unternehmer) ihre Arbeitssituation individuell als Belastung oder als Chance wahrnehmen. Zudem sollte die nur auf den ersten Blick homogene Gruppe der Freelancer differenziert erforscht werden. Auf der individuellen Ebene standen verschiedene Subthemen im Vordergrund:

1. Employability von Freelancern
Zentrale Grundlagen der Beschäftigung von Freelancern in der IT- und Medienbranche sind ihr spezifisches Wissen und ihre besonderen Fähigkeiten. Diese prägen ihre Beschäftigungsfähigkeit (Employability), welche lebenslang erhalten, ausgebaut oder erweitert werden muss, um auf dem Arbeitsmarkt bestehen zu können. Dies gilt für Freelancer besonders, da die Employability Grundlage ihrer wirtschaftlichen und persönlichen Existenz ist. Vor diesem Hintergrund wurde im Projekt differenziert erforscht, wie Freelancer ihre Employability einschätzen und wodurch diese beeinflusst wird. Auf dieser Basis lassen sich auch Empfehlungen zur Gestaltung der Employability formulieren.

2. Work-Life-Balance von Freelancern
Freelancing birgt durch flexible Arbeitszeiten und die Option zur Arbeit von zu Hause aus die Möglichkeit einer Entgrenzung von Berufs- und Privatleben mit negativen

S. Süß (✉) · J. Becker · S. Sayah
Wirtschaftswissenschaftliche Fakultät, Heinrich-Heine-Universität, Universitätsstr. 1,
40225 Düsseldorf, Deutschland
E-Mail: Stefan.Suess@hhu.de

S. Kaiser et al. (Hrsg.), *Arbeits- und Beschäftigungsformen im Wandel*,
DOI 10.1007/978-3-658-00331-9_2, © Springer Fachmedien Wiesbaden 2013

Konsequenzen für die empfundene Work-Life-Balance (vgl. Müller und Kastner 2003, S. 250). Konflikte zwischen Arbeit und Privatleben sind nicht selten die Folge dieser Situation. Allerdings war zu Projektbeginn die Work-Life-Balance von Freelancern kaum erforscht. Forschung zu diesem Themenbereich ist aber erforderlich, um den hohen und spezifischen Belastungen von Freelancern Rechnung zu tragen, die sich nicht nur aus der Arbeit an sich, sondern aus weiteren Aspekten wie der Auftragssuche, der Verbesserung der eigenen Employability sowie aus der unsicheren und diskontinuierlichen Beschäftigung ergeben (vgl. z. B. Gerlmaier und Latniak 2007). Gleichzeitig weist die freie Mitarbeit Potenziale auf, die Bereicherungsfaktoren für ein ausgewogenes Arbeits- und Privatleben darstellen, z. B. flexible und selbstbestimmte Arbeit. Vor diesem Hintergrund wurden im Projekt Ausprägungen und Einflussfaktoren der Work-Life-Balance bzw. eines eventuellen Work-Life-Conflicts sowie die Grenzziehung zwischen Berufs- und Privatleben in mehreren Studien analysiert, um auf dieser Basis nicht nur zu differenzierten Erkenntnissen, sondern auch zu konkreten Praxisempfehlungen zu gelangen.

3. Commitment und Arbeitszufriedenheit von Freelancern

Neben den beiden Schwerpunkten Employability und Work-Life-Balance wurden Commitment und Arbeitszufriedenheit von Freelancern erforscht. Die Notwendigkeit dazu geht zurück auf in der Literatur zu findende Befürchtungen, dass das Commitment flexibel Beschäftigter zu einem Unternehmen deutlich geringer ist als bei Festangestellten (vgl. Anderson und Schalk 1998). Stellenweise wird sogar eine „emotionale Loslösung" der flexibel Beschäftigten von dem Unternehmen vermutet (vgl. Felfe et al. 2005, S. 102). Gleiches gilt für die Arbeitszufriedenheit, die durch Arbeitsbedingungen sowie (Un-)Sicherheit und (fehlende) Stabilität im Berufsleben beeinflusst wird. Commitment und Arbeitszufriedenheit stehen zudem in einem engen Zusammenhang; sie beeinflussen wechselseitig die Lebenszufriedenheit und (potenziell) die Gesundheit. Dies verdeutlicht die Notwendigkeit ihrer Analyse insbesondere vor dem Hintergrund der besonderen Beschäftigungssituation von Freelancern. Daher wurde im Projekt untersucht, wie stark Commitment und Arbeitszufriedenheit bei Freelancern ausgeprägt sind und wodurch diese beeinflusst werden. Um diese Bereiche differenziert zu untersuchen, wurde auf verschiedene Forschungsmethoden zurückgegriffen. Zudem fanden die Beziehungen zwischen den Bereichen – wo dies möglich war – Berücksichtigung. Die durchgeführten Studien und ihre Ergebnisse sind nachfolgend skizziert. Für ausführlichere Darstellungen wird auf weitere Publikationen verwiesen. Schlussfolgerungen und Praxisempfehlungen zu den erforschten Bereichen runden die jeweiligen Darstellungen ab.

2.2 Employability von Freelancern

2.2.1 Begriffliche Grundlagen

Die Diskussion über Employability (Beschäftigungsfähigkeit) hat sich im Zusammenhang mit zunehmenden Veränderungen am Arbeitsmarkt intensiviert; ihre Sicherstellung wird als unverzichtbare Reaktion auf steigende und wechselnde Anforderungen gesehen, damit der beschäftigungsfähige Mitarbeiter „in allen Lagen tätig sein kann" (vgl. Sailer 2009, S. 3). Dies ist insbesondere vor dem Hintergrund bedeutsam, dass die Stabilität von Beschäftigungsverhältnissen zurückgeht und Arbeitnehmer infolgedessen Flexibilität in geographischer, fachlicher und zeitlicher Hinsicht zeigen müssen. Für die Beschäftigten resultiert daraus die Notwendigkeit, auch in unbekannten Situationen zügig handlungsfähig zu werden. Dazu muss das beschäftigungsfähige Individuum seine Fähigkeiten und sein Wissen dahingehend aktualisieren und aufrecht erhalten, dass sämtliche Anforderungen, denen es sich im Rahmen der Tätigkeit gegenüber sieht, auch erfüllt werden können. Vor diesem Hintergrund wird Employability als „Fähigkeit in den Arbeitsmarkt einzutreten, eine Arbeit zu finden, sie zu erhalten und bei Bedarf auch in eine andere Position wechseln zu können" verstanden (vgl. Blancke et al. 2000, S. 8; ähnlich Brown et al. 2004, S. 25).

Employability ist Gegenstand zahlreicher Debatten. Da sich unterschiedliche Forscher um eine Operationalisierung des Konstrukts bemüh(t)en, weichen Definitionen der Employability sowie vorgeschlagene Bestandteile zum Teil voneinander ab. Es ist jedoch möglich, konstitutive Merkmale der Employability zu identifizieren: Neben Flexibilitätsbereitschaft und Gesundheit werden in der Literatur vor allem die individuellen Kompetenzen als Komponenten der Employability genannt (vgl. McQuaid und Lindsay 2005; van der Heijde und van der Heijden 2006; Wittekind et al. 2010). Vor diesem Hintergrund wurde in zwei empirischen Studien die Employability von Freelancern näher untersucht (vgl. ausführlich Süß und Becker 2011, 2012, 2013; Becker et al. 2013). Dabei sollte u. a. herausgefunden werden, welche Kompetenzen bzw. Kompetenzbestandteile die Employability von Freelancern prägen.

2.2.2 Qualitative Studie zur Employability von Freelancern

Bei der nachfolgend dargestellten Studie wurden die Daten durch themenzentrierte Interviews gewonnen. Zwar besteht hinsichtlich des Gegenstands „Employability von Freelancern" ein Forschungsdefizit, jedoch konnten in verwandten Studien Ansatzpunkte für Leitfragen identifiziert werden, die ein strukturiertes Gespräch über die individuelle Employability ermöglichten (vgl. z. B. Manske 2007; Fugate und Kinicki 2008). Zwischen Januar und März 2010 fanden daher 23 halbstandardisierte Interviews statt, in denen Freelancer zu verschiedenen Aspekten ihrer Employability sowie zu Veränderungen im beruflichen Kontext befragt wurden. Dabei sind 13 der befragten Freelancer in der IT-Branche und zehn in der Medienbranche tätig (vgl. zu den Leitfragen und zu den deskriptiven Merkmalen der Befragten Süß und Becker 2011). Zur Auswertung wurde eine zusammenfassende qualitative Inhaltsanalyse nach Mayring (2008) durchgeführt. Auf Grundlage des daraus resultierenden Kategoriensystems erfolgte ein Vergleich der Interviews. Hierdurch konnten Gemeinsamkeiten und Unterschiede zwischen den einzelnen Interviews festgestellt werden.

1. Wahrnehmung der brancheninternen Dynamik

Die IT-Freelancer erleben ihre Branche als höchst dynamisch. Zwölf von 13 Befragten verspüren kontinuierliche Veränderungen der an sie gerichteten Anforderungen. Fünf IT-Freelancer heben hervor, dass die Kenntnis organisationaler Zusammenhänge im Unternehmen gegenüber technischen Fähigkeiten an Bedeutung gewinnt. Durch die Auftragsvergabe an Freelancer verspricht sich das Unternehmen einen Wissenszuwachs, der einen Beitrag zur Lösung komplexer Probleme oder zur Optimierung von Prozessen leisten soll. Darüber hinaus rückt branchenbezogenes Wissen in den Vordergrund. Dies zeigt sich darin, dass die Auftraggeber von den Freelancern zunehmend erwarten, Hintergrundwissen über das Geschäftsfeld der Auftraggeber zu besitzen. Die Kombination von branchenspezifischem Wissen mit der Kenntnis organisationaler Zusammenhänge soll dann zu einer Prozessoptimierung und einem effektiven Einsatz technischer Fähigkeiten führen.

Im Gegensatz dazu spüren lediglich zwei Medienfreelancer Veränderungen der an sie gestellten Anforderungen. Während diese in einem Fall technischer Art sind, machte ein anderer Freelancer darauf aufmerksam, dass die Zusammenarbeit mit den Unternehmen dynamischer und unverbindlicher wird. Infolgedessen empfindet er wirtschaftlichen Druck sowie stärkere Konkurrenz und Beschäftigungsunsicherheit. Die Notwendigkeit, die eigene Employability zu sichern und die individuellen Kompetenzen zu verbessern, ist vor dem Hintergrund der geringen Dynamik in der Medienbranche offenbar weniger bedeutsam als in der IT-Branche. Die Anforderungen in der Medienbranche ändern sich nicht so zügig, daher ist die Halbwertszeit des Wissens länger. Dagegen versprechen sich die Auftraggeber in der IT-Branche von dem aktuellen Know-how der Freelancer Vorteile im Wettbewerb und sind dementsprechend zu einer höheren Vergütung bereit.

2. Tätigkeitsrelevante Kompetenzen

Die Analyse tätigkeitsrelevanter Kompetenzen liefert wichtige Erkenntnisse über die Aspekte, die bei der Sicherung der Employability der Freelancer im Vordergrund stehen sollten. Zwar wurden Fach- und Sozialkompetenz ähnlich häufig genannt, die Bedeutung der Fachkompetenz wurde aber als höher eingeschätzt (vgl. auch Kunda et al. 2002).

14 Freelancer sehen ihre Fachkompetenz als wichtigste Kompetenz an, darunter sechs Medienfreelancer und acht IT-Freelancer. Allerdings erachten drei Freelancer Fachkompetenz allein als nicht ausreichend. Als erfolgsentscheidend bezeichnen diese vielmehr die Existenz einer Nischenkompetenz, die die Abgrenzung von anderen Freelancern ermöglicht und gleichzeitig Vorteile im brancheninternen Wettbewerb bringt. Sie wird als Anwendung von spezialisiertem, problemorientiertem Wissen verstanden, das nur wenige andere Freelancer besitzen. Aus der geringen Verfügbarkeit dieses Wissens am Markt und dem Expertenstatus ergibt sich ein Wettbewerbsvorteil.

Mehrere Freelancer verdeutlichten in den Interviews die Notwendigkeit von Sozialkompetenz. Diese spiegelt sich in verschiedenen Aspekten, z. B. Empathie, Kommunikationsfähigkeit, Flexibilitätsbereitschaft und einer strukturierten Arbeitsweise wider. Folglich ist Empathie erforderlich, um Kundenwünsche zu verstehen, während Kommunikationsfähigkeit bei der intensiven Kooperation zwischen Freelancern und Auftraggebern bedeutsam ist. Vor diesem Hintergrund ermöglicht Sozialkompetenz zum einen eine erfolgreiche Auftragsakquise, da in der Regel ein Vorgespräch mit dem Auftraggeber erforderlich ist. Zum anderen erleichtert sie während des Projekts die Partizipation an gruppendynamischen Prozessen.

3. Besondere Notwendigkeit der Netzwerkkompetenz
Als wichtig für ihren wirtschaftlichen Erfolg sehen Freelancer ihre Netzwerkkompetenz an, die zur Pflege und Erweiterung beruflicher Kontakte von Bedeutung ist (vgl. ähnlich z. B. Baines 1999; Henninger und Gottschall 2007; Manske 2007). Dies gilt insbesondere für die Akquise von Folgeaufträgen, da Freelancer eine proaktive Kontaktaufnahme zu potenziellen Auftraggebern außerhalb ihres Netzwerks („Kaltakquise") in aller Regel vermeiden wollen. Der überwiegende Teil der Medienfreelancer gibt an, dass ihre Netzwerkkontakte zur Generierung von Aufträgen ausreichen. Mit den Auftraggebern wird eine langfristige Kooperation angestrebt, sodass einige Freelancer eine Arbeitsauslastung erreichen, die keine Kapazitäten für zusätzliche Aufträge bietet. Der Pflege des Netzwerks wird folglich hohe Bedeutung beigemessen. Die interviewten IT-Freelancer betonen ebenfalls die Notwendigkeit der Netzwerkkompetenz, jedoch erfolgt ihre Akquise in aller Regel nicht über persönliche Kontakte, sondern über Projektvermittler. Die Kernfunktion des Netzwerks besteht für sie in der Generierung von Informationen über neue tätigkeitsrelevante Entwicklungen.

2.2.3 Quantitative Studie zur Employability von Freelancern

Basierend auf den Erkenntnissen der qualitativen Studie wurde im Herbst 2011 eine großzahlige quantitative Studie durchgeführt, um festzustellen, inwiefern das Vorhandensein verschiedener Kompetenzen bzw. Kompetenzbestandteile die Employability von Freelancern beeinflusst. In dieser Studie wurden die unabhängigen Variablen Fach-, Sozial- und Netzwerkkompetenz anhand etablierter Skalen (vgl. ausführlicher Becker et al. 2013) erhoben. Demographische Daten fungierten als Kontrollvariablen (Alter, Geschlecht, Bildungsabschluss, Dienstalter). Die Untersuchung richtete sich ausschließlich an Freelancer im IT-Umfeld, da aufgrund der dort vorherrschenden Dynamik davon auszugehen ist, dass der Sicherstellung der Employability hier besonders große Bedeutung zukommt. An der Umfrage beteiligten sich 212 IT-Freelancer.

Zunächst lässt sich aus den deskriptiven Ergebnissen erkennen, dass die Freelancer subjektiv von einer hohen individuellen Beschäftigungsfähigkeit ausgehen. Deutlich wird dies vor allem in einem hohen Mittelwert (4,13) auf der 5-stufigen Skala zur Messung von Employability (Standardabweichung: 0,65).

Zur weiteren Analyse der Daten und zur Überprüfung des Zusammenhangs zwischen Kompetenzen und Employability wurde eine lineare hierarchische Regressionsanalyse vorgenommen. Diese ermöglichte sowohl die Feststellung der Stärke des Zusammenhangs zwischen den Kompetenzen und der Employability als auch die Ermittlung der Richtung

des Einflusses. Im ersten Schritt wurde die Regressionsanalyse lediglich mit den Kontrollvariablen (Alter, Geschlecht, Bildungsabschluss, Dienstalter) durchgeführt, im zweiten
Schritt wurden dann die unabhängigen Variablen (Fach-, Sozial und Netzwerkkompetenz)
in die Analyse mit einbezogen (vgl. ausführlicher Becker et al. 2013). Die Regressionsanalyse zeigte erstens einen positiven Einfluss der Fachkompetenz auf die Employability
($\beta = 0{,}22$; $p < 0{,}01$). Zweitens wurde ein identischer Einfluss der Netzwerkkompetenz auf
die Employability deutlich ($\beta = 0{,}22$; $p < 0{,}01$). Der Regressionskoeffizient des Einflusses
der Sozialkompetenz auf die Employability ist dagegen nur schwach ausgeprägt und nicht
signifikant ($\beta = -0{,}04$; $p > 0{,}10$); insofern kann nicht davon ausgegangen werden, dass Sozialkompetenz die Employability der IT-Freelancer beeinflusst.

2.2.4   Schlussfolgerungen und Praxisempfehlungen

Die Interviewstudie verdeutlicht die hohe Relevanz der Employability sowohl für Freelancer in der IT- als auch in der Medienbranche. Konkret bestimmen Fachkompetenz (insbesondere in Form der Nischenkompetenz), Sozialkompetenz und Netzwerkkompetenz die
Employability von Freelancern. Während Fachkompetenz die Erfüllung tätigkeitsbezoge-
ner Anforderungen ermöglicht, ist für die Kommunikation mit dem Auftraggeber und die
Integration in unternehmensinterne Strukturen während der Projekteinsätze Sozialkompetenz grundlegend. Die Netzwerkkompetenz ermöglicht den Aufbau, die Pflege sowie die
Nutzung von Kontakten. Darüber hinaus verhilft sie den Freelancern dazu, tätigkeitsbezogene Informationen und Aufträge zu generieren. Weiterhin zeigen die Interviews, dass
Medienfreelancer Weiterbildungsaktivitäten nur sehr zurückhaltend verfolgen. Stärkere
Relevanz hat für sie die Netzwerkkompetenz. Diese begünstigt den Auf- und Ausbau des
persönlichen Netzwerks, dessen Kontakte zur Auftragsakquise genutzt werden. Demgegenüber berichten IT-Freelancer von regelmäßiger Weiterbildung. Dies lässt sich nicht zuletzt durch die hohe Dynamik in der IT-Branche begründen. Weiterbildung erfolgt sowohl
durch Schulungsbesuche als auch – um den finanziellen Aufwand gering zu halten – on-
the-job. Schulungen werden jedoch primär zum Erwerb von Zertifikaten, die den Auftraggebern als Qualifikationsnachweis dienen, und nicht aus inhaltlichen Gründen besucht.
    Die quantitative Studie untermauert einen Zusammenhang zwischen Fachkompetenz
und der Employability von IT-Freelancern (ähnlich Barley und Kunda 2004, S. 279). So
sichert die Fachkompetenz dauerhaften Erfolg in der Projektakquise. Bedeutsam ist dafür,
dass die Unternehmensvertreter externes im Vergleich zu internem Wissen in der Regel als
hochwertiger einschätzen. Außerdem wird der signifikant positive Einfluss der Netzwerkkompetenz auf die Employability von IT-Freelancern deutlich. IT-Freelancer sind allein
tätig und weder in unternehmerische Strukturen eingebunden noch arbeiten sie mit Kollegen dauerhaft zusammen. Daher substituiert das Netzwerk möglicherweise unternehmensinterne Strukturen bzw. Beziehungen zu Kollegen. Es sichert zudem den kontinuierlichen Austausch und die Interaktion mit anderen Netzwerkmitgliedern. Sozialkompetenz
hat demgegenüber keinen erkennbaren Einfluss auf die Employability von IT-Freelancern.

Dies lässt sich vermutlich auf die Spezifika der Erwerbsform Freelancing zurückführen, da während eines Projekts der Status als externer Mitarbeiter erhalten bleibt. In diesem Bewusstsein sind die IT-Freelancer möglicherweise weniger darauf angewiesen, sozialkompetentes Verhalten zu demonstrieren sowie soziale Beziehungen zu anderen Mitarbeitern und Projektvorgesetzten zu etablieren. Zudem bringen es die Spezifika des Dienst- oder Werkvertrags, auf dessen Grundlage Freelancer beschäftigt werden, mit sich, dass sozialkompetentes Verhalten allenfalls eine untergeordnete Rolle spielt. In derartigen Verträgen sind Leistungen in aller Regel fachlich spezifiziert; der Weg zu ihrer Erreichung ist offen und gibt folglich keine Notwendigkeit sozialer Interaktion oder Integration in Gruppen vor.

Die durchgeführten Studien liefern Erkenntnisse, aus denen Handlungsempfehlungen abgeleitet werden können, die den Freelancern bei der künftigen Ausübung ihrer Tätigkeit Unterstützung bieten. Zunächst wird deutlich, dass Employability für das berufliche Überleben freier Mitarbeiter eine wichtige Rolle spielt. Insofern sollten sowohl IT- als auch Medienfreelancer kontinuierlich für eine hohe Beschäftigungsfähigkeit sorgen. Diesbezüglich sollte der Fokus einerseits auf fachlicher Weiterbildung sowie andererseits auf der Pflege und Erweiterung des persönlichen Netzwerks liegen. Insbesondere IT-Freelancer müssen aufgrund der in ihrem Tätigkeitsumfeld vorherrschenden Dynamik und einer damit verbundenen kurzen Halbwertszeit des Wissens fachliche Entwicklungen beachten und ihre Fähigkeiten ständig aktualisieren. Um den zeitlichen und finanziellen Aufwand für Schulungsbesuche gering zu halten, sollten IT-Freelancer versuchen Projekte zu akquirieren, die Aufgaben beinhalten, mit denen sie bislang noch nicht konfrontiert wurden. Auf diesem Weg können sie ein möglichst intensives learning-on-the-job sicherstellen. Medienfreelancer müssen vor allem Wert auf ein gut gepflegtes Netzwerk legen. Da die Akquise von Aufträgen in der Medienbranche vornehmlich über Kontakte funktioniert, ist es für die dort tätigen Freelancer bedeutsam, (langfristige) Beziehungen zu potentiellen Auftraggebern zu etablieren. Diesbezüglich sind sowohl Netzwerktreffen als auch der persönliche Kontakt wichtig. Fachliche Fähigkeiten spielen jedoch auch in der Medienbranche eine wichtige Rolle – wenn auch nicht in gleichem Maße wie in der IT-Branche. Insofern gilt dort ebenfalls, sich den veränderten Anforderungen und neuen Entwicklungen anzupassen, um eine kontinuierlich erfolgreiche Auftragsakquise und -ausführung zu gewährleisten.

2.3 Work-Life-Balance von Freelancern

2.3.1 Begriffliche Grundlagen

Das Thema Work-Life-Balance wird sowohl in der Wissenschaft als auch in den Medien intensiv diskutiert (vgl. z. B. Hoff et al. 2005; Whitehead et al. 2008; Kaiser und Ringlstetter 2010). Die Diskussion bezieht ihre Relevanz vor allem aus den negativen Konsequenzen einer fehlenden Work-Life-Balance für die psychische und physische Gesundheit

(z. B. Burnout) (vgl. Kossek und Ozeki 1998; Allen et al. 2000). Insbesondere für Freelancer ist eine Beeinträchtigung der Gesundheit gravierend, da aufgrund der selbstständigen und projektbezogenen Arbeit durch Ausfallzeiten unmittelbare ökonomische Konsequenzen resultieren. Work-Life-Balance wird dabei in der Regel als eine erfolgreiche Vereinbarkeit der Lebensbereiche Arbeit und Privatleben verstanden. Eine detaillierte Auseinandersetzung mit dem Thema zeigt jedoch, dass sich in der Literatur eine Vielzahl an Begriffen und unterschiedliche Literaturstränge mit jeweils verschiedenen Diskussionsschwerpunkten finden lassen:

1) Da Individuen im Berufs- und Privatleben in verschiedenen Rollen agieren (z. B. Vorgesetzter und Partner), können Konflikte in der Interaktion der beiden Bereiche entstehen (Work-Life-Conflict). Diese resultieren sowohl aus zeitlichen Belastungen und Stress in einer Rolle, die nicht ohne Konsequenzen für die Wahrnehmung weiterer Rollen bleiben, als auch aus der Unvereinbarkeit verschiedener Rollen, die sich beispielsweise aus unterschiedlichen Verhaltenserwartungen ergibt (vgl. Greenhaus und Beutell 1985, S. 77–82). 2) Aus der Interaktion von Berufs- und Privatleben können jedoch auch Bereicherungen entstehen (Work-Life-Enrichment). Diese ergeben sich aus Erfahrungen, Fähigkeiten oder Werten, die aus einem Lebensbereich in den anderen transferiert werden und dort positive Auswirkungen, z. B. auf die berufliche Leistung oder die Lebensqualität, haben (vgl. Carlson et al. 2006). 3) Ein weiterer Literaturstrang beschäftigt sich mit Fragen der Grenzgestaltung zwischen Arbeit und Privatleben (Work-Life-Boundaries). In diesem Zusammenhang wird u. a. diskutiert, dass eine, angesichts zunehmend flexibler Beschäftigungsformen sowie durch (neue) Informations- und Kommunikationstechnologien (IuK-Technologien) mögliche, ständige Erreichbarkeit eine Vermischung der beiden Bereiche bedingt (vgl. z. B. Chesley et al. 2003; Towers et al. 2006). Diese wird in der Regel als problematisch angesehen, da angenommen wird, dass dadurch vermehrt Konflikte entstehen (vgl. z. B. Boswell und Olson-Buchanan 2007; Fenner und Renn 2010). Allerdings wird in diesem Literaturstrang auch über Handlungsstrategien diskutiert, die Individuen verfolgen, um die von ihnen präferierte Grenzgestaltung zu realisieren (Kreiner et al. 2009).

Bisher konzentriert sich die Forschung zu Work-Life-Balance vor allem auf Individuen, die sich in einer Normalbeschäftigung (unbefristete Vollzeitbeschäftigung) befinden. Die Erforschung der Work-Life-Balance von Freelancern ist jedoch relevant, da es plausibel ist anzunehmen, dass die Spezifika ihrer Beschäftigungsform Auswirkungen auf die Work-Life-Balance haben.

2.3.2 Qualitative Studie zur Work-Life-Balance von Freelancern

Im ersten Schritt der Erforschung der Work-Life-Balance von Freelancern wurde eine qualitative Studie durchgeführt, in der zunächst explorativ untersucht wurde, welche Besonderheiten sich durch die flexible Beschäftigungsform für die Work-Life-Balance ergeben. Die Daten wurden anhand themenzentrierter, halbstandardisierter Interviews gewonnen. Auf Grundlage der Literatur (vgl. z. B. Klimpel und Schütte 2006; Manske 2007;

Clasen 2008) wurde zunächst ein Leitfaden erstellt. 13 Freelancer aus der IT-Branche sowie zehn Freelancer aus der Medienbranche gaben dabei Auskunft zu verschiedenen Aspekten aus ihrem Berufs- und Privatleben (vgl. ausführlich Süß und Sayah 2011). Die Interviews wurden mithilfe der zusammenfassenden, qualitativen Inhaltsanalyse nach Mayring (2008) ausgewertet. Anhand des sich daraus ergebenden Kategoriensystems wurden die Interviews verglichen und Gemeinsamkeiten sowie Unterschiede zwischen den einzelnen Interviews identifiziert.

1. Trennung von Berufs- und Privatleben

Zehn Freelancer geben an, dass eine Trennung möglich und bei ihnen vorhanden ist. Im Gegensatz dazu sagen 13 Freelancer, dass sie ihr Berufsleben nicht von ihrem Privatleben trennen. Zwei von ihnen wünschen keine Trennung, da sie die beiden Lebensbereiche durch eine Vermischung besser vereinbaren können. Auffällig ist, dass sämtliche Freelancer, die eine Trennung von Berufs- und Privatleben vornehmen, einen räumlich abgegrenzten Arbeitsplatz haben. Sie arbeiten entweder beim Auftraggeber oder haben ein eigenes Büro außerhalb der Privatwohnung. Ein separater Arbeitsplatz führt jedoch nicht in jedem Fall zu einer Grenzziehung; so geben sechs Freelancer an, dass sie dennoch keine Trennung zwischen Berufs- und Privatleben erreichen. Des Weiteren lassen sich bemerkenswerte Unterschiede zwischen den untersuchten Branchen erkennen: Sieben von zehn Medienfreelancern sehen eine Trennung zwischen Berufs- und Privatleben als nicht möglich an. Die übrigen trennen zwar diese Bereiche, konstatieren jedoch, dass die Arbeit einen starken Einfluss auf das Privatleben hat. Gründe dafür sind die Flexibilitätsanforderungen, der hohe Arbeitsaufwand, anfallende Reisetätigkeiten und die mangelnde Planbarkeit der Tätigkeit. Für IT-Freelancer ergibt sich dagegen ein heterogenes Bild. Während für sechs der Befragten eine Grenzziehung nicht möglich ist, geben sieben Freelancer an, (bewusst) zwischen Berufs- und Privatleben zu trennen, damit das Privatleben nicht zu kurz kommt. Eine Grenzziehung wird hergestellt, indem das Privatleben genauso diszipliniert organisiert wird wie das Berufsleben. Auch hinsichtlich der demographischen Merkmale konnten Muster der Grenzgestaltung zwischen den beiden Bereichen festgestellt werden: Die Freelancer, die Berufs- und Privatleben trennen, sind weder verheiratet noch haben sie Kinder; lediglich einer lebt in einer festen Beziehung. Im Gegensatz dazu ziehen die Freelancer, die Kinder haben und verheiratet sind oder in einer festen Beziehung leben, überwiegend keine Grenze zwischen Berufs- und Privatleben. Dies kann einerseits zwangsläufig dadurch bedingt sein, dass familiäre Verpflichtungen eine solche Grenzziehung erschweren, weil beispielsweise Kinderbetreuungspflichten zu Unterbrechungen der Arbeit führen und infolgedessen Arbeit außerhalb der „üblichen" Arbeitszeiten nachgeholt werden muss. Andererseits wird die mangelnde Grenzziehung jedoch bewusst gewählt, da beispielsweise Home-Office-Lösungen eine bessere Erfüllung verschiedener Verpflichtungen ermöglichen.

2. Länge und Lage der Arbeitszeit

Eine Analyse der durchschnittlichen Länge und Lage der wöchentlichen Arbeitszeit diente dem Zweck, sowohl die Arbeitsbelastung als auch mögliche zeitliche Engpässe zu erfassen.

Bezüglich der durchschnittlichen Länge der Arbeitszeiten ergibt sich ein heterogenes Bild: Die befragten Freelancer arbeiten zwischen 20 und 70 h pro Woche. Dabei lassen sich zwischen den untersuchten Branchen kaum Unterschiede feststellen. Bei der Betrachtung der Lage der Arbeitszeiten fällt insbesondere auf, dass viele Freelancer, vor allem aus der Medienbranche, regelmäßig am Abend und/oder am Wochenende arbeiten; bei mehr als der Hälfte der Befragten ist das sogar regelmäßig der Fall. Demgegenüber arbeitet mehr als die Hälfte der IT-Freelancer selten oder gar nicht an Wochenenden.

3. Verhalten in Krankheitsfällen

Auch bei der Frage hinsichtlich des Verhaltens im Krankheitsfall ergibt sich ein heterogenes Bild. Sechs Freelancer versuchen im Krankheitsfall nach Möglichkeit weiterzuarbeiten, wogegen sieben ihre Krankheiten in der Regel auskurieren, bevor sie wieder arbeiten. Weitere sechs Freelancer geben an, dass bisher kein Krankheitsfall bei ihnen eingetreten ist. Jedoch sind diese Aussagen subjektiv verzerrt, da beispielsweise eine IT-Freelancerin ein gebrochenes Bein oder eine Kreuzband-Operation nicht als Krankheitsfall ansieht, da man währenddessen am PC weiterarbeiten kann (vgl. Süß und Sayah 2011, S. 260). Insbesondere in der Medienbranche scheint das geringe Einkommensniveau dazu zu führen, dass selbst im Krankheitsfall weitergearbeitet wird, um Einkommensausfälle zu vermeiden. Dieser Umgang mit der eigenen Gesundheit führt zu einer paradoxen Situation: Das Ignorieren gesundheitlicher Probleme wird in Kauf genommen, um kurzfristig keine Einkommensausfälle hinnehmen zu müssen; dies kann die Gesundheit aber langfristig verschlechtern (vgl. Becke 2007, S. 54–58).

4. Fremdurteil

Die befragten Freelancer wurden gebeten einzuschätzen, wie Freunde oder Familie die vorgenommene Aufteilung zwischen Arbeitszeit und Freizeit beurteilen. Ein überwiegend negatives Fremdurteil führen die Befragten vor allem auf die regelmäßige vier- bis fünftägige Abwesenheit bei entfernten Projekteinsätzen zurück. Dies gilt insbesondere für IT-Freelancer, wenn sie in einer festen Partnerschaft leben bzw. verheiratet sind und Kinder haben. Eng damit zusammenhängend werden von der Familie oder den Freunden das hohe Arbeitspensum der Freelancer sowie die fehlenden Erholungsphasen kritisiert. Auch die ständige Erreichbarkeit und die damit einhergehende dauerhafte Dienstbereitschaft werden – unabhängig von Alter, Familienstand und Branche – negativ wahrgenommen. Allerdings gibt es auch Freelancer, die das Urteil ihrer Familie bzw. Freunde als überwiegend positiv einschätzen. Einigen Freelancern bietet ihre Tätigkeit die notwendige (arbeitsbezogene) Flexibilität, um den Anforderungen der Familie gerecht zu werden. Andere Freelancer haben bewusst die Länge ihrer Arbeitszeiten reduziert. Dadurch haben sie mehr Zeit für Familie, Freunde und Freizeit, was ein positives Fremdurteil begünstigt.

2.3.3 Quantitative Studie zu Konflikten zwischen Arbeit und Privatleben

In einer quantitativen Studie wurde überprüft, welche Einflussfaktoren Konflikte zwischen Arbeit und Privatleben bedingen (vgl. ausführlicher Sayah und Süß 2013). Der Fokus dieser Studie wurde auf Konflikte zwischen Arbeit und Privatleben gelegt, da zum einen die qualitative Studie Hinweise auf Schwierigkeiten bei deren Vereinbarkeit lieferte. Zum anderen ist die Erforschung der Einflussfaktoren auf den Work-Life-Conflict von Freelancern insbesondere aufgrund der negativen Auswirkungen derartiger Konflikte auf die psychische und physische Gesundheit (vgl. z. B. Allen et al. 2000) relevant, da eine Beeinträchtigung der Gesundheit für Freelancer einen unmittelbaren Einkommensverlust bedeutet, der bis zu einer Gefährdung der Existenz führen kann.

Die Daten wurden durch eine Online-Umfrage gewonnen. Zur Messung des Work-Life-Conflicts wurde eine etablierte Skala genutzt (vgl. Carlson et al. 2000). Diese umfasst drei Dimensionen (zeit-, stress- und verhaltensbasierte Konflikte) sowie zwei mögliche Richtungen der Konflikte (Konflikte, die aus der Arbeit resultieren und das Privatleben beeinflussen und umgekehrt) und ermöglichte dadurch eine umfassende Betrachtung des Work-Life-Conflicts. Die unabhängigen Variablen sowie die Kontrollvariablen wurden durch die Erhebung soziodemographischer Merkmale (z. B. Alter, Geschlecht, Familienstand, Einkommen) sowie weitere Skalen (z. B. Grenzziehung zwischen Arbeit und Privatleben; Kossek et al. 2006) gewonnen. An dieser Umfrage nahmen 143 Freelancer teil; davon waren 82 in der Medienbranche und 61 in der IT-Branche tätig.

Um Zusammenhänge zwischen den verschiedenen Einflussfaktoren und dem Work-Life-Conflict zu überprüfen, wurde eine lineare hierarchische Regressionsanalyse durchgeführt. Im ersten Schritt wurden lediglich die Kontrollvariablen (Alter, Geschlecht, Dauer der Beschäftigung als Freelancer, Erfahrung mit Festanstellung vor dem Freelancing, Branche) in die Regressionsanalyse eingefügt. Im zweiten Schritt wurden die unabhängigen Variablen (Arbeitsstunden pro Woche, Einkommen, Grenzziehung zwischen Arbeit und Privatleben, Familienstand, Anzahl jüngerer Kinder) hinzugefügt. Neben den genannten unmittelbaren Einflussfaktoren wurde ein Interaktionseffekt zwischen dem Geschlecht der Freelancer und der Anzahl ihrer jüngeren Kinder vermutet. Konkret wurde davon ausgegangen, dass der Work-Life-Conflict bei weiblichen Freelancern mit jüngeren Kindern (unter sieben Jahren) stärker als bei männlichen ist, was mit Betreuungsverpflichtungen begründet wird. Daher wurde dieser Interaktionsterm (Geschlecht*Anzahl der jüngeren Kinder) im dritten Schritt in die Regression einbezogen.

Die Analyse zeigt, dass mit zunehmender wöchentlicher Arbeitszeit Konflikte zwischen Arbeit und Privatleben relativ stark zunehmen, was aufgrund der begrenzten Zeit, die auf die verschiedenen Lebensrollen des Arbeits- und Privatlebens verteilt werden muss, nicht verwundert. Mit steigendem Einkommen nehmen die Konflikte ab. Das könnte damit begründet werden, dass es für Freelancer mit einem geringeren Einkommen notwendig ist, mehrere Aufträge anzunehmen. Ein hohes Einkommen bietet demgegenüber einen finanziellen Rückhalt, der diese Notwendigkeit verringert. Ebenso ist es denkbar, dass Freelancer mit einem höheren Einkommen zur Erfüllung ihrer privaten Verpflichtungen (Haushalt, Kinderbetreuung) eher externe Unterstützung in Anspruch nehmen, was entlastend wirkt.

Keinen spürbaren Einfluss auf den Work-Life-Conflict hat im untersuchten Sample der Familienstand. Interessanterweise ließ sich auch kein Einfluss der Trennung zwischen Arbeit und Privatleben ermitteln. Besondere Bedingungen für Freelancer sind jedoch gerade in dieser Frage nicht auszuschließen. Eventuell ist für sie eine Vermischung der Grenzen aufgrund der Selbstständigkeit üblich und daher nicht problematisch, beispielsweise wenn es die Befragten als einen Bestandteil ihrer Arbeit ansehen, dauerhaft erreichbar zu sein. Ob dies dann als Belastung oder sogar als eine Vereinfachung der Vereinbarkeit der Lebensbereiche empfunden wird, kann individuell und situationsbedingt variieren.

Ein Einfluss der Anzahl jüngerer Kinder auf empfundene Konflikte konnte nicht festgestellt werden. Betrachtet man jedoch die Anzahl der Kinder in Verbindung mit dem Geschlecht der Freelancer, wird ein Zusammenhang deutlich: Bei weiblichen Freelancern nimmt der Work-Life-Conflict relativ stark zu, wenn jüngere Kinder vorhanden sind, während bei männlichen Freelancern kein solcher Einfluss festzustellen war. Das liegt vermutlich daran, dass die weiblichen Freelancer (offenbar auch heute noch) hauptsächlich für die Betreuung jüngerer Kinder verantwortlich sind.

2.3.4 Qualitative Studie zur Grenzziehung zwischen Arbeit und Privatleben

In der Forschung über die Grenzziehung zwischen Arbeit und Privatleben (Work-Life-Boundaries) wird diskutiert, dass angesichts zunehmend flexibler Beschäftigungsformen sowie der ständigen Erreichbarkeit, die durch (neue) Informations- und Kommunikationstechnologien (IuK-Technologien) ermöglicht wird, eine Vermischung von Arbeit und Privatleben stattfindet (vgl. z. B. Chesley et al. 2003; Towers et al. 2006). Einige Forscher kritisieren, dass diese Studien die Fähigkeit des Individuums, seine Grenzen zu gestalten, nicht berücksichtigen (vgl. Kreiner et al. 2009). Daher stand dieser Aspekt im Vordergrund einer weiteren qualitativen Studie, in der untersucht wurde, wie Individuen mit IuK-Technologien im Hinblick auf die Grenzgestaltung zwischen Arbeit und Privatleben umgehen. Dazu wurden 20 halbstrukturierte Interviews mit IT- und Medienfreelancern durchgeführt; davon waren jeweils zehn Freelancer in der IT-Branche und zehn in der Medienbranche tätig. Mithilfe der zusammenfassenden, qualitativen Inhaltsanalyse nach Mayring (2008) wurde ein Kategoriensystem zur strukturierten Analyse der einzelnen Interviews entwickelt.

Die Analyse der Interviews ermöglicht die Identifikation diverser Handlungsmuster im Umgang mit IuK-Technologien, die eine aktive Grenzgestaltung der Individuen erkennen lassen (vgl. ausführlicher Sayah 2012).

1. Abschalten der Geräte
Einige Freelancer schalten bewusst ihre technologischen Geräte aus. Diese Handlungsstrategie wird in der Regel genutzt, um Einflüsse aus dem Berufsleben ins Privatleben zu

verhindern. Die Entscheidung, wann welche Geräte ausgeschaltet werden, wird vor dem Hintergrund zeitlicher Kriterien (z. B. festgelegte Zeiten, zu denen man erreichbar ist), der jeweiligen beruflichen oder privaten Aktivität (z. B. Arbeit, die Konzentration erfordert, oder Unternehmungen mit der Familie) oder besonderer Anlässe (z. B. Meetings, Feierlichkeiten, Urlaub) getroffen.

2. Selektive Nutzung von technologischen Geräten
Einige Freelancer beschränken den Einfluss des Berufslebens auf das Privatleben, indem sie selektiv die Geräte auswählen, die nach Feierabend genutzt werden. Daher schalten diese Freelancer ihren Laptop aus, um nicht permanent E-Mails zu empfangen und sind lediglich per Handy für Notfälle erreichbar. Andere Freelancer unterscheiden zwischen beruflichen und privaten Geräten und ziehen durch den Verzicht auf das berufliche Handy oder den beruflichen Laptop während der privaten Zeit eine klare Grenze.

3. Umgang mit E-Mails
Zur Grenzgestaltung zwischen Arbeit und Privatleben wird mit E-Mails differenziert umgegangen. Einige Freelancer haben unterschiedliche E-Mail-Accounts für berufliche und private E-Mails und können daher je nach Bedarf E-Mails aus einem Lebensbereich ausblenden. Andere Freelancer berichten, dass sie E-Mails nicht automatisch von ihren Geräten aktualisieren lassen, sondern diese eigenständig abrufen. So behalten sie die Kontrolle über ihre Erreichbarkeit per E-Mail und verhindern, dass sie durch eine empfangene E-Mail aus der aktuellen Aktivität „herausgerissen" werden.

4. Umgang mit Anrufen
Aus den Interviews werden drei grundsätzliche Möglichkeiten im Umgang mit Anrufen deutlich: Diese werden entweder immer angenommen, selektiv (z. B. je nach Anrufer) beantwortet oder komplett ignoriert. Die Analyse der Interviews zeigt, dass Individuen dabei unterschiedliche Handlungsstrategien verfolgen, je nachdem, ob sie berufliche Anrufe im Privatleben oder private Anrufe im Berufsleben empfangen. Daraus wird deutlich, dass Freelancer situationsbedingt die Durchlässigkeit ihrer Grenzen zwischen Arbeit und Privatleben unter Anwendung unterschiedlicher Handlungsstrategien variieren.

2.3.5 Schlussfolgerungen und Praxisempfehlungen zur Work-Life-Balance von Freelancern

Die skizzierten Analysen zur Work-Life-Balance von Freelancern sind bedeutsam, da Freelancer aufgrund ihrer Erwerbsform mit besonderen Arbeitsbedingungen wie z. B. Flexibilitätsanforderungen, wechselnden Arbeitsorten und Leistungsdruck konfrontiert sind, die Auswirkungen auf die Work-Life-Balance haben (können). Zum einen ist es aufgrund der weiter steigenden empirischen Relevanz dieser Beschäftigtengruppe wichtig, Erkenntnisse über die Spezifika der Work-Life-Balance von Freelancern zu generieren.

Zum anderen treffen die für Freelancer geltenden Arbeitsbedingungen im Zuge der Flexi-bilisierungstendenzen der Arbeitswelt tendenziell auch auf andere Beschäftigtengruppen zu. Diskussionen über neue Beschäftigungsverhältnisse und die Auswirkungen von fle-xiblen Beschäftigungsformen auf individueller Ebene werden durch die Erkenntnisse zur Work-Life-Balance von Freelancern bereichert. Die in den Studien gewonnenen Erkennt-nisse ermöglichen diverse Schlussfolgerungen und Praxisempfehlungen:

Deutlich wurde, dass eine hohe Anzahl an Arbeitsstunden einen wesentlichen Einfluss-faktor auf Konflikte zwischen Arbeit und Privatleben für Freelancer darstellt. Eine selekti-ve Annahme von Projekten kann diese Problematik entschärfen, sofern dies vor dem Hin-tergrund der finanziellen Situation des Freelancers möglich ist. Eine weitere Möglichkeit der Konfliktreduktion können Home-Office-Lösungen sein, die Arbeitszeitgrenzen auf-weichen und daraus resultierende Konflikte abschwächen. Allerdings sind solche Lösun-gen kein Allheilmittel, denn sie fördern eine Auflösung der Grenzen zwischen Arbeit und Privatleben. Daher können sie nur empfohlen werden, wenn dennoch eine zeitliche oder räumliche Trennung zwischen diesen Bereichen erzielt wird, beispielsweise indem auch zu Hause relativ feste Arbeitszeiten gesetzt werden oder zwischen verschiedenen Räumen und deren Nutzung für die Arbeit und für das Privatleben differenziert wird. Auch soge-nannte Coworking-Spaces, in denen Freelancer temporär Arbeitsräume nutzen können, stellen eine Möglichkeit der Trennung dar (vgl. z. B. Merkel 2012). Sie fördern gleichzeitig die Interaktion mit anderen Freelancern.

Ein Ergebnis der empirischen Studien war, dass ein hohes Einkommen Konflikte zwi-schen Arbeit und Privatleben verringert. Es bietet vermutlich die finanzielle Vorausset-zung für Unterstützungsleistungen im privaten Umfeld, wodurch sich Stress- und Kon-fliktempfinden reduzieren lassen. Unternehmen können daher durch eine angemessene und zuverlässige Bezahlung des Freelancers zur Verringerung des empfundenen Work-Li-fe-Conflicts beitragen. Alternativ können sie auch durch das Angebot von familien- bzw. haushaltsorientierten Serviceleistungen (z. B. Kinderbetreuung, Haushaltsdienstleistun-gen) zeit- und stressbasierte Konflikte reduzieren. Auch eine enge Verknüpfung zum Ge-sundheitsmanagement ist ratsam, um psychische und physische Probleme, die Ergebnis eines dauerhaften Konfliktempfindens sein können (vgl. z. B. Allen et al. 2000), zu er-kennen und zu beheben. Wichtig ist es, dass die skizzierten Maßnahmen nicht nur auf die Stammbelegschaft begrenzt bleiben, sondern auch der wachsenden und wichtigen Rand-belegschaft zur Verfügung stehen, die vom Work-Life-Conflict aufgrund ihrer flexiblen Beschäftigungssituation häufig in besonderem Maße betroffen ist.

Darüber hinaus zeigte sich, dass insbesondere Freelancerinnen mit jüngeren Kindern (unter sieben Jahren) vermehrt Konflikte zwischen Arbeit und Privatleben empfinden, während ein solcher Effekt für männliche Freelancer mit jüngeren Kindern nicht vor-handen war. Die Vereinbarkeit von Betreuungsverpflichtungen mit den Flexibilitätsanfor-derungen des Freelancings ist offenbar insbesondere für Frauen schwierig und hat ne-gative Konsequenzen für deren Work-Life-Balance. Bestehende Diskussionen über eine Erweiterung der Betreuungsangebote für Kinder sind folglich auch für Freelancerinnen von großer Bedeutung. Daher sind Politik, aber auch Unternehmen gefordert, Unterstützungsmaßnahmen für Freelancerinnen mit jüngeren Kindern anzubieten, damit diese ihre Verpflichtungen aus Berufs- und Privatleben vereinbaren können.

Die gesundheitlichen Folgen, die aus Konflikten zwischen Berufs- und Privatleben resultieren (vgl. z. B. Allen et al. 2000), werden bei einigen Freelancern durch den Umgang mit Krankheitsfällen verschärft. Fehlende Krankheitsregelungen und der bestehende Arbeitsdruck führen dazu, dass einige Freelancer auch in Krankheitsfällen ihre Arbeit fortsetzen. Ein solcher Umgang mit Krankheitsfällen verschärft die Problematik des langfristigen Erhalts der Gesundheit. Freelancer sollten daher nach Möglichkeit Regelungen für Krankheitsfälle schaffen, evtl. durch die Organisation einer gegenseitigen Unterstützung in einem Netzwerk mit anderen Freelancern.

Ein weiteres Ergebnis war die Identifikation verschiedener Handlungsstrategien, welche Freelancer im Umgang mit IuK-Technologien anwenden, um die Durchlässigkeit der Grenzen zwischen Arbeit und Privatleben zu gestalten. Da die Realisierung der präferierten Grenzen wesentlich von den Einflüssen der Arbeit und des Privatlebens abhängt, sind klare Absprachen mit Personen aus diesen Bereichen unabdingbar. Es können beispielsweise zeitliche Vereinbarungen mit Auftraggebern getroffen werden oder eine bestimmte Technologie festgelegt werden, über die man im Notfall dauerhaft erreichbar ist. So wird vermieden, dass Freelancer permanent auf allen Kommunikationskanälen zur Verfügung stehen. Des Weiteren können Freelancer im Einzelfall durch ihren Umgang mit IuK-Technologien festlegen, inwieweit sie einen Einfluss der Arbeit auf das Privatleben zulassen: Neben den Möglichkeiten diesen komplett oder gar nicht zuzulassen, ist auch ein beschränkter Einfluss möglich, indem beispielsweise Anrufe nur selektiv beantwortet werden.

2.4 Commitment und Arbeitszufriedenheit von Freelancern

2.4.1 Studie, Ergebnisse und Schlussfolgerungen zu Commitment

Die Flexibilisierung des deutschen Arbeitsmarktes erfordert von Beschäftigten zeitliche und räumliche Flexibilität. Diese führt fast zwangsläufig zu einem Verlust an Stabilität, der in erster Linie aus der Kurzfristigkeit der Beschäftigung, ungewissen Zukunftsperspektiven und finanzieller Unsicherheit resultiert. Auch die private Stabilität sinkt, wodurch längerfristige Planungen erschwert werden. Daher ist es nicht verwunderlich, dass sich in Bezug auf diese Situation in der Literatur Hinweise auf negative Veränderungen des sozialen, psychologischen Verhältnisses zwischen Unternehmen (Auftraggeber) und Freelancern finden. Folglich kann nicht ausgeschlossen werden, dass die Identifikation der Freelancer mit und ihre Loyalität zu einem Unternehmen geringer sind als bei Festangestellten (vgl. Anderson und Schalk 1998) und mit zunehmender Flexibilität das Commitment sinkt. Commitment wird dabei als besonders intensive, nichtvertragliche Bindung von Individuen an ein Unternehmen bzw. an eine Beschäftigungsform und Tätigkeit verstanden (vgl. Kulkarni und Ramamoorthy 2005, S. 741). Allerdings muss die Analyse des Commitments von Freelancern zumindest als lückenhaft angesehen werden, da bislang unter anderem der Frage nach der Ausprägung des Commitments, das Freelancer gegenüber ihrer Beschäftigungsform bzw. Tätigkeit aufweisen, wenig Aufmerksamkeit gewidmet wurde. Dies ist insofern als relevantes Forschungsdefizit anzusehen, als dass das dahinter stehende tätigkeitsbezogene Commitment (Occupational Commitment; vgl. z. B. Meyer et al. 1993) neben dem organisationalen (auftraggeberbezogenen) Commitment die zweite Seite des Commitments darstellt und für Aspekte wie Leistung oder Arbeitszufriedenheit nicht minder wichtig ist.

Vor diesem Hintergrund wurde eine quantitativ-empirische Studie mit dem Ziel durchgeführt, einen Beitrag zur Reduzierung dieses Forschungsdefizits zu leisten, indem die Analyse des Commitments von Freelancern für organisationales und tätigkeitsbezogenes Commitment vorgenommen wurde. Die Skalen zum Commitment bezogen sich auf das organisationale Commitment (dreidimensional differenziert in affektives, normatives und kalkulatives Commitment) und das affektive tätigkeitsbezogene Commitment. Die Daten wurden von Februar bis April 2011 durch eine Online-Umfrage erhoben, mittels derer 451 Freelancer aus der IT-Branche und der Medienbranche befragt wurden. Insgesamt beteiligten sich 143 Freelancer an dem Umfrageteil, der die Fragen zum Thema Commitment beinhaltete (vgl. ausführlicher Süß 2012).

Die Mittelwerte des organisationalen Commitments zeigen, dass das normative (3,26) stärker als das affektive (2,95) und das kalkulative Commitment (2,61) ausgeprägt ist. Dieses Ergebnis weicht von anderen Untersuchungen ab, in denen das affektive Commitment stärker als das normative und das kalkulative war (Allen und Meyer 1990; Felfe et al. 2005; Süß 2008). Als am stärksten ausgeprägt erweist sich jedoch das (affektive) tätigkeitsbezogene Commitment mit einem Mittelwert von 3,92, der somit nah bei dem Skalenwert „4 = stimme eher zu" liegt.

Auf den ersten Blick überraschend ist der Befund, dass das Commitment der Medienfreelancer (arithmetisches Mittel bei 3,10) höher als das der IT-Freelancer (arithmetisches Mittel bei 2,73) ist. Eine differenzierte Betrachtung zeigt jedoch, dass das tätigkeitsbezogene Commitment, also das Commitment, das die Befragten gegenüber der Beschäftigungsform Freelancing aufweisen, bei den IT-Freelancern (4,72) deutlich höher als bei den Medienfreelancern (3,65) ist. Es liegt – bei relativ geringer Streuung – sogar fast an der Maximalausprägung der zugrunde liegenden Skala, was die hohe Bindung an die gewählte Beschäftigungsform unterstreicht. Die Medienfreelancer weisen demgegenüber in allen drei Dimensionen ein höheres Commitment zum aktuellen Auftraggeber auf; insbesondere ihr affektives und ihr kalkulatives Commitment sind spürbar höher ausgeprägt als das der IT-Freelancer.

Um näher zu untersuchen, wodurch das (affektive) Commitment gegenüber der Beschäftigungsform Freelancing (abhängige Variable) beeinflusst wird, wurde eine Regressionsanalyse durchgeführt. Als unabhängige Variable floss die durchschnittliche Arbeitszufriedenheit in die Regressionsanalyse ein, da in der Literatur von einem engen Zusammenhang zwischen Commitment und Arbeitszufriedenheit berichtet wird (vgl. Felfe 2008, S. 154–160). Zudem fanden der durchschnittlich empfundene Work-Life-Conflict bzw. die durchschnittlich empfundene Work-Life-Synergy (Bereicherung zwischen Arbeit und Privatleben) Berücksichtigung als unabhängige Variablen. Hier konnte plausibilitätsgestützt angenommen werden, dass mit zunehmenden Konflikten zwischen den Hauptlebensbereichen Work und Life das Commitment sinkt. Zudem wurden als unabhängige Variablen die demographischen Merkmale Geschlecht und Alter gewählt, da in der Literatur darauf hingewiesen wird, dass diese Einfluss auf das Commitment haben (vgl. Süß 2006). Als weitere unabhängige Variable wurde der Einfluss der Branche (IT und Medien) untersucht, da die deskriptiven Ergebnisse zeigten, dass sich das tätigkeitsbezogene Commitment branchenabhängig unterscheidet.

Im Rahmen der Berechnungen wurde eine schrittweise lineare Regression vorgenommen. Auf diesem Wege wurden die durchschnittliche Arbeitszufriedenheit, das Geschlecht und der durchschnittliche Work-Life-Conflict schrittweise aus der Regression ausgeschlossen, sodass Work-Life-Synergy, Branchenzugehörigkeit und Alter als unabhängige Variablen verblieben. Das Bestimmtheitsmaß R^2(korrigiert) liegt bei 0,30. Die Regressionsanalyse liefert einen deutlichen positiven Zusammenhang zwischen der Zugehörigkeit zur Gruppe der IT-Freelancer sowie der empfundenen Work-Life-Synergy und dem tätigkeitsbezogenen Commitment; beide Zusammenhänge zeigen sich auf höchstsignifikantem Niveau. Daneben konnte ermittelt werden, dass ein hochsignifikanter Zusammenhang zwischen Lebensalter und tätigkeitsbezogenem Commitment besteht – je älter die Freelancer sind, desto höher ist ihr tätigkeitsbezogenes Commitment.

2.4.2 Studie, Ergebnisse und Schlussfolgerungen zu Arbeitszufriedenheit

Der Frage, inwiefern unter den spezifischen Rahmenbedingungen des Freelancings Arbeitszufriedenheit entsteht, wurde bisher in der Forschung wenig Aufmerksamkeit gewidmet. Arbeitszufriedenheit ist jedoch für Freelancer von besonderer Bedeutung: Erstens wirkt sie sich auf die Arbeitsleistung aus (vgl. Judge et al. 2001), was insbesondere für Freelancer relevant ist, die im Rahmen von Werk- oder Dienstverträgen ausschließlich nach Erfolg bezahlt werden (vgl. Bösel und Suttheimer 2002, S. 23). Zweitens beeinflusst Zufriedenheit in hohem Maße die psychische Gesundheit (Faragher et al. 2005, S. 107). Da Freelancer im Gegensatz zu Festangestellten im Krankheitsfall keine Lohnfortzahlung erhalten, ist ihre Gesundheit für sie auch ökonomisch besonders relevant. Vor diesem Hintergrund wurde empirisch untersucht, inwiefern Freelancer Arbeitszufriedenheit aufweisen und welche Unterschiede zu fest angestellten IT-Mitarbeitern bestehen. Dies erfolgte theoriegeleitet auf Basis des Fragebogens zur Erhebung von Arbeitszufriedenheitstypen (FEAT; vgl. Ferreira 2009), der auf das ausgiebig diskutierte und empirisch erprobte „Zürcher Modell" zurück geht (vgl. Bruggemann 1976).

Die empirische Studie (vgl. ausführlicher Süß und Haarhaus 2013) führte zu einer Stichprobe, die 105 Informatiker beinhaltete. 43 Personen üben ihre Tätigkeit als Freelancer aus. Das durchschnittliche Alter der Freelancer beträgt 41,9 Jahre und liegt damit etwa

6,5 Jahre über dem der Festangestellten. Der Männeranteil liegt in der Gesamtstichprobe bei 90 % und unterscheidet sich nicht zwischen den Beschäftigungsformen. Vergleicht man die Mediane der Einkommensklassen, zeigt sich, dass das jährliche Brutto-Gehalt der Freelancer (80.000 bis 100.000 €) deutlich über dem der Festangestellten (40.000 bis 60.000 €) liegt. Die Tatsache, dass diese und andere soziodemographische Daten der untersuchten Freelancer den in der Literatur berichteten Werten entsprechen (vgl. z. B. Evans et al. 2004, S. 10; Süß und Kleiner 2010, S. 44), lässt auf eine gute Repräsentativität der Studie schließen.

Im Ergebnis zeigt sich, dass etwa ein Fünftel der Freelancer und Festangestellten eine sogenannte progressiv konstruktive Arbeitszufriedenheitsstruktur aufweist. Ihre Arbeitsbedingungen bleiben zwar hinter ihren Erwartungen zurück, werden jedoch als kontrollierbar wahrgenommen und aktiv gestaltet. Ihr progressives Anspruchsniveau ist ein Indikator dafür, dass die Freelancer ihre Arbeitsbedingungen und ihre Arbeit selbst stetig verbessern wollen.

In Bezug auf die Verteilung der übrigen Arbeitszufriedenheitstypen bestehen große Unterschiede zwischen den Beschäftigungsformen. Während sich nur 7 % der Freelancer als progressiv ambivalent bezeichnen lassen, ist es bei den Festangestellten fast ein Viertel aller Befragten. Dies bedeutet, dass Freelancer mehr Kontrollierbarkeit empfinden und ihre Probleme häufiger aktiv lösen als Festangestellte. Hierin spiegeln sich die unterschiedlichen Charakteristika des Freelancing und des festen Anstellungsverhältnisses wider: Während sich Festangestellte in einem Abhängigkeitsverhältnis zu ihrem Arbeitgeber befinden, sind Freelancer für viele Aspekte ihrer Arbeit (wie z. B. Auftragsakquise, Weiterbildung und Altersvorsorge) selbst verantwortlich. Dieses hohe Ausmaß an Autonomie führt offenbar dazu, dass Freelancer ihre Arbeitsbedingungen und -ergebnisse stärker als kontrollierbar ansehen als Festangestellte. Allerdings findet a priori ein Selektionsprozess statt: Personen, die von vornherein ein hohes Autonomiebedürfnis haben, wechseln eher von einer Festanstellung zum Freelancing (vgl. Evans et al. 2004, S. 12).

Der auf Arbeitszufriedenheit bezogene Soll-Ist-Wert-Vergleich fällt bei den Freelancern häufiger kongruent aus als bei den Festangestellten. Dies lässt sich zum einen dadurch erklären, dass Freelancer mehr Möglichkeiten haben, ihre Arbeitsbedingungen ihren Bedürfnissen anzupassen. Zum anderen kann auch eine niedrige Soll-Vorstellung zu einem kongruenten Soll-Ist-Wert-Vergleich führen. Dies trifft auf die Soll-Vorstellung der Facetten „Einkommenssicherheit" und „Soziales Klima" zu, die in der Gruppe der Freelancer niedriger ausgeprägt ist als in der Gruppe der Festangestellten.

Unterschiede bestehen nicht nur zwischen den Beschäftigungsformen. Die Ergebnisse machen auch deutlich, dass innerhalb der Gruppe der IT-Freelancer eine große Heterogenität existiert. Es zeigt sich, dass sich Freelancer in ihrer Zufriedenheit mit verschiedenen Arbeitsfacetten sowie in ihrer Berufserfahrung und ihrem Einkommen unterscheiden. Dies ermöglicht eine sehr viel differenziertere Darstellung der Arbeitszufriedenheit als es in bisherigen Studien der Fall war. So ist zwar beispielsweise das Einkommen abhängig Beschäftigter in der Regel sicherer; dennoch konnten Typen von IT-Freelancern identifiziert werden, die mit ihrer Einkommenssicherheit zufriedener sind als Festangestellte. Studien, in denen IT-Freelancer als homogene Gruppe betrachtet werden (z. B. Gerlmaier 2002, S. 194), können solche Zusammenhänge nicht aufdecken. Insofern trägt die präsentierte Studie zu einem realitätsnäheren und differenzierteren Verständnis der Arbeitszufriedenheit von Freelancern bei.

2.5 Fazit zur individuellen Ebene aus betriebswirtschaftlicher Perspektive

Die auf individueller Ebene aus betriebswirtschaftlicher Perspektive erfolgten Untersuchungen zeigen, dass die Wahrnehmung der Arbeitssituation durch Freelancer sehr heterogen ausfällt. Während beispielsweise einige die Notwendigkeit, kontinuierlich an ihrer Employability zu arbeiten, positiv sehen, empfinden andere dies als Belastung mit der (zu) starker wirtschaftlicher Druck einhergeht. Gleichermaßen individuell ist auch die Bewertung der Work-Life-Balance: Die Überlappung von Berufs- und Privatleben infolge der Selbstständigkeit wird einerseits begrüßt, andererseits als Belastung wahrgenommen. Vor diesem Hintergrund verwundert es nicht, dass auch Commitment und Arbeitszufriedenheit unterschiedlich ausfallen, wobei jedoch nicht konstatiert werden kann, dass Freelancer grundsätzlich unzufrieden mit ihrer Arbeit sind bzw. wenig Verbundenheit gegenüber ihren Auftraggebern empfinden. Allerdings wurde in allen Studien deutlich, dass die Gruppe der Freelancer nur auf den ersten Blick homogen ist. Auf den zweiten Blick zeigte sich erheblicher Differenzierungsbedarf, dem durch die Berücksichtigung zahlreicher personenbezogener Einflussfaktoren entsprochen wurde. Dadurch ließen sich die skizzierten differenzierten Ergebnisse zu Employability, vor allem aber zu Work-Life-Balance, Arbeitszufriedenheit und Commitment der Freelancer erzielen.

Folglich finden sich auf der individuellen Ebene einerseits Argumente dafür, Freelancing als Beschäftigungsform im Spannungsfeld zwischen Flexibilisierung und Stabilität positiv zu bewerten: Vorteile sind vor allem in qualifikationsadäquater Beschäftigung, dem Aufbau von und dem Arbeiten in Netzwerken, Selbstbestimmtheit, flexibler Wahl von Arbeitszeit und Arbeitsort oder der Kontrollierbarkeit der Arbeitsbedingungen zu sehen. Andererseits verdeutlichen die Studien Gefahren des Freelancings: Diese liegen in erheblichem wirtschaftlichen und existenziellen Druck, der jedoch branchenabhängig sehr unterschiedlich ist, einer Vermischung von Arbeits- und Privatleben, erhöhten Belastungen, die zu gesundheitlichen Problemen führen können, und nicht zuletzt praktischen Schwierigkeiten, wie etwa der Zuverlässigkeit der Bezahlung, (branchenabhängig) der Auftragsakquise oder der Regelung in Krankheitsfällen.

Dies unterstreicht, dass sich nicht zwangsläufig alle Individuen für eine Beschäftigung als Freelancer eignen. Daher wurden als Ergebnisse dieses Teils des FlinK-Projekts Selbsttests zu den Hauptthemen Employability und Work-Life-Balance entwickelt, die einen ersten und groben Eindruck verschaffen sollen, inwiefern Personen das Potenzial mitbringen, als Freelancer einerseits beschäftigungsfähig zu sein bzw. zu bleiben und andererseits über eine subjektiv ausgewogene Work-Life-Balance zu verfügen. Diese Tests finden sich kostenlos unter www.flink-projekt.de sowie unter www.orgaperso.hhu.de.

Literatur

Allen NJ, Meyer JP (1990) The measurements and antecedents of affective, continuance and normative commitment to the organization. J Occup Psychol 68(1):1–18

Allen TD, Herst David EL, Bruck CS, Sutton M (2000) Consequences associated with work-to-family conflict: a review and agenda for future research. J Occup Health Psychol 5(2):278–308

Anderson N, Schalk R (1998) Editorial: the psychological contract in retrospect and prospect. J Organ Behav 19(1):637–647

Baines S (1999) Servicing the media: freelancing, teleworking and ‚enterprising‘ careers. New technology. Work Employ 14(1):18–31

Barley S, Kunda G (2004) Gurus, hired guns, and warm bodies: itinerant experts in a knowledge economy. Princeton University Press, Princeton

Becke G (2007) Gesundheitsförderung in flexiblen Arbeitsstrukturen der ‚digitalen Wirtschaft‘ – Problemfelder und Gestaltungsperspektiven bei abhängiger und alleinselbständiger Erwerbstätigkeit. Artec-paper Nr. 142, Bremen, 2007

Becker J, Süß S, Sieweke J (2013) Individuelle Kompetenzen als zentrale Einflussfaktoren der Employability von Freelancern: Eine empirische Analyse. Arbeitspapier, Düsseldorf, 2013

Blancke S, Roth C, Schmid J (2000) Employability („Beschäftigungsfähigkeit“) als Herausforderung für den Arbeitsmarkt – Auf dem Weg zur flexiblen Erwerbsgesellschaft, Arbeitsbericht 157 der Akademie für Technikfolgenabschätzung, Tübingen

Bösel S, Suttheimer, K (2002) Freie Mitarbeit in den Medien – Was Freelancer wissen müssen. Westdeutscher Verlag, Wiesbaden

Boswell WR, Olson-Buchanan JB (2007) The use of communication technologies after hours: the role of work attitudes and work-life conflict. J Manag 33(4):592–610

Brown P, Hesketh A, Williams S (2004) The mismanagement of talent. Employability and Jobs in the Knowledge Economy, Oxford University Press, New York

Bruggemann A (1976) Zur empirischen Untersuchung verschiedener Formen von Arbeitszufriedenheit. Z Arbeitswissenschaft 30:71–74

Carlson DS, Kacmar KM, Williams LJ (2000) Construction and initial validation of a multidimensional measure of work-family conflict. J Vocat Behav 56(2):249–276

Carlson DS, Kacmar KM, Wayne JH, Grzywacz JG (2006) Measuring the positive side of the work-family interface: development and validation of a work-family enrichment scale. J Vocat Behav 68(1):131–164

Chesley N, Moen P, Shore RP (2003) The new technology climate. In: Moen P (Hrsg) It's about time: couples and careers. Cornell University Press, Ithaca, S 220–241

Clasen J (2008) Die Arbeitsbedingungen von Freelancern – Entwicklung und Validierung eines Instruments zur stressbezogenen Analyse der Arbeit von Freelancern, Hamburg

Evans JA, Kunda G, Barley SR (2004) Beach time, bridge time, and billable hours: the temporal structure of technical contracting. Adm Sci Q 49:1–38

Faragher B, Cass M, Cooper C (2005) The relationship between job satisfaction and health: a meta-analysis. Occup Environ Med 62(2):105–112

Felfe J (2008) Mitarbeiterbindung. Hogrefe, Göttingen

Felfe J, Schmook R, Six B, Wieland R (2005) Commitment gegenüber Verleiher und Entleiher bei Zeitarbeitern. Z Personalpsychologie 4(3):101–115

Fenner GH, Renn RW (2010) Technology-assisted supplemental work and work-to-family conflict: the role of instrumentality beliefs, organizational expectations and time management. Hum Relat 63(1):63–82

Ferreira Y (2009) FEAT – Fragebogen zur Erhebung von Arbeitszufriedenheitstypen. Z Arbeits- Organisationspsychologie 53:177–193

Fugate M, Kinicki AJ (2008) A dispositional approach to employability: development of a measure and test of implications for employee reaction to organizational change. J Occup Organ Psychol 81(3):503–527

Gerlmaier A (2002) Neue Selbstständigkeit in der Informationsgesellschaft. Ein Vergleich von Anforderungen und individuellen Ressourcenpotenzialen bei autonom-flexiblen und arbeitsteiligen Arbeitsformen im IT-Bereich. Unveröffentlichte Dissertation. Universität Dortmund

Gerlmaier A, Latniak E (2007) Zwischen Innovation und täglichem Kleinkrieg: Arbeits- und Lernbedingungen bei Projektarbeit im IT-Bereich. Moldaschl M (Hrsg) Verwertung immaterieller Ressourcen: Nachhaltigkeit von Unternehmensführung und Arbeit. Hampp, München, S 131–170

Greenhaus JH, Beutell NJ (1985) Sources of conflict between work and family roles. Acad Manag Rev 10(1):76–88

van der Heijde C, van der Heijden B (2006) A competence-based and multidimensional operationalization and measurement of employability. Hum Resource Manage 45(3):449–476

Henninger A, Gottschall K (2007) Freelancers in Germany's old and new media industry: beyond standard patterns of work and life. Critic Soc 33(1):43–71

Hoff E-H, Grote S, Dettmer S, Hohner H-U, Olos L (2005) Work-life-balance: Berufliche und private Lebensgestaltung von Frauen und Männern in hoch qualifizierten Berufen. Z Arbeits- Organisationspsychologie 49(4):196–207

Judge TA, Thoresen CJ, Bono JE, Patton GK (2001) The job satisfaction–job performance relationship: a qualitative and quantitative review. Psychol Bull 127(3):376–407

Kaiser S, Ringlstetter MJ (2010) Work-life balance – Erfolgverprechende Konzepte und Instrumente für Extremjobber, 1. Aufl. Springer, Heidelberg

Klimpel M, Schütte T (2006) Work-life-balance, eine empirische Erhebung. Hampp, München

Kossek EE, Ozeki C (1998) Work-family conflict, policies, and the job-Life satisfaction relationship: a review and directions for organizational behavior-human resources research. J Appl Psychol 83(2):139–149

Kossek EE, Lautsch BA, Eaton SC (2006) Telecommuting, control, and boundary management: correlates of policy use and practice, job control, and work–family effectiveness. J Vocat Behav 68(o.H.):347–367

Kreiner GE, Hollensbe EC, Sheep ML (2009) Balancing borders and bridges: negotiating the work-home interface via boundary work tactics. Acad Manage J 52(4):704–730

Kulkarni SP, Ramamoorthy N (2005) Commitment, flexibility and the choice of employment contracts. Hum Relat 58(6):741–761

Kunda G, Barley SR, Evans J (2002) Why do contractors contract? The experience of highly skilled technical professionals in a contingent labor market. Ind Lab Relat Rev 55(2):234–261

Manske A (2007) Prekarisierung auf hohem Niveau. Eine Feldstudie über Alleinunternehmer in der IT-Branche. Hampp, München

Mayring P (2008) Qualitative Inhaltsanalyse. Beltz, Weinheim

McQuaid R, Lindsay C (2005) The concept of employability. Urban Stud 42(2):197–219

Merkel J (2012) Auf der Suche nach Austausch – Digitale Nomaden und Coworking Spaces. WZB Mitteilungen (Wissenschaftszentrum Berlin für Sozialforschung) o.Jg. (136):15–17

Meyer JP, Allen NJ, Smith CA (1993) Commitment to organizations and occupations: extension and test of a three-component conceptualization. J Appl Psychol 78(4):538–551

Müller I, Kastner M (2003) Die Neue Selbstständigkeit im Medienbereich – eine Chance für die Egalisierung von Geschlechterrollen? In: Kastner M (Hrsg) Neue Selbstständigkeit in Organisationen. Hampp, München, S 247–269

Sailer K (2009) Beschäftigungsfähigkeit als Indikator für unternehmerische Flexibilität. In: Badura B, Schröder H, Vettel C (Hrsg) Fehlzeitenreport 2008. Betriebliches Gesundheitsmanagement: Kosten und Nutzen. Springer, Heidelberg, S 3–13

Sayah S (2012) Information and communication technologies and their influence on work-life boundaries: the case of independent contractors, Beitrag präsentiert auf dem 28. EGOS (European Group for Organizational Studies) Colloquium, Helsinki

Sayah S, Süß S (2013) Conflict between work and life: the case of contract workers in the German IT and media sectors. Manage Rev 24(2):222–244

Süß S (2006) Commitment freier Mitarbeiter: Erscheinungsformen und Einflussmöglichkeiten am Beispiel von IT-Freelancern. Z Personalforschung 20(3):255–275

Süß S (2008) Arbeitsbezogene Erwartungen und Commitment von IT-Freelancern: Konzeptionelle Überlegungen und empirische Erkenntnisse. Z Manage 3(2):149–172

Süß S (2012) Commitment von Freelancern. In: Kaiser S, Süß S, Josephs I (Hrsg) Freelancer als Forschungsgegenstand und Praxisphänomen: Betriebswirtschaftliche und psychologische Perspektiven. Peter Lang, Frankfurt, S 51–68

Süß S, Becker J (2011) Kompetenzen als Grundlage der Beschäftigungsfähigkeit von Freelancern. In: Hanft A, Barthel E, Hasebrook, J (Hrsg) Integriertes Kompetenzmanagement als Aufgabe der Organisations- und Personalentwicklung. Waxmann, Münster, S 69–84

Süß S, Becker J (2012) Komponenten der Employability von Freelancern. In: Kaiser S, Süß S, Josephs I (Hrsg) Freelancer als Forschungsgegenstand und Praxisphänomen: Betriebswirtschaftliche und psychologische Perspektiven. Peter Lang, Frankfurt, S 135–150

Süß S, Becker J (2013) Competences as the foundation of the employability of freelancers. Pers Rev (2/2013):223–240

Süß S, Haarhaus B (2013) Arbeitszufriedenheit von IT-Freelancern – Eine empirische Analyse auf Basis des Zürcher Modells. Z Arbeits- Organisationspsychologie 57(1):33–44

Süß S, Kleiner M (2010) Commitment and work-related expectations in flexible employment forms: an empirical study of German IT freelancer. Eur Manage J 28(1):40–54

Süß S, Sayah S (2011) Work-life-balance von Freelancern: Wunsch und Wirklichkeit. Z Personalforschung 25(3):247–268

Towers I, Duxbury L, Higgins C, Thomas J (2006) Time thieves and space invaders: technology, work and organization. J Organ Change Manage 19(5):593–618

Whitehead DL, Korabik K, Lero DS (2008) Work-family integration: introduction and overview. In: Korabik K, Lero DS, Whitehead DL (Hrsg) Handbook of work-family integration, 1. Aufl. Academic Press, London, S 3–11

Wittekind A, Raeder S, Grote G (2010) A longitudinal study of determinants of perceived employability. J Organ Behav 31(5):566–586

Erfolgreiche Freelancer im Spannungsfeld zwischen Flexibilitätsanforderungen und Stabilitätsbedürfnissen

3

Andrea Kettenbach und Ingrid Josephs

3.1 Einleitung und Fragestellung

Vor dem Hintergrund eines zunehmend dynamischeren Wettbewerbs kann seit Jahren eine weitreichende organisatorische Flexibilisierung von Unternehmen beobachtet werden. Diese Flexibilisierung führt zugleich zu tiefgreifenden Veränderungen in der Personalstruktur vieler Unternehmen. Atypische Beschäftigungsverhältnisse und damit einhergehend die Arbeitsform Freelance gewinnen immer mehr an Relevanz. Aus Sicht der Unternehmen ist die Flexibilisierung durch Freelancer notwendig, in den Medien hingegen fällt die Bewertung der zunehmenden Flexibilisierung bei gleichzeitigem Wegfall von beruflicher und damit häufig auch privater Stabilität vielfach negativ aus.

Wissenschaftlich ist bislang allerdings nicht hinreichend erforscht, inwieweit die Flexibilisierung von den betroffenen Freelancern als eine Belastung oder aber als eine Herausforderung wahrgenommen wird. Vor diesem Hintergrund besteht die Notwendigkeit einer differenzierten Untersuchung der nur auf den ersten Blick homogenen Gruppe (Josephs und Kettenbach 2011) von Freelancern. Das vom Bundesministerium für Bildung und Forschung (BMBF) geförderte Verbundprojekt *FlinK* beschäftigt sich mit der Erforschung des Spannungsfelds zwischen Stabilitätsbedürfnissen und Flexibilitätsanforderungen von Freelancern im IT- und Medienbereich (Kaiser et al. 2011). Das Projekt besteht aus drei Teilprojekten mit unterschiedlichen Schwerpunkten. Neben der Erforschung des Phänomens Freelance aus Sicht der Unternehmen wird die individuelle Ebene der Freelancer sowohl aus betriebswirtschaftlicher als auch aus psychologischer Perspektive untersucht.

In unserem Forschungsvorhaben, das sich mit der individuellen Ebene aus psychologischer Perspektive beschäftigt, wurde gefragt, welche speziellen psychologischen Anforde-

A. Kettenbach (✉) · I. Josephs
FernUniversität Hagen, LG Psychologie des Erwachsenenalters, Universitätsstr. 33,
58084, Hagen, Deutschland
E-Mail: andrea.kettenbach@fernuni-hagen.de

S. Kaiser et al. (Hrsg.), *Arbeits- und Beschäftigungsformen im Wandel*,
DOI 10.1007/978-3-658-00331-9_3, © Springer Fachmedien Wiesbaden 2013

rungen an Freelancer im IT- und Medienbereich gestellt werden und welche Bedingungen zu ihrer Zufriedenheit und ihrem beruflichen Erfolg beitragen. Auf Basis der Ergebnisse des Projektes werden Praxisempfehlungen für Freelancer abgeleitet. Zum einen richten sich die Praxisempfehlungen an Personen, die bereits als Freelancer arbeiten und unsicher sind, ob diese Form der Tätigkeit für sie die richtige ist. Zum anderen richten sie sich an Personen, die Freelancer werden wollen bzw. mit dem Gedanken spielen, sich aus einer Festanstellung heraus selbstständig zu machen. Die Praxisempfehlungen versuchen damit erste Antworthinweise auf die Frage zu geben, ob eine Person aufgrund ihrer Persönlichkeitsstruktur, ihrer Verhaltensweisen, Kompetenzen und Motive eine Passung zur Tätigkeit als Freelancer aufweist. Das Vorhandensein entsprechender fachlicher Qualifikationen wird dabei vorausgesetzt.

Um diese Empfehlungen geben zu können, wurde zunächst eine kleine Anzahl von Freelancern ($N = 42$) im IT- und Medienbereich im Rahmen einer Interviewstudie befragt (Josephs und Kettenbach 2011). Hier ging es darum, mit dem Freelancing einhergehende positive oder negative Konsequenzen auf Individualebene herauszufiltern. Dabei stand die grundsätzliche Frage im Vordergrund, inwieweit Freelancer eigentlich „alle gleich" sind oder sich nicht doch in Abhängigkeit von Beschäftigungsfeldern, Kontextfaktoren, spezifischen Herausforderungen, aber auch mit Blick auf ihre Bedürfnisse und Bewertungen systematisch unterscheiden. Ausgangspunkt war die Überlegung, dass unterschiedliche „Typen" von Freelancern über unterschiedliche psychische und externe Ressourcen verfügen könnten, die ihrerseits zu einem mehr oder auch weniger gelungenen Fit zwischen Person- und Kontextmerkmalen führen. In der Zusammenschau der Befunde zeichneten sich drei branchenspezifische „Freelancer-Typen" ab:

Die IT-Freelancer erscheinen als die *unaufgeregt Rationalen* mit einer abgewogenen und erfolgreich verlaufenden Kosten-Nutzen-Bilanz auf allen Ebenen. IT-Freelancer haben häufig aus „der Not eine Tugend" gemacht und sind so aus verschiedenen Gründen (Krisen, Mobbing, Insolvenz) zu einer freiberuflichen Tätigkeit gekommen. Sie sind es gewohnt, dass ihr Beruf bzw. ihre Tätigkeit nach außen nur schwer „erkennbar" ist, was ihnen persönlich jedoch „egal" ist. Sie verfolgen unternehmerische Ziele (z. B. Erweiterung des Kundenkreises), sind mit ihrem Einkommen sehr zufrieden und empfinden die Flexibilitätsanforderungen eher als Herausforderung denn als Belastung. Die Akquirierung von Aufträgen erfolgt mehrheitlich über Vermittler, wobei ihnen die Akquise selbst leicht fällt. Sie schätzen die Relevanz der Selbstvermarktung als hoch ein. Mit dem Klischee des einsamen, alleine arbeitenden Freelancers haben sie nichts gemeinsam. Sie identifizieren sich häufig mit der Organisation, für die sie arbeiten, und sehen die Mitarbeiter als Kollegen an. Sie legen großen Wert auf soziale Kompetenzen und trennen am deutlichsten zwischen Berufs- und Privatleben.

Die Journalisten kommen *intrinsisch motivierten Überzeugungstätern* gleich, die trotz hoher psychischer und ökonomischer Kosten „an der Sache dranbleiben". Sie haben häufiger eine klassische Ausbildung (Volontariat) durchlaufen, ohne die klare Zielvorstellung verfolgt zu haben, freiberuflich arbeiten zu wollen. Sie schätzen die gute „Erkennbarkeit" ihres Berufes (insbesondere im Bereich Printmedien). Sie verfolgen eher fachlich orientierte Ziele (z. B. Erhöhung der fachlichen Expertise) und sind mit ihrer Entlohnung am wenigsten zufrieden. Äußere Anerkennung ist für sie motivational am wenigsten wirksam. Sie erleben die Flexibilitätsanforderungen als belastend, weniger als positive Herausforderung. Sie akquirieren ihre Aufträge mehrheitlich selbst, wobei ihnen die Akquise häufig unangenehm ist. Die Relevanz der Selbstvermarktung schätzen sie jedoch als hoch ein. Das Klischee des einsamen, alleine arbeitenden Freelancers trifft oft auf sie zu. Doch auch sie identifizieren sich häufig mit der Organisation, für die sie arbeiten, und sehen die Mitarbeiter zum Teil als Kollegen an. Sie müssen eine hohe Flexibilität als überfachliche Qualifikation mitbringen und haben eine hohe Überlappung zwischen Berufs- und Privatleben.

Freelancer im Bereich Gestaltung und PR hingegen entsprechen *flexiblen Individualisten*. Sie haben mehrheitlich ganz bewusst die Entscheidung für eine kreative und unabhängige Arbeit getroffen. Ihr Beruf ist zumeist nach außen erklärungsbedürftig, was sie aber nicht weiter stört. Für sie ist Anerkennung ein motivational wichtiger Aspekt, ebenso wie das unabhängige Arbeiten. Ein Spannungsfeld zwischen Flexibilitätsanforderungen und Stabilitätsbedürfnissen empfinden sie deutlich weniger als die Gruppe der Journalisten. Flexibilitätsanforderungen werden dabei eher als positive Herausforderung erlebt. Die Akquirierung von Aufträgen erfolgt mehrheitlich über Empfehlungen. Die Akquise selbst ist ihnen häufig unangenehm. Die Relevanz der Selbstvermarktung schätzen sie als hoch ein. Das Klischee des einsamen, alleine arbeitenden Freelancers trifft auf sie teilweise zu. Sie identifizieren sich häufig mit der Organisation für die sie arbeiten, sehen jedoch die Mitarbeiter der Organisation selten als ihre Kollegen an. Sie brauchen als überfachliche Qualifikation Verkaufstalent und Gewissenhaftigkeit und weisen die höchste Überlappung zwischen ihrem Berufs- und Privatleben auf.

Unsere Befunde zeigen, dass es sich also um eine heterogene Gruppe handelt, die ihre berufliche und private Situation unterschiedlich beschreibt und erlebt. Generell lässt sich Unterschiedlichkeit von Menschen nach McAdams (McAdams und Pals 2006; McAdams 2009) psychologisch auf unterschiedlichen Ebenen betrachten: zum ersten auf der Ebene situations- und zeitunabhängiger und damit stabiler Persönlichkeitsdispositionen oder Eigenschaften, hinsichtlich deren Ausprägungen sich Menschen unterscheiden; zum zweiten auf der Ebene situativ und kontextuell eher variabler Motivationen, Ziele und Pläne und zum dritten auf der Ebene ihrer individuell konstruierten Lebensgeschichte.

An die Interviewstudie schloss sich eine systematische Online-Umfrage bei einer großen Stichprobe von Freelancern im IT- und Medienbereich an, in der versucht wurde, alle drei Ebenen möglicher Unterschiedlichkeit zu berücksichtigen (Kettenbach et al. 2011). Als Vergleichsgruppe wurden zudem Angestellte im IT- und Medienbereich mit demselben Instrumentarium untersucht. Schließlich wurden als Basis für die Praxisempfehlungen besonders erfolgreiche und zufriedene im Kontrast zu besonders erfolglosen und unzufriedenen Teilgruppen in den Fokus gerückt.

Im Zentrum dieses Beitrags stehen damit folgende Forschungsfragen: 1. Unterscheiden sich Freelancer und Angestellte in zentralen psychologischen Dimensionen? 2. Welche Bedingungen tragen zu Zufriedenheit und beruflichem Erfolg von Freelancern bei? 3. Wie gehen Freelancer im Vergleich zu Angestellten mit dem Spannungsfeld zwischen Flexibilitätsanforderungen und Stabilitätsbedürfnissen um?

3.2 Methode

3.2.1 Fragebogeninventar

Für die Online-Befragung wurden sowohl bereits vorliegende Instrumente eingesetzt als auch neue Skalen entwickelt. Es kam dabei eine breite Palette von Fragebögen zum Einsatz, um explorativ die Unterschiede zwischen Freelancern und Angestellten auszuloten und vor allem herauszufinden, welche psychischen Konstellationen förderlich oder hinderlich für Zufriedenheit und Erfolg beider Gruppen sind.

Verwendung fand die Kurzversion des Fragebogens *Big Five* (BFI-S) von Gerlitz und Schupp (2005) im Rahmen des Big-Five Ansatzes (Costa und McCrae 1985), womit sich Persönlichkeitsunterschiede zwischen Individuen auf fünf zentralen Persönlichkeitsdimensionen abbilden lassen: *Neurotizismus* (wie ängstlich, reizbar, depressiv, befangen, impulsiv und verletzlich bin ich generell im Vergleich zu anderen?), *Extraversion* (wie herzlich, gesellig, durchsetzungsfähig, aktiv, erlebnissuchend und positiv gestimmt bin ich im Vergleich zu anderen?), *Offenheit für neue Erfahrungen* (wie offen für Phantasie, Ästhetik, Gefühle, Handlungen, Ideen und Wertesysteme bin ich im Vergleich zu anderen?), *Verträglichkeit* (wie vertrauensvoll, freimütig, altruistisch, entgegenkommend und bescheiden bin ich im Vergleich zu anderen?) und *Gewissenhaftigkeit* (wie kompetent, ordnungsliebend, pflichtbewusst, leistungsstrebend, selbstdiszipliniert und besonnen bin ich im Vergleich zu anderen?).

Mit der *Skala zur Allgemeinen Selbstwirksamkeitserwartung* (SWE) von Schwarzer und Jerusalem (1999) wurde die Ausprägung der generalisierten subjektiven Überzeugung erfasst, kritische Anforderungssituationen aus eigener Kraft erfolgreich bewältigen zu können. Hierbei geht es um die eigene Kompetenzeinschätzung angesichts neuer oder schwieriger Situationen und Barrieren aus allen Lebensbereichen.

Weiterhin wurde im Bereich der Leistungsmotivation die Kurzform der *Achievement Motives Scale* von Lang und Fries (2006) verwendet. Ob eine Person eine Leistungshandlung in Angriff nimmt oder ihr aus dem Weg geht, ist u. a. abhängig von der Ausprägung der basalen Motive „Hoffnung auf Erfolg" und „Furcht vor Misserfolg". Die Leistungsmotivation und damit das Aufsuchen von Aufgaben mittlerer Schwierigkeit steigen, je stärker das individuelle Erfolgsmotiv das Misserfolgsmotiv überschreitet.

Zur Messung individueller Ziele wurde der *Fragebogen zu Lebenszielen* (GOALS) von Brunstein und Pöhlmann (1997) eingesetzt. Hier wird die Wichtigkeit von individuellen Zielen in sechs verschiedenen Inhaltsbereichen erfasst: Intimität, Affiliation, Altruismus, Macht, Leistung und Abwechslung.

Bewältigungsstrategien wurden mit dem *Fragebogen zu allgemeiner und proaktiver Stressbewältigung* (Proactive Coping Inventory/PCI) von Schwarzer et al. (2001) erhoben. Der Fragebogen umfasst die Frage nach Ressourcen und Maßnahmen, proaktiv mit antizipierten Belastungen und Stressoren umzugehen.

Andere Skalen wurden u. a. auf Basis der vorgeschalteten Interviewstudie (Josephs und Kettenbach 2011) und anderer Vorstudien selbst konstruiert (Kettenbach et al. 2011). So enthält die Skala *Zufriedenheit* Items zur Zufriedenheit mit den Bereichen: Auftragslage, Entlohnung, Form und Inhalt der Tätigkeit, Berufswahl, Balance zwischen Berufs- und Privatleben, Arbeitszeit und Lebenssituation allgemein. Der Aspekt *Berufserfolg* wurde zum einen durch objektive Kennzahlen wie Umsatz bzw. Bruttoeinkommen und Einkommensentwicklung, zum anderen durch subjektive Bezugsstandards erhoben. Hierbei wurden die Versuchspersonen aufgefordert, sich mit „anderen Personen" zu vergleichen: im Fall von Freelancern beispielsweise mit anderen Freelancern in einem vergleichbaren Tätigkeitsfeld oder bei Angestellten mit Personen mit vergleichbarer Qualifikation.

Zusätzlich wurde die *Satzergänzungsmethode* bei einem Teil der Stichprobe ergänzend zu den quantitativen Fragen eingesetzt (dritte Dimension der Unterschiedlichkeit, s. o.). Es handelt sich hierbei um ein halb-offenes Erhebungsverfahren. Die Versuchspersonen werden durch vorgegebene Satzanfänge (z. B. „Was mir in letzter Zeit zu schaffen macht…") dazu ermuntert, aktuelle selbstbezogene Gedächtnisinhalte zu aktivieren und sie in natürlicher Alltagssprache durch Vervollständigung des Satzanfanges auszudrücken. Der Test wurde in Anlehnung an das etablierte SELE-Verfahren von Dittmann-Kohli (1995) konzipiert, das zur Erfassung von Selbstverständnis und Lebenssinn (SElbst und LEben) im Erwachsenenalter dient.

3.2.2 Stichprobenbeschreibung

Die unterschiedlichen Fragen und Instrumente kamen bei zwei jeweils ca. 30-minütigen Online-Befragungen Ende 2010 und Anfang 2011 zum Einsatz. In der ersten Befragung wurden 290 Freelancer (FL) und Angestellte (A), in der zweiten Untersuchung 193 Freelancer aus dem IT- und Medienbereich untersucht. Die Versuchspersonen (Vpn) beider Befragungen wurden anschließend fusioniert. Die Rekrutierung erfolgte über die Bekanntgabe des Projektes in Online-Foren, sozialen Netzwerken, aber auch direkt durch Kontaktaufnahme mit Organisationen und die Unterstützung durch die Praxispartner des Projektes.

Typische Tätigkeitsfelder im IT-Bereich waren beispielsweise Beratung und Schulung, Forschung und Entwicklung, Service und Support, Programmierung, Administration, Management, Verwaltung und Vertrieb. In der Medien-Branche nahmen Journalisten und Journalistinnen im Bereich Printmedien, TV, Rundfunk und Internet teil, aber auch Beschäftigte in den Feldern Grafikdesign, Webdesign, Foto- und Filmdesign, PR- und Event-Management sowie Medien-Marketing. 328 Freelancer (FL) und 155 Angestellte (A) konnten insgesamt rekrutiert werden. Abbildung 3.1 zeigt die Verteilung der Stichprobe nach Tätigkeitsform (Freelance/Anstellung), Branche, Geschlecht, Alter und Berufserfahrung.

Aufgrund der zweiten Befragung, in der ausschließlich Freelancer beteiligt waren, hat die Stichprobe einen hohen Freelanceranteil. Darüber hinaus zeigt sich, dass in der Stichprobe ein weitgehend ausgewogenes Verhältnis zwischen Frauen und Männern sowie den Bereichen IT und Medien besteht. Bei den Freelancern überwiegt jedoch der Männeranteil, besonders im IT-Bereich, bei den Angestellten der Frauenanteil, besonders im

	Gesamt	FL	FL	FL	A	A	A
		IT	Medien	Gesamt	IT	Medien	Gesamt
Vpn	483	144	184	328	106	48	155
Frauen	226	24	114	138	51	36	88
Männer	257	120	70	190	55	12	67
Alter							
Mittelwert in Jahren	40,9	45,7	44,6	43,2	36,9	35,2	36,3
Standardabweichung	9,7	9,4	9,2	9,2	8,3	8,7	8,4
Berufserfahrung							
Mittelwert in Jahren	9,5	9,5	9,1	9,3	10,8	8,3	9,9
Standardabweichung	7,3	7,7	7,0	7,3	7,2	6,6	7,1

Abb. 3.1 Zusammensetzung der Stichprobe

Medienbereich. Im Hinblick auf das Alter zeigt sich, dass Freelancer im IT-Bereich mit durchschnittlich 46 Jahren deutlich über dem Gesamtaltersdurchschnitt von 41 Jahren liegen. Auch unterscheidet sich das Alter von Angestellten vergleichsweise stark vom Alter der Freelancer.

3.3   Ergebnisse der Onlinestudie

Bei der Datenauswertung kamen zum Teil komplexe inferenzstatistische Auswertungsverfahren (Varianz-, Faktoren- und Regressionsanalysen) zum Einsatz. Zu Erleichterung der Lesbarkeit wird auf die detaillierte Nennung der Verfahren und die Angabe von Kennzahlen und Prüfgrößen weitgehend verzichtet. Bei den nachfolgenden Befunden wird nur dann von Unterschieden oder Zusammenhängen gesprochen, wenn sich statistisch entsprechende Signifikanzen (auf 1 %- oder 5 %-Niveau) oder zumindest Tendenzen (auf 10 %-Niveau) ergeben haben.

3.3.1   Zufriedenheit und Berufserfolg

Vor einer psychologischen Betrachtung soll zunächst ein Blick auf objektive Indikatoren wie Einkommen und Einkommensentwicklung geworfen werden. Im Vergleich zu Angestellten verdienen Freelancer durchschnittlich mehr. Darüber hinaus verdienen Beschäftigte in der IT-Branche deutlich mehr als Beschäftigte in der Medienbranche. Die größten Einkommensunterschiede gibt es innerhalb der Gruppe der Freelancer: IT-Freelancer verdienen deutlich mehr als Freelancer in der Medienbranche. Bei Angestellten sind diese Unterschiede zwar auch vorhanden, aber weniger ausgeprägt. Frauen verdienen insgesamt weniger als Männer, Frauen in der IT-Branche deutlich mehr als Frauen in der Medien-branche.

Zum besseren Verständnis dieser Ergebnisse ist es sinnvoll, die Wochenarbeitszeit zu berücksichtigen, denn hier zeigt sich ein gravierender Unterschied zwischen Frauen und Männern. Zwar haben Angestellte beiderlei Geschlechts mit 38 bis 39 h eine etwa gleich hohe Wochenarbeitszeit, demgegenüber arbeiten aber weibliche Freelancer mit einer deut-lich niedrigeren Wochenarbeitszeit als ihre männlichen Kollegen. Es liegt somit die Ver-mutung nahe, dass weibliche Freelancer wesentlich häufiger in Teilzeit arbeiten als Frauen in einer Festanstellung.

Neben dem Einkommen wurde auch nach der Einkommensentwicklung in den letz-ten Jahren (steigend, stagnierend oder sinkend) gefragt. Dabei haben sich im Schnitt die Einkommen der Angestellten weniger negativ entwickelt als die der Freelancer, für einen beträchtlichen Teil beider Gruppen war jedoch keine wesentliche Veränderung zu ver-zeichnen. Im Hinblick auf die Branche und das Geschlecht zeigen sich hierbei keine Unter-schiede in der Einkommensentwicklung.

Neben den objektiven Indikatoren zeigt sich beim *subjektiven Berufserfolg* kein Unter-schied zwischen Freelancern und Angestellten. Obwohl Freelancer deutlich mehr als An-gestellte verdienen, schätzen sie ihren Berufserfolg im Vergleich zu anderen Personen im selben Tätigkeitsbereich gleich hoch ein.

Es wurden insgesamt neun Aspekte der *Zufriedenheit* erhoben: Zufriedenheit mit der Auftragslage, der Entlohnung, den Inhalten der Tätigkeit, der Form der Tätigkeit, der allgemeinen Lebenssituation, dem beruflichen Werdegang, der Berufswahl, der Balance zwischen Berufs- und Privatleben und der Arbeitszeit. Freelancer sind sowohl mit den In-halten ihrer beruflichen Tätigkeit, der Form ihrer Tätigkeit (Freelance), ihrer Berufswahl als auch insgesamt zufriedener als Angestellte. Probanden der IT-Branche sind zufriede-ner mit ihrer Entlohnung als Probanden in der Medien-Branche. Probanden der Medien-branche sind demgegenüber zufriedener mit den Inhalten ihrer Tätigkeit als Probanden der IT-Branche. Bei allen andern Zufriedenheitsaspekten zeigen sich keine Unterschiede zwischen den beiden Branchen.

Beim Vergleich von Frauen und Männern zeigen sich vier signifikante Unterschiede. Männer sind zufriedener mit ihrer Auftragslage, ihrer Entlohnung, ihrer Berufswahl und ihrer Arbeitszeiteinteilung als Frauen. Weibliche Freelancer sind zufriedener mit ihrer Entlohnung als weibliche Angestellte. Darüber hinaus zeigen sich keine Wechselwirkun-gen im Hinblick auf die drei Aspekte Arbeitsform, Branche und Geschlecht.

3.3.2 Zentrale psychologische Unterscheidungsdimensionen

Zur Untersuchung der ersten Forschungsfrage, inwieweit und ob sich Freelancer und An-gestellte in zentralen psychologischen Dimensionen unterscheiden, wurde eine explorative Faktorenanalyse mit den quantitativen Skalen durchgeführt. Ziel dieses Vorgehens war es, die Menge der aus den Fragebögen resultierenden Informationen zu kondensieren und

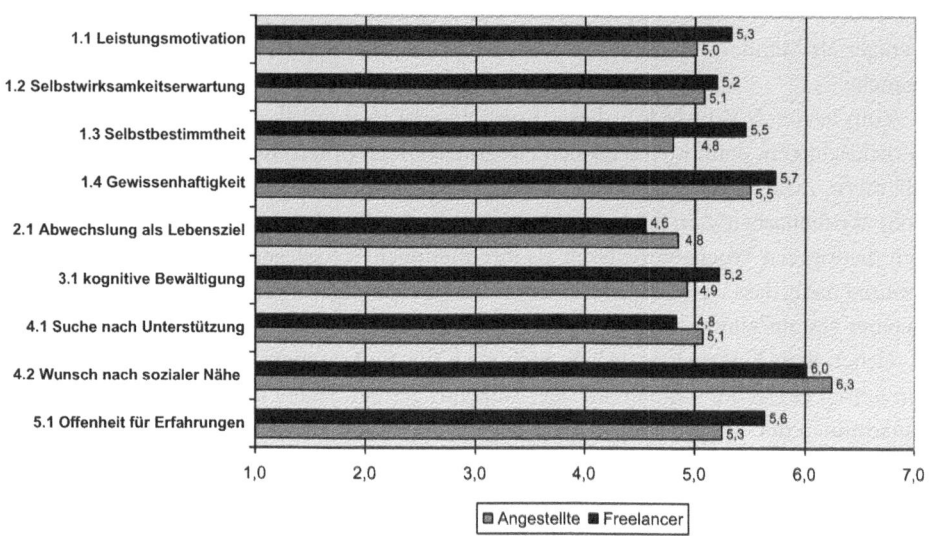

Abb. 3.2 Unterschiede zwischen Freelancern und Angestellten

dabei zentrale Dimensionen herauszufiltern, auf denen sich Freelancer und Angestellte
möglicherweise unterscheiden. Dabei wurden fünf Faktoren extrahiert, die anhand ihrer
höchsten Faktorladungen interpretiert werden konnten: 1. Unter *psychischer Konstitution*
sind Aspekte wie Leistungsmotivation, Selbstwirksamkeitserwartung, emotionale Stabilität und Gewissenhaftigkeit zu verstehen. 2. *Motivationale Konstitution* beinhaltet Aspekte
wie Macht, Affiliation und Abwechslung als Lebensziele. 3. *Bewältigungskompetenz* enthält
neben dem Aspekt der kognitiven Bewältigung auch Aspekte wie strategische Planung und
präventive Bewältigung. 4. *Soziale Orientierung* beinhaltet neben der Suche nach Unterstützung auch das Interesse an Nähe in sozialen Beziehungen. 5. *Offenheit und Unterstützung* schließt neben der Offenheit für neue Erfahrungen auch das Interesse an Weiterentwicklung und Altruismus mit ein.

Die nachfolgende Abbildung zeigt die Ergebnisse auf Basis der Einzelaspekte dieser
fünf psychologischen Dimensionen (Abb. 3.2):

Es zeigt sich, dass Freelancer über eine höhere erfolgsorientierte Leistungsmotivation
verfügen und ihre Selbstbestimmtheit im Sinne ihres beruflichen Handlungsspielraums
höher einschätzen als Angestellte. Im Vergleich zu Angestellten sind sie stärker von ihrer
Selbstwirksamkeit überzeugt, gewissenhafter bei der Ausübung ihrer beruflichen Tätigkeit
und verfügen über eine höhere Bewältigungskompetenz. Darüber hinaus sind sie offener
für neue Erfahrungen. Angestellte sind demgegenüber mehr an Abwechslung in ihrem
Berufs- und Privatleben sowie an Nähe in sozialen Beziehungen interessiert. Weiterhin
suchen sie häufiger soziale Unterstützung als Freelancer. Für die Gruppe der Freelancer
im IT- und Medienbereich gilt somit, dass sie sich insbesondere durch ihre psychische
Konstitution und höhere Planungs- und Bewältigungskompetenzen von Angestellten unterscheiden.

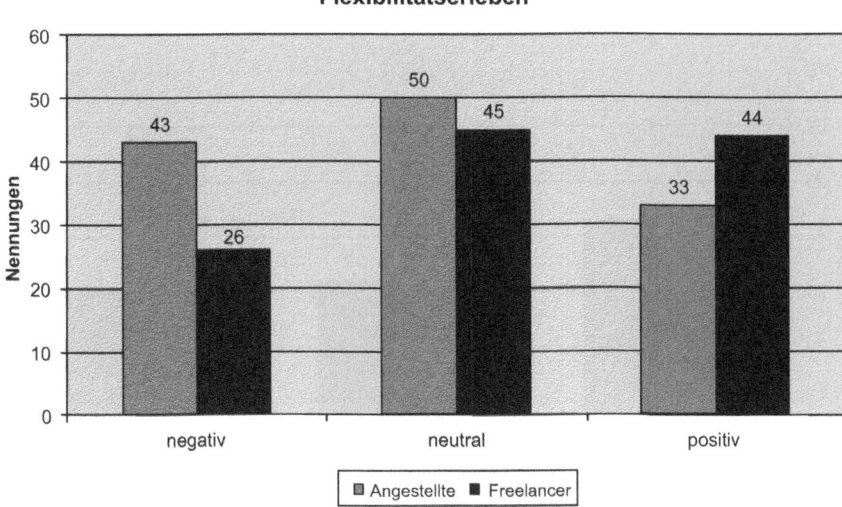

Abb. 3.3   Unterschiede im Flexibilitätserleben von Freelancern und Angestellten

3.3.3   Ergebnisse des Satzergänzungsverfahrens

Inhaltlich befassten sich die Satzergänzungsitems insbesondere mit der speziellen Situation der Freelancer im Spannungsfeld zwischen Flexibilitätsanforderungen einerseits und Stabilitätsbedürfnissen andererseits.

Bei der Frage nach den privaten Zielen der Befragten zeigt sich, dass Angestellte im Vergleich zu Freelancern deutlich mehr Ziele zu Gesundheit und Wohlbefinden sowie Ziele, die sich auf Familie und sonstige soziale Beziehungen beziehen, angeben. Bei der Frage nach beruflichen Zielen antworten Angestellte im Vergleich zu Freelancern mehr mit der Angabe von Lern- und Wachstumszielen (z. B. Weiterentwicklung oder Fortbildung) sowie emotionalen Zielen (z. B. Zufriedenheit, Glück). Neben den privaten und beruflichen Zielen wurde auch danach gefragt, wie die Befragten mit Schwierigkeiten bei der Erreichung beruflicher Ziele umgehen. Im Umgang mit Zielbarrieren können dabei grundsätzlich zwei Zielverfolgungsstrategien unterschieden werden (Brandtstädter 2007): 1. die Fähigkeit, persönliche Ziele in Abhängigkeit von den persönlichen Entwicklungsbedingungen und Lebensumständen zu verfolgen (Assimilation), 2. die Bereitschaft, Ziele an gegebene oder veränderte Handlungsmöglichkeiten anzupassen und blockierte Entwicklungspfade gegebenenfalls zu verlassen (Akkommodation).

Die Ergebnisse unserer Studie zeigten, dass Angestellte häufiger assimilative Zielverfolgungsstrategien verfolgen als Freelancer. Demgegenüber verfolgen Freelancer gleichermaßen akkommodative und assimilative Zielverfolgungsstrategien. Im Hinblick auf den beruflichen Werdegang zeigt sich darüber hinaus, dass Angestellte häufiger einen kontinuierlichen Werdegang haben als Freelancer und Freelancer häufiger einen diskontinuierlichen. Neben unterschiedlichen privaten und beruflichen Zielpräferenzen, Zielverfolgungsstrategien sowie dem beruflichen Werdegang wurde das Erleben der speziellen beruflichen Situation analysiert (Abb. 3.3).

Ausprägung des Stabilitätsbedürfnisses

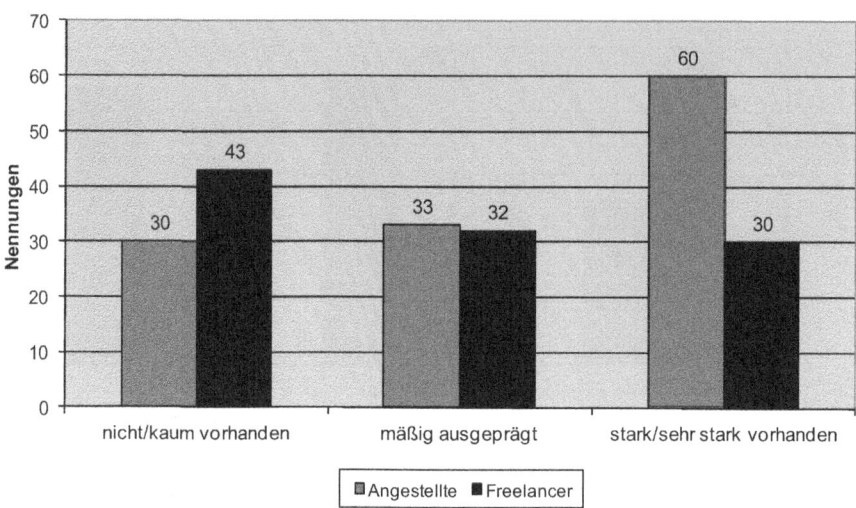

Abb. 3.4 Unterschiedlich Ausprägung des Stabilitätsbedürfnisses von Freelancern und Angestellten

Auf die Frage nach dem Empfinden von Flexibilitätsanforderungen zeigt sich, dass Freelancer die hohen Flexibilitätsanforderungen, die ihre Tätigkeit mit sich bringt, positiver bewerten als Angestellte. Angestellte hingegen empfinden hohe Flexibilitätsanforderungen im Zusammenhang mit ihrer Tätigkeit eher als negativ bzw. belastend. Neben der Frage nach dem Empfinden von Flexibilitätsanforderungen wurde auch nach der Ausprägung des individuellen Stabilitätsbedürfnisses im Sinne von finanzieller Absicherung oder Altersvorsorge gefragt. Es zeigt sich, dass Freelancer im Vergleich zu Angestellten ein deutlich geringer ausgeprägtes Stabilitätsbedürfnis haben. 41 % der befragten Freelancer sprechen sogar davon, dass ein solches Stabilitätsbedürfnis bei ihnen kaum oder gar nicht vorhanden ist (Abb. 3.4).

Ergänzt werden diese Befunde durch die Ergebnisse zum Unsicherheitserleben. Zunächst zeigt sich wie erwartet, dass Freelancer häufiger Unsicherheit in ihrem Berufsalltag erleben als Angestellte. Schaut man sich jedoch die Ergebnisse zur wahrgenommen Belastung der beruflichen Unsicherheit an, so relativieren sich die Ergebnisse. Für Freelancer ist Unsicherheit deutlich weniger belastend als für Angestellte. Insbesondere an den beiden Endpunkten der Skala zeigt sich, dass Freelancer im Vergleich zu Angestellten berufliche Unsicherheit deutlich häufiger als nicht belastend empfinden. Demgegenüber schätzen Angestellte die berufliche Unsicherheit häufig als sehr belastend ein (Abb. 3.5).

Zusammenfassend kann somit festgehalten werden, dass Freelancer im Vergleich zu Angestellten auf der einen Seite zwar hohen Flexibilitätsanforderungen ausgesetzt sind, diese aber als weniger belastend erleben. Auf der anderen Seite haben auch Freelancer ein Bedürfnis nach Stabilität. Es ist jedoch deutlich geringer ausgeprägt als das von Angestellten. Und schließlich belegen die Ergebnisse anschaulich, dass Freelancer das Spannungsfeld zwischen Flexibilitätsanforderungen und Stabilitätsbedürfnissen im Vergleich

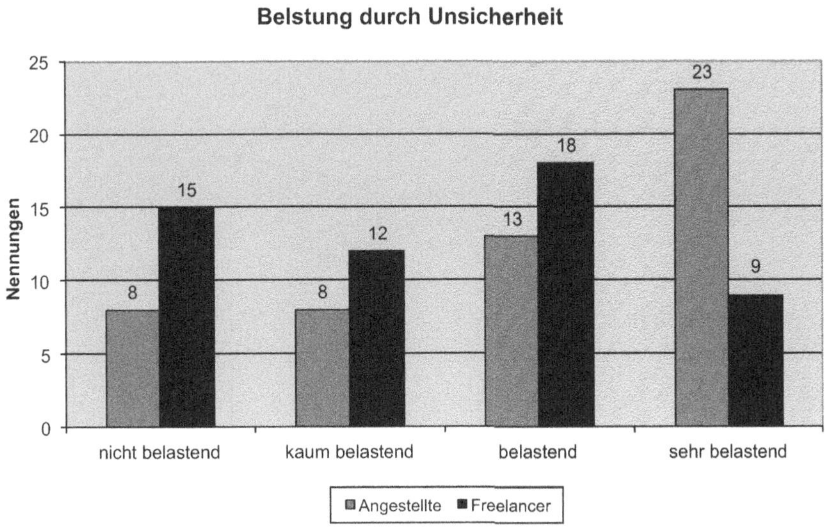

Belstung durch Unsicherheit

Abb. 3.5 Unterschiede in der Belastung durch Unsicherheit von Freelancern und Angestellten

zu Angestellten als deutlich weniger belastend empfinden. Freelancer scheinen sich also mit ihrer speziellen beruflichen Situation positiv arrangiert zu haben und mehrheitlich gut damit zurechtzukommen. Die Daten bestätigen damit insgesamt eher solche Diagnosen, die neue Tätigkeitsformen wie Freelancing als positive Herausforderung denn als Bedrohung für die psychische Gesundheit sehen.

3.3.4 Freelancer: zufrieden und erfolgreich vs. unzufrieden und erfolglos

Um Praxisempfehlungen geben zu können, ist es sinnvoll zu untersuchen, unter welchen Prämissen Freelancer besonders erfolgreich und zufrieden oder besonders erfolglos und unzufrieden sind. Um hierauf eine Antwort geben zu können, wurden Extremgruppen gebildet und anschließend die entsprechenden Profile verglichen. Zur Bildung der Extremgruppen wurden jeweils 10 % der Freelancer ausgewählt, die im oberen und unteren Skalenbereich von *Berufserfolg* und *Zufriedenheit* lagen. Es zeigt sich, dass sich die zufriedenen und erfolgreichen Freelancer von den unzufriedenen und erfolglosen Freelancern deutlich unterscheiden (Abb. 3.6).

Nachfolgend werden die Profilunterschiede in ihren einzelnen Facetten entlang der oben erläuterten fünf Dimensionen ausführlich beschrieben.

Psychische Konstitution Die Dimension *Psychische Konstitution* beinhaltet die vier Aspekte Leistungsmotivation, Selbstwirksamkeitserwartung, emotionale Stabilität und Gewissenhaftigkeit. Unter *Leistungsmotivation* versteht man die allgemeine und relativ überdauernde Tendenz, als wesentlich bewertete Aufgaben mit Energie und Ausdauer bis

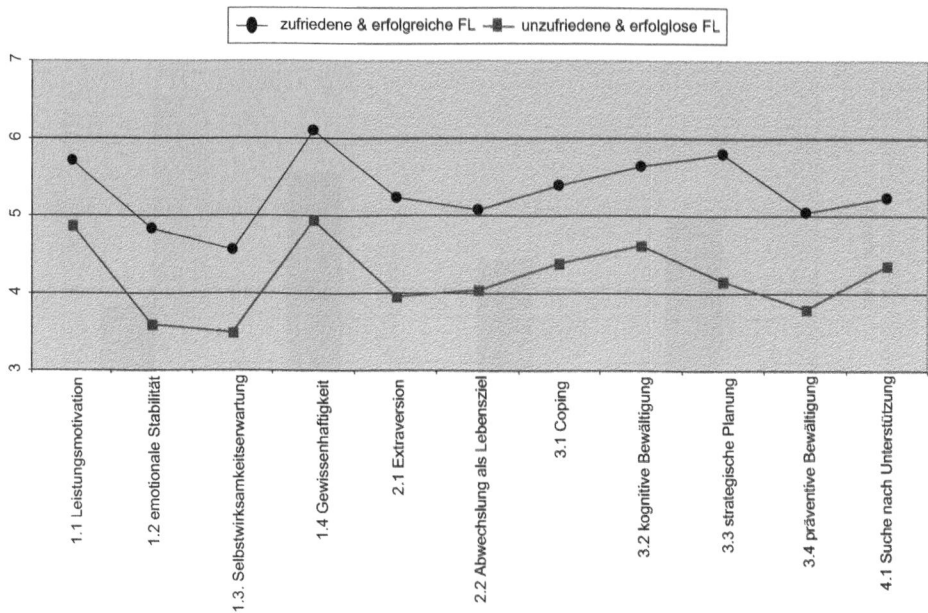

Abb. 3.6 Profilvergleich von Freelancern

zum erfolgreichen Abschluss zu bearbeiten. Ob eine Person eine Leistungshandlung in Angriff nimmt oder ihr aus dem Weg geht, ist u. a. abhängig von der Ausprägung der basalen Motive „Hoffnung auf Erfolg" und „Furcht vor Misserfolg". Das Aufsuchen von Aufgaben adäquater Schwierigkeit steigt, je stärker das individuelle Erfolgsmotiv das Misserfolgsmotiv überwiegt. Leistungsmotivierte Personen bevorzugen herausfordernde Aufgaben, die zielgerichtet sind, einen mittleren Schwierigkeitsgrad haben und eine Rückmeldung über die eigene Leistung ermöglichen. Die Ergebnisse zeigen, dass ein zufriedener und erfolgreicher Freelancer Situationen mag, in denen er feststellen kann, wie gut er ist und in denen er seine Fähigkeiten testen kann. Er fühlt sich zu Arbeiten hingezogen, in denen er die Möglichkeit hat, seine Fähigkeiten zu prüfen und unter Beweis zu stellen. Bei schwierigen Situationen, in denen viel von ihm selbst abhängt, hat er wenig Angst zu versagen. Außerdem lässt er sich von Aufgaben, bei denen er sich unsicher fühlt oder die nur schwer zu bewältigen sind, nicht sofort beunruhigen oder verunsichern.

Selbstwirksamkeitserwartung bezeichnet die generalisierte subjektive Überzeugung, aufgrund eigener Kompetenzen und Fähigkeiten gewünschte Handlungen erfolgreich selbst auszuführen zu können. Eine Person mit einer hohen Selbstwirksamkeitserwartung glaubt daran, selbst etwas zu bewirken und auch in schwierigen Situationen selbstständig handeln zu können. Dabei geht es somit um die eigene Kompetenzeinschätzung im Anblick neuer oder schwieriger Situationen und Barrieren aus allen Lebensbereichen. In der Auseinandersetzung mit alltäglichen Umweltanforderungen stellen die individuellen Selbstwirksamkeitserwartungen eine wichtige personale Ressource dar. Wenn Menschen schwierige Dinge zu bewältigen haben, müssen sie die an sie gestellten Anforderungen im Hinblick auf ihre Kompetenzen einschätzen. Erst dann entscheiden sie sich für eine bestimmte Handlung bzw. Bewältigungsreaktion. Die Selbstwirksamkeitserwartung eines zufriedenen und erfolgreichen Freelancers liegt über der eines unzufriedenen und erfolglosen Freelancers. Wenn sich Widerstände auftun, ist ersterer zuversichtlich Mittel und Wege zu finden, um sich durchzusetzen. Wenn er sich bemüht, gelingt ihm meistens die Lösung schwieriger Probleme. Es bereitet ihm kaum Schwierigkeiten, seine Absichten und Ziele zu verwirklichen und für jedes Problem eine Lösung zu finden. In unerwarteten Situationen weiß er, wie er sich verhalten soll, und er ist zuversichtlich, mit überraschenden Ereignissen gut zurechtzukommen. Er sieht Schwierigkeiten gelassen entgegen, weil er auf seine Fähigkeiten vertraut. Wenn neue Aufgaben auf ihn zukommen, weiß er, wie er damit umgehen kann und wie er mögliche Probleme aus eigener Kraft meistern kann.

Emotionale Stabilität ist die ausgeprägte Fähigkeit zur Kontrolle der eigenen Emotionen. Emotional stabile Personen zeigen ausgeglichene und wenig sprunghafte emotionale Reaktionen sowie die Fähigkeit zur raschen Überwindung von Misserfolgen und Rückschlägen. Die emotionale Stabilität einer Person gibt somit Auskunft darüber, wie ängstlich, reizbar, depressiv, befangen, impulsiv und verletzlich sie generell im Vergleich zu anderen ist. Personen mit einer hohen emotionalen Stabilität sind eher ruhig, zufrieden, stabil, entspannt und sicher. Sie erleben seltener negative Gefühle. Die emotionale Stabilität von zufriedenen und erfolgreichen Freelancern liegt deutlich über der von unzufriedenen und erfolglosen Freelancern. So machen sich erstere beispielsweise seltener Sorgen und werden weniger leicht nervös. Zudem sind sie entspannter und können gut mit Stress umgehen.

Der Aspekt *Gewissenhaftigkeit* bezieht sich auf das Arbeitsverhalten einer Person. Personen mit hohen Gewissenhaftigkeitswerten handeln organisiert, sorgfältig, planend, effektiv, verantwortlich, zuverlässig und überlegt. Ein Vergleich der beiden Extremgruppen zeigt, dass erfolgreiche und zufriedene Freelancer im Vergleich zu unzufriedenen und erfolglosen Freelancern gründlicher arbeiten, sich selbst als weniger faul einschätzen und ihre Aufgaben wirksamer und effizienter erledigen.

Motivationale Konstitution Die Dimension *Motivationale Konstitution* beinhaltet die drei Lebensziele Macht, Affiliation und Abwechslung sowie die Persönlichkeitseigenschaft Extraversion. Grundsätzlich werden *Lebensziele* als Ziele betrachtet, die auf einer abstrakten Zielebene angesiedelt sind und den Charakter von Oberzielen besitzen sowie Orientierungspunkte für die individuelle Lebensgestaltung liefern. Grundlegend ist dabei die Auffassung, dass das Streben nach Lebenszielen dem Handeln von Menschen Struktur und Bedeutung verleiht. Personen, die das *Lebensziel Macht* haben, ist es wichtig Macht ausüben zu können, einen hohen sozialen Status zu besitzen, öffentliche Anerkennung zu erringen und prestigereiche Positionen einzunehmen. Für das Lebensziel Macht zeigt sich, dass sich zufriedene und erfolgreiche Freelancer nicht von unzufriedenen und erfolglosen Freelancern unterscheiden. So ist es beiden Extremgruppen nicht wichtig, Macht ausüben zu können und öffentliche Anerkennung zu gewinnen. Außerdem ist der Besitz eines hohen sozialer Status und die Einnahme einer prestigereichen Position unwichtig.

Affiliation bezeichnet das intrinsische Bedürfnis des Menschen nach Nähe zu anderen Menschen. Personen mit dem *Lebensziel Affiliation* ist es wichtig, viel unter Menschen zu sein, einen großen Bekanntenkreis zu haben, viel mit anderen Menschen zusammen zu unternehmen und viele soziale Kontakte zu haben. Auch hier zeigen sich keine Unterschiede. Beiden Gruppen ist ein großer Bekanntenkreis wichtig, wie auch mit anderen Menschen etwas zu unternehmen und viele soziale Kontakte zu haben. Beim *Lebensziel Abwechslung* stehen die Aspekte Aufregung, Spannung und neue Erfahrungen im Mittelpunkt. Personen, die dieses Lebensziel verfolgen, ist es wichtig ein spannendes Leben zu führen, Abenteuer zu erleben, das Leben aus vollen Zügen zu genießen und ein aufregendes Leben zu führen. Im Vergleich zu den anderen beiden Lebenszielen zeigt sich hier ein deutlicher Unterschied. Zufriedenen und erfolgreichen Freelancern ist es wichtig, ein spannendes Leben zu führen, Abenteuer zu erleben und ein aufregendes Leben zu führen. Es bedeutet Ihnen insgesamt viel, das Leben aus vollen Zügen zu genießen. *Extraversion* beschreibt die soziale Aktivität und das zwischenmenschliche Verhalten von Personen. Sie wird auch Begeisterungsfähigkeit genannt und ist der Introversion gegenübergestellt. Personen mit hohen Extraversionswerten sind gesellig, aktiv, gesprächig, personenorientiert, herzlich, optimistisch und heiter. Sie sind zudem empfänglich für Anregungen und Aufregungen. Introvertierte Personen sind demgegenüber zurückhaltend bei sozialen Interaktionen, gerne allein und unabhängig. Sie können auch sehr aktiv sein, aber weniger in Gesellschaft. Die Ergebnisse zeigen, dass zufriedene und erfolgreiche Freelancer kommunikativer und gesprächiger sind als unzufriedene und erfolglose Freelancer.

Bewältigungskompetenz Zur Dimension *Bewältigungskompetenz* gehört neben der kognitiven und präventiven Bewältigung sowie der strategischen Planung auch das Coping allgemein. Grundsätzlich kann *Coping* als eine Vielzahl von Strategien und Verhaltensweisen verstanden werden, die der Auseinandersetzung und Bewältigung mit Stressoren und belastenden Ereignissen und Erlebnissen dienen. Beim Vergleich der beiden Extremgruppen zeigt sich, dass erfolgreiche und zufriedene Freelancer in ihrem Copingverhalten den unzufriedenen und erfolglosen Freelancern überlegen sind. Sie malen sich ihre Wunschträume genau aus, um sie zu verwirklichen. Es kann sie nichts aufhalten, wenn sie sich etwas vorgenommen haben. Sie konzentrieren sich für ihren Erfolg auf das, was wesentlich für sie ist und lassen sich dabei nicht ablenken. Sie arbeiten sich nach oben, auch wenn der Weg steinig ist und haben Freude daran, die Qualität ihrer Arbeit zu verbessern. Darüber hinaus suchen sie sich gerne Herausforderungen und gehen dafür auch Wagnisse ein. Schließlich suchen sie sich eine neue und größere Herausforderung, wenn sie ein Ziel erreicht haben. Die Skala *kognitive Bewältigung* beschreibt die Simulation und kognitive Abwägung einer Vielzahl von möglichen Verhaltensalternativen bei auftretendem Stress. Es schließt Problemanalysen und das Generieren von hypothetischen Aktionsplänen zur Reduktion antizipierter Belastungen ein. Zeitlich eingeordnet liegt die kognitive Bewältigung zwischen der Intention zum Handeln und dem Einleiten der stressreduzierenden Handlung. Kognitive Bewältigung kann der strategischen Planung vorausgehen. Es handelt sich um eine rationale und problemorientierte Bewältigungsstrategie. Die Ergebnisse zeigen, dass zufriedene und erfolgreiche Freelancer sowohl in der kognitiven und präventiven Bewältigung als auch in der strategischen Planung überlegen sind. Sie gehen Probleme an, indem sie sich verschiedene Handlungsmöglichkeiten überlegen. Bevor sie ein Problem anpacken, stellen sie sich erfolgreiche Problemlösungen und mögliche Konsequenzen vor.

Bei der *strategischen Planung* liegt der Fokus auf dem Prozess der zielorientierten Handlungsplanerstellung. Umfangreiche Aufgaben werden dabei in Abhängigkeit von verfügbaren Ressourcen wie Zeit oder Expertise in kleinere, zu bewältigende Komponenten aufgeteilt, was der Stressbewältigung dient. Diese kognitive Fähigkeit ist essentiell im Umgang mit Anforderungen jeglicher Art. Strategisches Planen ist eine kognitive Leistung, welche das Coping wesentlich verbessern kann. Zeitlich gesehen folgt es der kognitiven Bewältigung, die im Vergleich mit dem Planen weniger endgültig ist. Hier zeigt sich in den Ergebnissen die Überlegenheit der zufriedenen und erfolgreichen Freelancer darin, dass sie sich mehrheitlich einen Plan machen und danach vorgehen. Sie lösen berufliche Probleme Schritt für Schritt und konzentrieren sich auf die wesentlichen Dinge. *Präventive Bewältigung* meint die Kognitionen und Verhaltensweisen, mit denen potentielle Stressoren antizipiert werden, sowie die Bewältigungsmaßnahmen, die eingeleitet werden, bevor der Stressor sich voll ausbildet. Individuell fließen dabei die Erfahrung, Voraussicht oder bereits erworbenes Wissen einer Person bezüglich der Stressbewältigung ein. Optimale präventive Bewältigung kann dazu führen, dass der Stressor überhaupt nicht auftritt. Die Ergebnisse zeigen, dass erfolgreiche und zufriedene Freelancer zur präventiven Bewältigung von Aufgaben und Herausforderungen Vorkehrungen für die Zukunft treffen. Schon bevor etwas Schlimmes eintritt, sind sie auf die Folgen oder mögliche Schicksalsschläge vorbereitet und wappnen sich für die Zukunft.

Soziale Orientierung Die Dimension *Soziale Orientierung* beinhaltet neben der sozialen Orientierung selbst das Lebensziel nach sozialer Nähe und die Persönlichkeitseigenschaft Verträglichkeit. *Soziale Unterstützung* hat eine wichtige Bedeutung für den Erhalt von Gesundheit und für die Bewältigung von Stress. Die Wahrnehmung von sozialer Unterstützung stellt eine Ressource dar, die von vornherein die kognitive Einschätzung von Stress mitbestimmt und die Stressbewältigung mit beeinflusst. Das Gefühl, sozial gut eingebettet zu sein und auf die Hilfe anderer vertrauen zu können, stärkt die eigene Handlungsbereitschaft und wirkt emotional stabilisierend, um adäquat mit kritischen Anforderungen oder dem Lebensstress allgemein umgehen zu können. Dabei gilt die Mobilisierung und Inanspruchnahme von sozialer Unterstützung selbst als Bewältigungsstrategie, deren Erfolg u. a. davon abhängt, wie kompetent jemand sein soziales Netzwerk aktivieren kann und wie verlässlich die zwischenmenschlichen Beziehungen sind. Die Ergebnisse zeigen, dass zufriedene und erfolgreiche Freelancer mehr auf soziale Unterstützung zurückgreifen als unzufriedene und erfolglose Freelancer. So vertrauen sie darauf, dass sie Menschen haben, auf die sie sich verlassen können und die ihnen Hilfe anbieten, wenn sie diese brauchen. Bevor ihnen Probleme über den Kopf wachsen, versuchen sie beispielsweise ihre Gedanken mit Hilfe von Freunden zu ordnen. Es hilft ihnen, wenn andere Leute ihre Sichtweise auf ihr Problem darstellen. Sie sind zuversichtlich, dass ihnen andere helfen, wenn ihnen alles zu viel wird. Und sie wissen, auf wen sie zählen können, wenn es drauf ankommt.

Das *Lebensziel nach sozialer Nähe* thematisiert den Aspekt, enge, vertrauensvolle Beziehungen zu anderen Menschen zu haben. Personen mit diesem Lebensziel ist es wichtig, eine tiefgehende Beziehung zu haben, Zuneigung und Liebe zu geben, vertrauensvolle Beziehungen zu anderen Menschen einzugehen und Zuneigung und Liebe zu erhalten. Die

Ergebnisse zeigen, dass es zufriedenen und erfolgreichen Freelancern vor allem wichtig ist, Zuneigung und Liebe zu geben. Keine Unterschiede zu unzufriedenen und erfolglosen Freelancern zeigen sich jedoch darin, grundsätzlich tiefgehende und vertrauensvolle Beziehungen zu haben sowie Zuneigung und Liebe zu erhalten.

Verträglichkeit ist in erster Linie eine Persönlichkeitseigenschaft, die interpersonelles Verhalten beschreibt. Ein zentrales Merkmal von Personen mit hohen Verträglichkeitswerten ist ihr Altruismus. Sie begegnen anderen mit Verständnis, Wohlwollen und Mitgefühl. Sie sind bemüht, anderen zu helfen, und überzeugt, dass diese sich ebenso hilfsbereit verhalten werden. Sie neigen zu zwischenmenschlichem Vertrauen, zur Kooperativität und zur Nachgiebigkeit. Personen mit niedrigen Verträglichkeitswerten beschreiben sich im Gegensatz dazu als antagonistisch, egozentrisch und misstrauisch gegenüber den Absichten anderer Menschen. Sie verhalten sich eher kompetitiv als kooperativ. Somit scheint die verträgliche Seite der Dimension eindeutig sozial erwünschter zu sein. Dennoch darf nicht vergessen werden, dass die Fähigkeit, für eigene Interessen zu kämpfen, in vielen Situationen – vor allem für Freelancer – hilfreich ist. So ist Verträglichkeit im Gerichtssaal nicht unbedingt eine Tugend, und in Wissenschaft und Forschung helfen Misstrauen und Skepsis, den Problemen auf den Grund zu gehen. Die Ergebnisse zeigen im Hinblick auf Verträglichkeit, dass sich zufriedene und erfolgreiche Freelancern kaum von unzufriedenen und erfolglosen Freelancern unterscheiden. Zufriedene und erfolgreiche Freelancer haben lediglich höherer Werte bei dem Aspekt, anderen Personen verzeihen zu können.

Offenheit und Unterstützung Die Dimension *Offenheit und Unterstützung* schließlich umfasst die beiden Lebensziele Altruismus und Leistung sowie die Persönlichkeitseigenschaft Offenheit. Personen, denen das *Lebensziel Altruismus* wichtig ist, setzten sich für andere ein, handeln uneigennützig, tun Gutes und helfen anderen Menschen, die in Not sind. Die Ergebnisse zeigen keine Unterschiede zwischen den beiden Freelancergruppen. Personen mit dem *Lebensziel Leistung* ist es wichtig, sich kontinuierlich fortzubilden, ihren eigenen geistigen Horizont zu erweitern, sich ständig zu verbessern und ihre Fähigkeiten insgesamt weiterzuentwickeln. Zufriedenen und erfolgreichen Freelancern ist es vor allem wichtig, sich ständig zu verbessern. Keine Unterschiede zu unzufriedenen und erfolglosen Freelancern zeigen sich jedoch darin, sich grundsätzlich fortzubilden, den Horizont zu erweitern und seine Fähigkeiten weiterzuentwickeln.

Mit *Offenheit* werden das Interesse und das Ausmaß der Beschäftigung mit neuen Erfahrungen, Erlebnissen und Eindrücken zum Ausdruck gebracht. Personen mit hohen Offenheitswerten geben häufig an, dass sie ein reges Fantasieleben haben, ihre positiven und negativen Gefühle deutlich wahrnehmen sowie an vielen persönlichen und öffentlichen Vorgängen interessiert sind. Sie beschreiben sich als wissbegierig, intellektuell, fantasievoll, experimentierfreudig und künstlerisch interessiert. Sie sind eher dazu bereit, bestehende Normen kritisch zu hinterfragen und auf neuartige soziale, ethische und politische Wertvorstellungen einzugehen. Sie sind unabhängig in ihrem Urteil, verhalten sich häufig unkonventionell, erproben neue Handlungsweisen und bevorzugen Abwechslung. Personen mit niedrigen Offenheitswerten neigen demgegenüber eher zu konventionellem Verhalten und zu konservativen Einstellungen. Sie ziehen Bekanntes und Bewährtes dem Neuen vor und nehmen ihre emotionalen Reaktionen eher gedämpft wahr. Die Ergebnisse zeigen, dass es kaum Unterschiede im Hinblick auf den Aspekt Offenheit gibt. Beide Gruppen schätzen gleichermaßen künstlerische Erfahrungen und haben eine lebhafte Fantasie. Zufriedene und erfolgreiche Freelancer sind jedoch wissbegieriger als unzufriedene und erfolglose Freelancer.

3.4 Diskussion

3.4.1 Zusammenfassung der Projektergebnisse

Wie einleitend bereits ausgeführt wurde, umfasste unser Teilprojekt eine Interview- und eine Onlinestudie. In der *Interviewstudie* zeigte sich, dass Freelancer eine relativ hohe Zufriedenheit vor allem mit der Form und dem Inhalt ihrer Tätigkeit haben. Dabei sind ihnen das eigenverantwortliche Arbeiten und die immer wieder neuen Aufgaben, denen sie begegnen, besonders wichtig. Im Hinblick auf die Tätigkeitsfelder im IT-Bereich, im klassischen Journalismus und im Gestaltungs- und PR-Medienbereich finden sich deutliche Gruppenunterschiede. Freelancer sind also nicht alle gleich, sondern unterscheiden sich im Hinblick auf ihre Bedürfnisse, Belastungen, Ressourcen und Ziele. Es lassen sich branchenspezifische „Freelancer-Typen" skizzieren. Freelancer im IT-Bereich erscheinen dabei als die *unaufgeregt Rationalen* mit einer abgewogenen und erfolgreich verlaufenden Kosten-Nutzen-Bilanz auf allen Ebenen. Die Journalisten kommen *intrinsisch motivierten Überzeugungstätern* gleich, die trotz hoher psychischer und ökonomischer Kosten „an der Sache dranbleiben". Freelancer im Bereich Gestaltung und PR hingegen entsprechen *flexiblen Individualisten*: Berufs- und Privatleben gehen ineinander über, Flexibilität gehört zum Kerngeschäft und ist ihnen affin.

In der *Onlinestudie* wurden neben Freelancern auch Angestellte aus dem IT- und Medienbereich als Kontrollgruppe befragt. Es zeigen sich deutliche Unterschiede zwischen beiden Zielgruppen. Freelancer, die deutlich mehr als Angestellte im gleichen Tätigkeitsbereich verdienen, sind insgesamt zufriedener mit Aspekten ihres beruflichen Lebens. Im Vergleich zu Angestellten sind sie stärker von ihrer Selbstwirksamkeit überzeugt, erfolgsmotivierter und emotional stabiler, aber weniger sozial orientiert. Darüber hinaus zeichnen sie sich durch eine höhere Gewissenhaftigkeit, mehr Selbstbestimmtheit sowie eine höhere Planungs- und Bewältigungskompetenz aus. Die Daten bestätigen damit insgesamt eher solche Diagnosen, die neue Tätigkeitsformen wie Freelancing als positive Herausforderung denn als Bedrohung für die psychische Gesundheit sehen.

Neben diesen Befunden, die auf den quantitativen Fragen der Onlinestudie basieren, zeigen auch die Ergebnisse der offenen Fragen des Satzergänzungsverfahrens, dass sich Freelancer im Umgang mit dem Spannungsfeld zwischen Flexibilität und Stabilität deutlich von Angestellten unterscheiden. Zum einen zeigt sich, dass Freelancer nicht wie Angestellte vermehrt einseitig auf assimilative Zielverfolgungsstrategien zurückgreifen, sondern sich vielmehr gleichermaßen assimilativer und akkommodativer Zielverfolgungsstrategien bedienen. Sie können somit flexibler auf Veränderungen in ihrem Umfeld reagieren als Angestellte. Zum anderen erleben Freelancer berufliche Unsicherheit häufiger als

Angestellte. Sie fühlen sich dadurch allerdings weniger belastet. Hohe Flexibilitätsanforderungen bewerten sie im Vergleich zum Angestellten eher als positive Herausforderung und Chance. Das Bedürfnis nach Stabilität im Berufsleben ist dementsprechend niedriger ausgeprägt als bei Angestellten. Viele berufliche Unsicherheitsfaktoren, hohe Flexibilitätsanforderungen und nicht vorhandene Stabilität hängen demnach offenbar nicht mit der privaten Lebensgestaltung und ihrer Zufriedenheit zusammen. Insgesamt zeigen sich somit auf Basis der Ergebnisse der Onlinestudie deutliche Unterschiede zwischen Freelancern und Angestellten.

Zusätzlich zu diesem Gesamtgruppenvergleich wurden die Profile von zufriedenen und erfolgreichen im Vergleich zu unzufriedenen und erfolglosen Freelancern verglichen. Hier zeigt sich, dass zufriedene und erfolgreiche Freelancer sehr leistungsmotiviert sind und herausfordernde Situationen, in denen sie ihre Fähigkeiten und Kompetenzen unter Beweis stellen können, bevorzugen. Ihre ausgeprägte Selbstwirksamkeitsüberzeugung befähigt sie dazu, ihre Absichten und Ziele zu verwirklichen sowie für auftretende Probleme kompetente Lösungen zu finden. Im Vergleich zu unzufriedenen und erfolglosen Freelancern verfügen sie über eine höhere emotionale Stabilität und mehr Gewissenhaftigkeit im Zusammenhang mit der Ausübung ihrer beruflichen Tätigkeit. Weiterhin sind zufriedene und erfolgreiche Freelancer kommunikativer und gesprächiger als unzufriedene und erfolglose Freelancer. Darüber hinaus haben sie insgesamt eine besseren Planungs- und Bewältigungskompetenz, die sich sowohl durch eine höhere kognitive und präventive Bewältigungskompetenz als auch durch eine bessere strategische Planung auszeichnet. Und schließlich verfügen zufriedene und erfolgreiche Freelancer über eine höhere soziale Orientierung sowie mehr Offenheit für neue Erfahrungen. Sie greifen dabei zum einen mehr auf soziale Unterstützung zurück und vertrauen auf die Hilfe sowie den Rat anderer Personen in ihrem Umfeld. Zum anderen ist es zufriedenen und erfolgreichen Freelancern vor allem wichtig, sich ständig weiter zu verbessern und sich neues Wissen anzueignen.

3.4.2 Praxisempfehlungen

Es stellt sich abschließend die Frage, was Freelancer für sich aus der Studie mitnehmen können. Wie die Ergebnisse der Interviewstudie (Josephs und Kettenbach 2011) aufgezeigt haben, sind je nach Branche und Tätigkeitsfeld die Anforderungen für den einzelnen Freelancer sicherlich sehr unterschiedlich. So unterscheiden sich beispielsweise die Tätigkeitsfelder und Aufgaben von Journalisten deutlich von denen eines Webdesigners oder eines PR-Fachmannes, und auch innerhalb des IT-Bereichs sind die Aufgaben und Verantwortungsbereiche für den jeweiligen Freelancer sehr heterogen. Daher müssen die generellen Ergebnisse vor dem Hintergrund der jeweiligen Branche und Tätigkeitsbereiche relativiert werden. Dennoch zeigt die Online-Studie, dass es deutliche Unterschiede zwischen Freelancern und Angestellten einerseits sowie erfolgreichen und zufriedenen Freelancern und erfolglosen und unzufriedenen Freelancern andererseits gibt, die unabhängig von der jeweiligen Branchenzugehörigkeit sind.

	ja	nein
1. Fühlen Sie sich zu Arbeiten hingezogen, in denen Sie die Möglichkeit haben, Ihre Fähigkeiten zu prüfen und unter Beweis zu stellen?		
2. Haben Sie auch bei schwierigen Situationen keine Angst zu versagen und lassen sich nicht beunruhigen oder verunsichern?		
3. Können Sie Schwierigkeiten gelassen entgegen treten, weil Sie auf Ihre Fähigkeiten vertraut?		
4. Sind Sie bei neuen Aufgaben zuversichtlich mögliche Probleme aus eigener Kraft zu meistern?		
5. Würden Sie sich eher als eine ruhige, entspannte und sichere Person bezeichnen, die sich selten Sorgen macht?		
6. Ist es Ihnen wichtig, ein abwechslungsreiches, spannendes Leben zu führen und das Leben aus vollen Zügen zu genießen?		
7. Gehen Sie Probleme an, indem sie sich verschiedene Handlungsmöglichkeiten überlegen und sich mögliche Konsequenzen vorstellen?		
8. Treffen Sie im Vorfeld von Herausforderungen schon Vorkehrungen und wappnen sich für mögliche Schwierigkeiten in der Zukunft?		
9. Machen Sie sich bei Ihrer Tätigkeit Pläne nach denen Sie vorgehen und lösen Sie Probleme Schritt für Schritt, indem Sie sich auf die wesentlichen Dinge konzentrieren?		
10. Vertrauen Sie darauf, dass Sie Menschen haben, auf die sie sich bei Schwierigkeiten verlassen können, und sind Sie zuversichtlich, dass Ihnen andere helfen, wenn Ihnen alles zu viel wird?		
11. Ist es Ihnen wichtig, sich ständig zu verbessern und Ihre Fähigkeiten weiter auszubauen?		
12. Stellen häufig wechselnde Flexibilitätsanforderungen für Sie eine willkommene Abwechslung dar?		
13. Ändern Sie Ihre ursprünglichen Ziele bereitwillig bei gravierenden beruflichen Schwierigkeiten?		
14. Ist Ihr Stabilitätsbedürfnis im Hinblick auf finanzielle Absicherung und Altersvorsorge eher niedrig aufgeprägt?		
15. Stellt berufliche Unsicherheit (z.B. Auftragsschwankungen) eine eher geringe Belastung für Sie dar?		

Abb. 3.7 Exemplarische Checkliste

Unsere Daten geben empirisch fundierte Hinweise darauf, welche Kompetenzen, Ressourcen und Voraussetzungen ein Freelancer ganz generell mitbringen sollte, um im Spannungsfeld zwischen ständig steigenden Flexibilitätsanforderungen und persönlichen Stabilitätsbedürfnissen bestehen zu können. Um als Freelancer zufrieden und erfolgreich zu sein, ist das Vorhandensein unterschiedlicher Persönlichkeitseigenschaften, Motive und Verhaltensweisen – neben den selbstverständlich vorausgesetzten fachlichen Kompetenzen – hilfreich. Kann man beispielsweise in der nachfolgenden Checkliste die fünfzehn exemplarischen Items mehrheitlich mit „ja" beantworten, so dürfte Freelancing als Tätigkeitsform zumindest nicht ausgeschlossen sein (Abb. 3.7).

Literatur

Brandtstädter J (2007) Das flexible Selbst: Selbstentwicklung zwischen Zielbindung und Ablösung. Heidelberg

Brunstein C, Pöhlmann K (1997) GOALS: Ein Fragebogen zur Messung von Lebenszielen. Diagnostica 43:63–79

Costa PT, McCrae RR (1985) The NEO personality inventory manual. Odessa

Dittmann-Kohli F (1995) Das SELE-Verfahren: Eine neue Methode zur Erhebung und Analyse von Selbstbeschreibungen. In: König E, Zedler P (Hrsg) Bilanz qualitativer Forschung. Weinheim, S 101–132

Gerlitz J-Y, Schupp J (2005) Zur Erhebung der Big-Five-basierten Persönlichkeitsmerkmale im SOEP Dokumentation der Instrumentenentwicklung BFI-S auf Basis des SOEP-Pretests 2005. DIW Research Notes 4, Berlin

Josephs I, Kettenbach A (2011) Sind Freelancer alle gleich? Bedürfnisse, Belastungen und Ressourcen von Soloselbständigen im Medien- und IT-Bereich aus psychologischer Sicht. In: Kaiser S, Süß S, Josephs I (Hrsg) Freelancer als Forschungsgegenstand und Praxisphänomen: Betriebswirtschaftliche und psychologische Perspektiven. Frankfurt a. M., S 9–20

Kaiser S, Süß S, Josephs I (2011) (Hrsg) Freelancer als Forschungsgegenstand und Praxisphänomen: Betriebswirtschaftliche und psychologische Perspektiven. Frankfurt a. M.

Kettenbach A, Josephs I, Heidbrink H (2011) Motivation, Ziele Persönlichkeit: Unterschiede zwischen Freelancern und Angestellten aus psychologischer Perspektive. In: Kaiser S, Süß S, Josephs I (Hrsg) Freelancer als Forschungsgegenstand und Praxisphänomen: Betriebswirtschaftliche und psychologische Perspektiven. Frankfurt a. M., S 21–34

Lang JWB, Fries S (2006) A revised 10-Item version of the achievement motives scale: psychometric properties in German-speaking samples. Eur J Psychol Assess 22(3):216–224

McAdams DP (2009) The person: an introduction to the science of personality psychology. New York

McAdams DP, Pals JL (2006) A new big five: fundamental principles for an integrative science of personality. Am Psychol 61:204–217

Schwarzer R, Greenglass E, Taubert S (2001) PCI – Fragebogen zu allgemeiner und proaktiver Stressbewältigung. Deutsche Testversion 1 (2000) des Proactive Coping Inventory. http://userpage.fu-berlin.de/~health/pcigerman1.htm. Zugegriffen: 06. Juli 2011

Das Phänomen Freelancer aus organisationaler Perspektive

4

Stephan Kaiser, Ulrike Bonss und Inga Rössing

Der Einsatz von Freelancern bringt aus Sicht der Unternehmen primär einen Gewinn an Flexibilität, da sich hierdurch spezifische Kompetenzen ad hoc am Markt beschaffen lassen. Dies ist essentiell für die Bewältigung dynamischer Umfelder. Unternehmen können durch den Einsatz von Freelancern beispielsweise die Anzahl der Beschäftigten kurzfristig an Nachfrageschwankungen anpassen (numerische Flexibilität) oder durch den Zugriff auf externes Expertenwissen neue Aufgabenanforderungen und Problemstellungen schneller bewältigen als es durch den Aufbau interner Kompetenzen möglich wäre (funktionale Flexibilität) (Kaiser und Roßbach 2003; Kaiser et al. 2007; Atkinson 1984). Damit ist die Zusammenarbeit mit Freelancern Bestandteil eines Trends hin zu flexiblen Organisationsstrukturen, der spätestens seit Beginn der 90er Jahre, unter anderem, aufgrund der gestiegenen Wettbewerbsintensität durch die Öffnung globaler Märkte, immer deutlicher in Erscheinung tritt (D'Aveni 1998; Hitt et al. 1998). Für Unternehmen ergeben sich daraus zahlreiche Herausforderungen. Die Leistungserstellung findet aufgrund des Dienstleistungscharakters in den meisten Fällen in Interaktion mit anderen Beschäftigten statt. Der Einsatz des Freelancers bedarf deshalb der Integration mit den vorhandenen internen Beschäftigten oder anderen externen Leistungserstellern. Hierbei geht es zunächst um die Koordination, d. h. die zeitliche und örtliche Abstimmung des Einsatzes des externen Mitarbeiters mit den Aufgaben anderer Beschäftigter, aber auch ganz allgemein um das Management und die Führung intern-extern gemischter Teams. Hierzu liegen in der betriebswirtschaftlichen wissenschaftlichen Literatur bisher so gut wie keine nennenswerten Erkenntnisse vor.

S. Kaiser (⊠) · U. Bonss · I. Rössing
Institut für Entwicklung Zukunftsfähiger Organisationen, Universität
der Bundeswehr München, Werner-Heisenberg-Weg 39,
85577, Neubiberg, Deutschland
E-Mail: Stephan.Kaiser@unibw.de

S. Kaiser et al. (Hrsg.), *Arbeits- und Beschäftigungsformen im Wandel*,
DOI 10.1007/978-3-658-00331-9_4, © Springer Fachmedien Wiesbaden 2013

Eine weitere zentrale Herausforderung ist mit der Frage verbunden, wie mit dem Wissen des Freelancers umzugehen ist. Zunächst steht die Annahme im Raum, dass Unternehmen daran Interesse haben müssten, das externe Wissen zu internalisieren. Hiermit in Verbindung stehen alle Maßnahmen des Wissenstransfers (Matusik und Hill 1998), um dadurch die Innovationsleistung des Unternehmens zu verbessern (Storey et al. 2002). Gleichzeitig ist jedoch auch der Abfluss strategischen Wissens zu kontrollieren, auch dann, wenn die Chance des Wissenszuwachses die Gefahr des Wissensabflusses in dynamischen Umfeldern grundsätzlich überwiegen mag. Darüber hinaus finden sich auch Argumente dafür, dass nicht das gesamte Wissen des Freelancers an das Unternehmen zu transferieren ist. Dies gilt vor allem dann, wenn die Leistungen des Freelancers modulartig in die Wertschöpfungsprozesse integriert werden. In diesem Fall ist es ausreichend, auf Unternehmensseite das Wissen um die Schnittstellen vorzuhalten.

In diesem Beitrag stehen die Fragen im Vordergrund, wie Unternehmen das Wissen von Freelancern nutzen können und wie eine Führung gemischter Teams ausgestaltet sein kann. Dazu werden Erkenntnisse empirischer Studien aus dem FlinK-Projekt vorgestellt und darauf aufbauend Ansätze für die erfolgreiche Führung gemischter Teams und den professionellen Umgang mit dem Wissen von Freelancern entwickelt.

4.1 Führung gemischter Teams

Der folgende Abschnitt beschäftigt sich mit der Führung sogenannter gemischter Teams, die für den Einsatz von Freelancern in Projekten sehr typisch sind. In diesen intern-extern gemischten Teams arbeiten Freelancer als Externe mit Normalbeschäftigten als Interne, etwa im Bereich der Software-Entwicklung und ähnlichen IT-Projekten, zusammen (Kaiser et al. 2012). Da die hoch interdependenten Aufgaben in derartigen Projekten in der Regel eine mehr oder weniger intensive Interaktion zwischen externen Mitarbeitern und intern Beschäftigten erfordern, rücken auch Aspekte der „Teamdiversität" in den Vordergrund (Rössing und Kaiser 2012a). Die theoretische Diskussion um Teamdiversität kann auf eine Vielzahl konzeptioneller und empirischer Beiträge zurückgreifen. In der Betrachtung als Grad der objektiven oder subjektiven Unterschiedlichkeit zwischen Individuen eines Teams kann Diversität in verschiedenen Dimensionen und Klassifikationen konzipiert werden. So erfolgen Unterscheidungen nach unterschiedlichen Aspekten wie z. B. demographischen Variablen wie Alter und Geschlecht, Persönlichkeitsattributen, funktionalem Hintergrund, Beschäftigungsdauer oder Vertragsstatus (Harrison et al 2002; Jackson et al. 1992). Die folgenden Ausführungen konzentrieren sich auf den Aspekt der organisationalen Zugehörigkeit (Kaiser et al. 2007), mit dessen Hilfe sich zwischen internen und externen Mitarbeitern differenzieren lässt. Damit können tiefergehenden Unterschiede wie z. B. unterschiedliche Wissens- und Erfahrungshintergründe, oder ggf. Einstellungen verbunden sein, da interne und externe Mitarbeiter aufgrund ihrer Tätigkeiten in unterschiedlichen Beschäftigungskontexten sozialisiert sind.

Allgemein bekannt ist, dass Diversität im Teamkontext erhebliche Auswirkungen auf die Funktionsweise der Zusammenarbeit haben kann. Neben der anhaltenden Diskussion über die Frage, ob heterogen zusammengesetzte oder homogene Teams effektiver arbeiten und bessere Ergebnisse erzielen, wird Teamdiversität daher prinzipiell als zweischneidiges Schwert betrachtet (Rump 2008): Die Unterschiedlichkeit der Teammitglieder kann sowohl mit positiven als auch mit negativen Aspekten verknüpft sein. Diesbezügliche Erkenntnisse für den Kontext eines Freelancer-Einsatzes werden im Folgenden weiter erläutert, bevor anschließend konkrete Implikationen für die Führungspraxis abgeleitet werden.

4.1.1 Methodik und gewonnene empirische Erkenntnisse

Die im Folgenden beschriebenen empirischen Erkenntnisse basieren auf Datenmaterial aus unterschiedlichen Quellen: Es wurden deutschlandweit sowohl quantitative Studien in Form von Online-Befragungen als auch qualitative Interviewstudien durchgeführt. Das quantitative Datenmaterial entstammt zwei Online-Befragungen, im Rahmen derer ein breiter Feldzugang sowohl zu hochqualifizierten externen Mitarbeiten als auch zu internen Teammitgliedern und Entscheidungsträgern aus Unternehmen möglich war. Zunächst wurden in einer ersten allgemein gehaltenen Studie 131 Personen zum generellen Einsatz hochqualifizierter Externer befragt. Hier lag der Fokus auf einem ersten Überblick über die Thematik zur Gewinnung erster Einschätzungen zu Einflussfaktoren und Herausforderungen in der Zusammenarbeit. Die spätere Studie mit 111 Teilnehmern beleuchtete in detaillierterer Form sowohl die Perspektive der IT-Freelancer als auch die Perspektive der Unternehmen und ermöglichte damit einen ganzheitlichen Blick auf die Bedingungen für ein erfolgreiches Management von Freelancern. Die Datenauswertung erfolgte mit Hilfe deskriptiv-statistischer Analysen. Neben diesen quantitativen Studien wurde eine qualitative Interviewstudie mit gemischten Teams durchgeführt, um die bisherigen Erkenntnisse mit qualitativen Aussagen zu vertiefen. Dieser Studienteil umfasste 21 Einzelinterviews mit sieben gemischten Teams aus unterschiedlichen Branchen (Automobil, Pharma, Medien, Elektrotechnik und Optik). Interviewpartner waren externe und interne Teammitglieder sowie die Projektleitung. Die Interviews waren als leitfadengestützte, problemzentrierte Interviews konzipiert, die sich inhaltlich auf die Besonderheiten gemischter Teams, kritische Teamsituationen und Führungsherausforderungen konzentrierten.

Die Studienergebnisse zeigen insgesamt, dass hochqualifizierte externe Mitarbeiter im Bereich der IT mittlerweile fester Bestandteil der Teamarbeit sind. Durch ihren Einsatz können nicht nur besondere Wissensvorteile und externe Kompetenzen ad hoc eingekauft werden, vielmehr lassen sich auch erhebliche Synergien in der Zusammenarbeit mit internen Mitarbeitern realisieren. Die Antworten von Interviewpartnern zeigen, dass Teams aus internen und externen Mitarbeitern einerseits in erheblichem Maße von ihrer unterschiedlichen Zusammensetzung profitieren können, während andererseits aufgrund der Diversität Herausforderungen zutage treten. Diese Herausforderungen lassen sich in einem zentralen Spannungsfeld kondensieren, in dem sich intern-extern gemischte Projektteams aufgrund ihrer unterschiedlichen Zusammensetzung bewegen.

4.1.1.1 Kontext der Zusammenarbeit

Ein Spezifikum gemischter Teams ist die zeitliche Begrenzung der Zusammenarbeit. Der temporäre Projekteinsatz der hochqualifizierten Externen wird zu einem wichtigen Kontextfaktor, der die Arbeit im Team entscheidend beeinflusst. Ein wesentlicher Aspekt hierbei ist, dass die Teamarbeit unter einem hohen Zeitdruck stattfindet. In einem engen Zeitfenster müssen meist ehrgeizige Meilensteine eingehalten werden und in der Regel unterschiedliche Stakeholder, etwa in Fachabteilungen, über den Projekt- und Ergebnisfortschritt auf dem Laufenden gehalten werden. Dies macht iterative Feedbackprozesse notwendig und erfordert eine schnelle Sichtbarkeit von Teilergebnissen der Projektarbeit. Ein solch enges und ergebnisorientiertes Zeitfenster wiederum erschwert ein „persönliches Kennenlernen" zwischen den einzelnen Teammitgliedern über die gemeinsame Arbeit hinaus. Dies dürfte sowohl aus externer wie auch aus interner Mitarbeitersicht zutreffen, da interne wie externe Teammitglieder spezifischen Doppelbelastungen neben der Projektarbeit ausgesetzt sein können. Unsere Studien zeigen, dass interne Mitarbeiter tendenziell eher in Teilzeit für das gemischte Projektteam tätig sind und simultan anderweitig in einer Linienfunktion beschäftigt sind. Im Gegensatz dazu sind externe Mitarbeiter tendenziell vollzeitig im Projekt. Jedoch ist es für sie von nicht unerheblicher Bedeutung, bereits parallel zur aktuellen Projektarbeit oder nach Ende der Tätigkeit bereits neue Kunden zu akquirieren. Dies trifft insbesondere für selbstständig tätige Freelancer zu, die unter Umständen sogar simultan mehrere Auftraggeber haben (können) – auch wenn die einzelnen Projekte durchaus über mehrere Jahre und mehrere Folgeprojekte längerfristig einen Großteil ihrer Kapazitäten binden können. Diese der Beschäftigungsform immanente „kontinuierliche Mehrgleisigkeit" erfordert daher klare Prioritäten und Verantwortlichkeiten und vor allem eine entsprechende zeitliche Planung (Rössing und Kaiser 2011). Kleinste Verzögerungen im derzeitigen Projektverlauf können für den Freelancer Folgen für die Planung ihrer nachfolgenden Projekte haben. Somit wird deutlich, dass der Externe nicht nur im Interesse des Unternehmens handelt, sondern in letzter Konsequenz natürlich eigene Ziele und Prioritäten verfolgt. Diese auch als „Herding-Cats-Phänomen" (Kaiser 2011) bekannte Problematik fasst ein Projektleiter aus dem Pharmabereich zusammen:

> Der Nachteil ist halt, dass man nicht unter Kontrolle hat, (.) dass diese Mitarbeiter selbst halt dann Ziele haben und selbst wechseln oder relativ schnell auch nicht mehr verfügbar sein können. Das ist je nachdem ein großer Nachteil. (Projektleiter)

Darüber hinaus lässt sich auch vermuten, dass eine wechselseitige Motivation, Externe in das Team zu integrieren und sich längerfristig kennenzulernen in temporären Projekten dieser Art eher geringer ausfallen dürfte. Die Führung eines Projektteams muss mit der zeitlichen Befristung insofern adäquat umgehen und eine Balance zwischen den damit verknüpften begrenzten Handlungs- und Entscheidungsspielräumen und dem Bedürfnis der Teammitglieder nach Zugehörigkeit, Wertschätzung und Sicherheit finden.

4.1.1.2 Positive Effekte der Diversität

Die Teamzusammensetzung mit Personen unterschiedlicher organisationaler Zugehörigkeit kann unseren Studienergebnissen nach Synergien während der Zusammenarbeit erzeugen. Im Zuge der Datenauswertung ließen sich insbesondere drei wesentliche Synergien der gemischten Teamarbeit identifizieren. Zunächst kann durch die Kombination unterschiedlicher Fähigkeiten und Wissenshintergründe die Fähigkeit des Teams zur effektiven Problemlösung verbessert werden (a). Weiterhin ermöglicht die Kombination unterschiedlicher Denkweisen und Erfahrungshintergründe die Entstehung von Kreativität (b) und erleichtert im Zuge regelmäßiger Interaktionen und Austauschprozesse ebenso die Initiierung von wechselseitigen Lernprozessen (c).

a. Effektive Problemlösung durch Kombination unterschiedlicher Wissens- und Erfahrungshintergründe:
Die Studienergebnisse implizieren, dass hochqualifizierte externe Mitarbeiter über aktuelles, intern nicht verfügbares Expertenwissen verfügen, und bestätigen damit bisherige theoretisch-konzeptionelle Überlegungen (Rössing und Kaiser 2012b). Den Externen wird vor allem in fachlicher Hinsicht ein Status als „absolute Spezialisten" attestiert, die einerseits aktuelles Know-how zu hochwertigen Technologien ebenso wie besondere methodische „Kniffe" einsetzen können. Andererseits bringen sie ihr Netzwerk mit ein und können auch ihrerseits ad hoc auf weitere unternehmensexterne Ressourcen zurückgreifen. Eine Projektleitung aus dem Medienbereich fasst diese Problemlösungskompetenz folgendermaßen zusammen:

> (…) die haben einfach andere Erfahrungen. Und das tut einem neuen Projekt, glaube ich, sehr, sehr gut. Die haben andere Kompetenzen, weil sie sich eventuell ja schon mit Problemen beschäftigt haben, die sie für andere schon gelöst haben, die zum Beispiel bei internen Lösungen noch gar nicht vorgekommen sind in dem Fall. (Projektleiter)

Besondere Bedeutung kommt dem vielfältigen Erfahrungshintergrund hochqualifizierter Externer zu: Aus ihren früheren Projekten können sie neben interessanten Kundenkontakten vor allem konkrete Fallbeispiele und Best-Practices von anderen Unternehmen und Projekten in aktuelle Aufträge einbringen. In der Kombination mit dem spezifischen Prozesswissen interner Mitarbeiter wird damit die Entwicklung neuer Lösungsansätze möglich:

> Da wird das Thema externe Ressourcen besonders effektiv, weil Sie hier auf der einen Seite Leute von Intern haben, die die internen Prozesse kennen (…), die kein Externer kennen kann. Das hat aber immer den Nachteil, dass man so eine gewisse Betriebsblindheit an den Tag legt und quasi immer in den gleichen Dingen denkt, immer in den gleichen Lösungsansätzen denkt. Wenn Sie das aber kombinieren, wenn Sie das schaffen, dass Sie eigene Lösungsansätze mit dem vergleichen können, was andere Firmen tun oder was auch externe Berater an Wissen mitbringen, dann können sie das sehr stark verändern. (Projektleiter)

b. Entstehung von Kreativität durch die Kombination unterschiedlicher Denkweisen:
Eng verknüpft mit der skizzierten synergetischen Nutzung spezifischer fachlicher Kompetenzen interner und externer Mitarbeiter ist die Entstehung von Kreativität im gemischten Team. Nicht nur durch die komplementären Fähigkeiten, sondern gerade durch die unterschiedlichen Erfahrungshintergründe ist das Kreativitätspotenzial gemischter Teams nutzbar. Durch den Einsatz Externer, die neue Perspektiven jenseits der bekannten Systemgrenzen einbringen, können innovative und neue Ideen entstehen. Ihr ganzheitlicher Überblick und die Kenntnis bereits erfolgreicher Lösungsstrategien tragen auch in der konkreten Zusammenarbeit dazu bei, den Rahmen gemeinsamer Ideen zu erweitern. Die Mehrheit der Interviewpartner bestätigt etwa, dass Externe erheblich zur Kreativität in gemischten Teams beitragen. Als Begründung fügt ein externer IT-Berater an:

> (…) man bringt Beispiele von anderen Kunden mit, man bringt auch einfach nur andere Ideen mit, weil man ständig irgendwelche neuen Dinge sieht, hat man natürlich auch ein bisschen breiteres Blickfeld als jemand, der immer nur auf das Gleiche guckt. (IT-Berater)

Durch die Arbeit in unterschiedlichsten Arbeits- und Firmenkontexten verfügen Externe damit neben einem breiten Erfahrungsschatz auch über ein erhebliches Maß an flexiblem und unternehmerischem Denken. Externe werden als Typen beschrieben, die „relativ flexibel und interessiert daran" sind, „etwas Neues zu machen" (Projektleiter) besonders aufgaben- und ergebnisorientiert arbeiten und sich durch eine unvoreingenommene Herangehensweise auszeichnen. Damit attestieren die Interviewpartner gemischten Teams das Potenzial, unterschiedliche Denkweisen zu kombinieren:

> Ich glaube, insbesondere daraus, dass zwei unterschiedliche Denkweisen aufeinandertreffen. Also auf der einen Seite hast du die Leute, die halt sehr, ich sage es mal, Unternehmens-Denke haben, und auf der anderen Seite hast du die Externen, die mit einem anderen Ansatz, mit einem anderen Verständnis an Dinge herangehen. Ich glaube, das ist immer wichtig. Und ich glaube auch, das ist ein Grund, wieso man teilweise auch Externe holt, weil man einfach über den Tellerrand gucken will und die Sache mal umdrehen und von einer anderen Seite, was man eben, wenn man in seinem Trott drin ist, einfach nicht mehr so tut. (Projektleiter)

c. Initiierung von wechselseitigen Lernprozessen:
Die Studienergebnisse zeigen weiterhin, dass es im Team zu wechselseitigem Lernen kommen kann (Kaiser und Rössing 2010). Dies ist vor allem im Kennenlernen der jeweiligen anderen Erfahrungskontexte und Hintergrundinformationen der Teammitglieder begründet: Während sich für Externe insbesondere Lernmöglichkeiten bzgl. interner Prozessabläufe oder Ansprechpartner eröffnen, lernen interne Mitarbeiter durch den engen Austausch mit ihren externen Kollegen neuestes Expertenwissen im Hinblick auf Technologien, Best-Practices und methodische Kniffe kennen. Darüber hinaus werden aber auch ein tieferes Verständnis und Verbesserungsmöglichkeiten der eigenen Arbeitsweisen ebenso wie der gemeinsamen Projektarbeit thematisiert. So beschreibt ein Projektleiter den Lernvorteil seiner internen Mitarbeiter insbesondere damit, dass der „Anwender sieht, dass es Möglichkeiten gibt, seine Arbeitsweise zu verbessern". Aber auch zwischenmenschliche Aspekte in der Zusammenarbeit können Gegenstand von Lernprozessen sein:

Und wahrscheinlich auch so ein bisschen dieses unterschiedliche Zusammenarbeiten. Also es ist schon interessant, wenn ich jetzt andere Kunden betrachte, wo ich war. Also wirklich jedes Unternehmen tickt da anders, und die Leute agieren unterschiedlich miteinander, und ich glaube, da lernt man viel zwischenmenschliche Sachen. (P8, 157:157)

4.1.1.3 Negative Effekte der Diversität

Jenseits der positiven Diversitätseffekte können auch diversitätsinduzierte Störfaktoren zum Tragen kommen, die eine konstruktive Zusammenarbeit in gemischten Teams erschweren (Rössing und Kaiser 2011). In Anlehnung an die Argumentationslogik, dass die Vorteile von Teamdiversität häufig nicht ausreichend genutzt werden können, zeigen die Studienergebnisse insbesondere, dass Vorbehalte und Neid (a) und infolgedessen mikropolitisches Verhalten und Demotivation (b) eine effektive Ausschöpfung des Teampotenzials behindern können.

a. Vorbehalte und Neid:
Unsere Daten weisen darauf hin, dass sich interne und externe Mitglieder gemischter Teams nicht nur durch ihre teils unterschiedlichen Wissens- und Erfahrungshintergründe, sondern auch in Bezug auf ihre Mentalität und Denkmuster regelmäßig unterscheiden. Hierzu äußert beispielsweise ein externer IT-Spezialist:

> I think one of the things is that, when you are a consultant, you are much more driven because you have to. You are in that culture, you have to deliver every day. (…) as a consultant you have to demonstrate, you have to know that you have actually done something each day that moved on, because you are getting paid for it. (Externer IT-Spezialist)

Die Selbsteinschätzung von Externen als besonders ergebnis- und leistungsorientiert beeinflusst nicht nur ihr eigenes Verhalten, sondern auch die Einstellung der internen Kollegen. Interne Mitarbeiter bestätigten für zahlreiche Fälle, dass sie Externe stereotypisch als arrogant einschätzen. Diese Art von Vorurteilen kann aus sozialen Vergleichsprozessen resultieren, aufgrund derer man Individuen auf Basis von Ähnlichkeiten und Unterschieden klassifiziert (Van Knippenberg und Schippers 2007). Im Fall gemischter Teams dient diese Vorverurteilung dazu, die bislang mangelnde eigene Erfahrung mit externen Kollegen oder fehlende Details zu ihrem „tatsächlichen" Persönlichkeitsprofil auszugleichen. Tatsächlich konnte auch in einer Online-Befragung das Konfliktpotenzial durch Vorbehalte interner Mitarbeiter gegenüber dem Einsatz Externer bestätigt werden. Trotz einer pointiert gestellten Frage nach „starken Vorbehalten interner Mitarbeiter", stimmten mit 48 % knapp die Hälfte der 131 Befragten zu oder eher zu, während nur knapp 30 % sich dies nicht oder eher nicht vorstellen konnten. Darüber hinaus können sich einige interne Mitarbeiter eine grundsätzliche Skepsis gegenüber Externen vorstellen, wenn diese als Bedrohung wahrgenommen werden –etwa für den eigenen Arbeitsplatz. Vor allem für die Situation einer hohen Anzahl Externer im Unternehmen kann das gefühlte Bedrohungspotenzial erhebliche Auswirkungen auf die konstruktive Zusammenarbeit im Team haben. Wie etwa Jackson et al. annehmen, werden Informationsverarbeitungsprozesse beeinflusst (Jackson et al. 1992). Angst und das Gefühl von Kontrollverlust führen dann dazu, dass Interne versuchen, ein positives Selbstgefühl aufrecht zu erhalten und daher die negativ konnotierte Interaktion mit Externen reduzieren. Als Konsequenz sieht ein externer Interviewpartner z. B. die Bildung von Subgruppen innerhalb des Teams:

> Also ich glaube, wenn man natürlich jetzt mit Internen zusammenarbeitet, die von Vornherein Vorurteile gegen Externe haben, dann ist natürlich sehr viel schneller so eine Gruppe gebildet und solche Fronten aufgebaut, als wenn das alles relativ harmonisch abläuft. (Externer IT-Spezialist)

Eng verknüpft mit den skizzierten Vorbehalten aufgrund Informationsdefiziten und wahrgenommenen Bedrohungspotenzials ist der Aspekt des Neids. Dies zeigt sich vor allem im Neid Interner auf die Entlohnung ihrer externen Kollegen, während Externe vor allem die unternehmensinternen Personalentwicklungs- und Unterstützungsleistungen wertschätzen. So indizieren die quantitativen Daten, dass Unternehmensvertreter und Externe sich signifikant in ihrem Empfinden bzgl. einer „wahrgenommenen Gerechtigkeit" der Tagessätze externer Spezialisten unterscheiden: Die Entlohnung wird von interner Seite teils als zu hoch gesehen. Zwar zeigen Externe durchaus Verständnis für diese Perspektive, geben aber auch zu bedenken, dass es sich hierbei um eine Art „Schmerzensgeld" handele und insofern mangelnde Transparenz diesbezüglich im Team herrschen könnte.

b. Mikropolitisches Verhalten und Demotivation als Konsequenz:
Die Wahrnehmung von Vorbehalten und Neidgefühle äußern sich teils konkret in mikropolitischem Verhalten im Team. Dieses kann wiederum die weitere Zusammenarbeit negativ beeinträchtigen. Im Ergebnis heißt das vor allem, dass die Möglichkeiten für einen wechselseitigen und offenen Informations- und Erfahrungsaustausch erheblich geschmälert werden. Z. B. können Interne relevante Informationen filtern oder „monopolisieren" und nicht weitergeben. Konkret nennt ein externer Interviewpartner erhebliche Intransparenz als direkte Folge dieser Abwehrhaltung:

> Because the internal guy can create entrance barriers to the external, or more complexity in understanding things that he knows perfect to do the last 10 years. (Externer IT-Spezialist)

Unter Umständen können gemischte Teams ihr Potenzial nicht zur Gänze entfalten, weil die externen Teammitglieder ein zu hohes Maß an organisationaler Kontrolle seitens des Unternehmens verspüren. Als hochqualifizierte Experten zeichnen sich Externe tendenziell durch ein besonderes Autonomiebedürfnis in ihrer Aufgabenbearbeitung und dem Wunsch nach Zeitsouveränität aus. Damit ist ihnen eine gewisse Skepsis gegenüber formaler Supervision und Kontrollmechanismen zu Eigen (Matusik und Hill 1998; Rössing und Kaiser 2012b). Gerade aus Sicht des Projektmanagements jedoch muss das Unternehmen in Funktion der Projektleitung das Projekt zielgerichtet steuern und kontrollieren, ob eine effektive Entwicklung der unternehmensspezifischen Lösung auf dem Weg ist. Die Kontrolle des Ergebnisfortschritts, der Meilensteine, etc. als zentrale Voraussetzung erfolgreicher Projektarbeit scheint damit entgegengesetzt zur Nutzung des kreativen Potenzials gemischter Teams zu stehen. Ebenso dürften sich Integrationsschwierigkeiten, die externen Mitarbeitern in unseren Studien zum Teil attestiert werden, auf den notwendigen Informationsaustausch im Team und die Entstehung von Kreativität negativ auswirken.

4.1.2 Implikationen für die Führung

Die Ausführungen haben deutlich werden lassen, dass sich gemischte Teams in einem Spannungsfeld zwischen Synergien und Konflikten bewegen. Dieses resultiert aus ihrer unterschiedlichen Zusammensetzung und den spezifischen Kontextbedingungen. Die adäquate Steuerung dieses Spannungsfelds ist für ein effektives und nachhaltiges Management gemischter Teams von zentraler Bedeutung. Konkrete Gestaltungsmaßnahmen müssen diesen Besonderheiten Rechnung tragen und darauf abzielen, eine richtige Balance zwischen der Nutzung der positiven Effekte der Diversität und der Reduzierung möglicher negativer Effekte zu finden. Als wesentliche Managementimplikationen lassen sich auf Basis unserer Untersuchungen zwei zentrale Stellhebel für ein professionelles Teammanagement ableiten:

- Erstens ein professionelles Projektmanagement, das über die gesamten Phasen des Einsatzes hochqualifizierter Freelancer den organisatorischen Rahmen für die Teamarbeit setzt. Hierzu gehört insbesondere die Steuerung der Zusammensetzung zu Beginn der Zusammenarbeit, die Gestaltung der Rahmenbedingungen, um während des Projektes eine produktive Zusammenarbeit gewährleisten zu können und zum Projektende das Management des Übergangs.
- Zweitens die Gestaltung der Zusammenarbeit, die auf konkrete Herausforderungen der Integration des Externen, des Transparenz- und Erwartungsmanagements sowie eines angemessenen Konfliktmanagements Bezug nimmt.

Zu beachten ist hierbei allerdings, dass die einzelnen Projektmanagementinstrumente und Führungsmaßnahmen nicht getrennt voneinander betrachtet werden können, sondern in einer nicht ganz überschneidungsfreien Wechselbeziehung stehen. Die phasenbezogene Betrachtung erleichtert es den verantwortlichen Führungskräften, passende Maßnahmen entsprechend der zeitlichen Erfordernisse der Teamarbeit anzuwenden.

4.1.2.1 Professionelles Projektmanagement

Die zeitliche Begrenzung der Zusammenarbeit im gemischten Projektteam induziert hohen Zeit- und Ergebnisdruck. Das bedeutet für intern-extern gemischte Projektteams, dass sie möglichst schnell in eine Phase der produktiven, „gut funktionierenden" Leistungserstellung übergehen müssen. Lösungsansätze für ein professionelles Projektmanagement in diesem Sinne sollten diese temporären Aspekte berücksichtigen und lassen sich daher sinnvollerweise entlang der Phasen eines Freelancer-Einsatzes im Team denken.

a. Management des Inputs:

Sowohl die quantitativen als auch die qualitativen Teilstudien weisen eindeutig auf die Bedeutung des Auswahlprozesses der Teammitglieder hin. Vor dem Projektstart muss daher zunächst die Besetzung gemischter Projektteams adäquat gesteuert werden. Um tatsächlich passgenaue Kandidaten identifizieren zu können, gilt es bspw. die in den Entscheidungsprozess involvierten Personen zu definieren und relevante Auswahlkriterien festzulegen. Denn dass Entscheidungen hinsichtlich der Besetzung eines Projektteams essenziell für eine kooperative Zusammenarbeit im Team sind, zeigen auch unsere Interviewdaten: Insbesondere die meist schwieriger zu messenden „soft skills" der Teammitglieder sind entscheidend:

> Vor allen Dingen, wenn es auf der menschlichen Ebene nicht funktioniert, dann kann da auch nichts rauskommen; ist meine persönliche Meinung. (Interner Mitarbeiter)

Auch bei sehr guten Referenzen und einem gelungenen ersten Kontaktgesprächs mit dem Externen kann andernfalls schnell eine Änderung der Teambesetzung und damit ein Austausch des Externen notwendig sein. Eine genaue Kenntnis der benötigten fachlichen-methodischen ebenso wie der sozialen Voraussetzungen potenzieller Teammitglieder muss insofern vorhanden sein, damit sich Interne und Externe tatsächlich ergänzen können.

Darüber hinaus kann für eine effektive und möglichst vorurteilsfreie Zusammenarbeit auch die Bestimmung eines „optimalen" zahlenmäßigen Verhältnisses externer und interner Mitarbeiter ein wichtiger Baustein sein. Die Befragten aus Online- und Interviewstudie zeichneten ein durchaus unterschiedliches Bild hinsichtlich der Repräsentanz interner und externer Mitarbeiter im Team. In der Mehrzahl gemischter Teams, mit denen etwa die Teilnehmer der Online-Studie Erfahrung haben, sind zahlenmäßig mehr Interne als Externe vertreten. Externe wie z. B. Freelancer machen dann einen Anteil von bis zu 25 % aus. Dabei zeigte sich auch, dass meist nicht nur einzelne Externe im Team sind, sondern zusätzlich Mitarbeiter aus weiteren externen Dienstleistungsunternehmen integriert werden. Im Ergebnis werden einzelne Teams quantitativ von Externen dominiert. Wenn Unternehmen und Teams mit dem Einsatz externer Mitarbeiter bislang noch nicht viel Erfahrung haben, ist es daher besonders wichtig, das Bedrohungspotenzial einer externen Dominanz ernst zu nehmen. Hierfür kann nicht nur eine transparente Kommunikation der Einsatzgründe von Freelancern sinnvoll sein, sondern auch ein ausgeglichenes quantitatives Verhältnis im Team. Eine „optimale" Anzahl und damit Besetzung eines gemischten Teams kann dabei aber nur unter Berücksichtigung der Projektziele festgelegt werden.

b. Management der Rahmenbedingungen:

In der Phase der gemeinsamen Leistungserstellung der Projektmitglieder spielen mehrere Rahmenbedingungen eine zentrale Rolle. Trivial anmutende Aspekte, wie die Verfügbarkeit von Räumlichkeiten, Netzwerken und Ansprechpartnern können die Effizienz der Teamarbeit ebenso wie die Motivation aller beteiligten Teammitglieder maßgeblich beeinflussen. Vor allem die räumliche Nähe von internen und externen Teammitgliedern ist hierbei bedeutsam, wie unsere Ergebnisse indizieren. Ein gemeinsames Projektbüro könnte ggf. eine gute Idee sein, um einerseits den Abstimmungsaufwand im Team zu reduzieren und andererseits auch informelle Gespräche zu forcieren. Ein Projektleiter hebt als Erfolgsfaktor hervor, dass eine externe Spezialistin mitten unter Internen sitzt,

> quasi als wäre sie selber einer, auch als Externe. Wir sperren die Externen jetzt nicht irgendwo extra weg. (Projektleiter)

Durch die Aufhebung einer oftmals strengen Separierung von internen und externen Teammitgliedern kann auf dieser Weise gegenseitigen Vorbehalten und wahrgenommenen Ungleichbehandlungen relativ leicht entgegengewirkt werden. Es müssen jedoch rechtliche Rahmenbedingungen beachtet werden, die insbesondere für Freelancer mit Blick auf die Gefahr einer Scheinselbstständigkeit striktere Maßnahmen erfordern.

c. Management des Übergangs:
Zum Ende eines Projektes sollten spezifische Maßnahmen die zeitliche Befristung der gemischten Teamarbeit adressieren und gezielt gegenseitige Lernmöglichkeiten im Team erleichtern. Dafür gilt es zum einen, Projektergebnisse in ausreichendem Maße zu dokumentieren. Zum anderen kann eine frühzeitige Planung nachfolgender Projekte und Aufgaben den „Übergang" erleichtern: Für die nun anstehenden potenziellen neuen Projekttätigkeiten der Teammitglieder sollten Nachfolgeregelungen frühzeitig getroffen und Verfügbarkeiten geklärt werden, um möglichen Terminproblemen oder Überschneidungen von Projekten entgegenzuwirken. Dies gilt im Besonderen für den Fall, dass weitere Teilmodule des aktuellen Projektes, wie die Implementierung der Software an Unternehmensbedürfnisse oder die Organisation von Schulungs-Workshops für intern Beschäftigte, anvisiert sind. Ein weiterer zentraler Aspekt zum Projektende betrifft die bewusste und geplante Nutzung externer Kräfte für gegenseitige Lernprozesse im Team. Denn oftmals sehen sich Externe in der Rolle eines „Coachs" und betrachten es als selbstverständlich, ihr Wissen auch an Interne weiterzugeben – ganz einfach, weil sie wissen, dass die Kunden es schätzen, Folgeaufträge wahrscheinlicher werden und es nicht zuletzt die Zusammenarbeit mit internen Mitarbeitern erheblich vereinfacht.

4.1.2.2 Gestaltung der Zusammenarbeit

Neben dem skizzierten organisatorischen Rahmen erfordert eine gelingende gemischte Teamarbeit eine adäquate Steuerung des Teams und seiner Mitglieder und damit Aspekte der Gestaltung der Zusammenarbeit. In diesem Rahmen spielt die personale Führung eine entscheidende Rolle. Für eine richtige Balance des skizzierten Spannungsfelds positiver und negativer Diversitätseffekte gilt es für die verantwortliche Führungskraft, die besonderen Vorteile von externen und internen Mitarbeitern gleichermaßen wertzuschätzen und für eine offene und vertrauensvolle Atmosphäre im Team zu sorgen. Als zentrales Instrument fungiert in den nachfolgend vorgestellten Maßnahmen damit die Kommunikation, um die Teamintegration, das Transparenz- und Erwartungsmanagement sowie ein systematisches Konfliktmanagement offen und situationsangepasst vermitteln zu können.

a. Teamintegration:

Eine den Besonderheiten gemischter Teams angepasste Führungsarbeit muss vor allem zu Beginn eines gemeinsamen Projektes Interner und Externer die Weichen für eine konstruktive Zusammenarbeit stellen. Das heißt für die Führungskraft zu gewährleisten, dass alle Teammitglieder, unabhängig von ihrer organisationalen Zugehörigkeit, ihr fachliches und soziales Potenzial einbringen können. Daher kommt den Themen der Integration der Mitglieder und Entwicklung eines produktiven Teams eine erhebliche Bedeutung zu, um sowohl auf der fachlichen Ebene den Austausch zu fördern als auch auf der persönlichen Ebene vertrauensvolle Beziehungen zu ermöglichen. Eine häufig genutzte und als äußerst effektiv bewertete Maßnahme ist ein gemeinsames Kick-Off. Zur Festlegung der Zielrichtung des Projektteams und Konzeption des Projektes, aber insbesondere auch zum gegenseitigen Kennenlernen ist es unabdingbar. Interviews zeigen, dass gerade die gegenseitige Kenntnis der Teammitglieder eine wesentliche Voraussetzung für gelungene Interaktionen in gemischten Teams ist. Gerade auch bewusst eingeplante informelle Parts, sowohl im Kick-Off als auch während der gesamten Projektarbeit, unterstützen den Aufbau vertrauensvoller Beziehungen der Teammitglieder untereinander und der Identifikation als ein gemeinsames Team. Hiermit können auch später auftretende Konflikte frühzeitig entschärft werden. Durch die Betonung der gemeinsamen Zielrichtung kann die Führungskraft die Entwicklung eines positiven Zusammenhalts unterstützen. Gerade auch, indem sowohl die individuelle Beiträge als auch Synergien in der Zusammenarbeit sichtbar gemacht und wertgeschätzt werden können, nicht nur Zusammenhalt und Motivation im Team, sondern vor allem auch die Akzeptanz externer Mitarbeiter und damit geringeres Neidpotenzial gefördert werden.

b. Transparenz- und Erwartungsmanagement:

Eng verknüpft mit dem voran stehenden Aspekt, sind das Management gegenseitiger Erwartungen im Team und die Sicherstellung von Transparenz. Auch und vor allem in der täglichen Teamführung heißt dies, frühzeitig und ausreichend Transparenz zu schaffen, um Vorbehalten und Neid entgegen zu wirken sowie gleichermaßen die Teammitglieder auf einen einheitlichen Stand bzgl. der individuellen Fähigkeiten, Erfahrungen und Kompetenzen zu bringen. Denn einerseits können auf diese Weise auch implizite Erfahrungen von Teammitgliedern in die gemeinsame Leistungserstellung eingebracht werden und andererseits können latent vorhandene Ressentiments erkannt werden.

Transparenz muss zunächst für die unterschiedlichen Rollen und Verantwortungsbereiche der internen und externen Teammitglieder gelten. Hierzu sollen zunächst die Gründe für den Einsatz externer Spezialisten gegenüber intern Beschäftigten kommuniziert werden. Beispielsweise wird es einfacher, Interne von der Notwendigkeit einer kooperativen Zusammenarbeit zu überzeugen, wenn sie erkennen können, dass ihre externen Kollegen als zusätzliche Ressource mit Spezialwissen engagiert sind und nicht als Ersatz interner Arbeitskraft. Aber auch mit Externen sollte spätestens zu Projektbeginn das Gespräch gesucht werden, um gegenseitige Erwartungen zu klären und spezifische unternehmensinterne Vorgehensweisen zu besprechen. Transparenz betrifft darüber hinaus auch die Koordination der Teammitglieder und ihrer Leistungen im Projekt. Auch um die eigenen Handlungsspielräume eindeutig zu gestalten, sind die klare Definition von Rollen und Verantwortlichkeiten zu Beginn des Projektes entscheidend. Auf diese Weise können Überschneidungen der Verantwortungsbereiche und „Kompetenzgerangel" bereits im Vorfeld reduziert werden. Gerade wenn sich die Teammitglieder noch nicht persönlich kennen und ihre individuellen Fähigkeiten einschätzen können, ist dies eine sinnvolle Möglichkeit, potenziell dysfunktionalen Konflikten eine wichtige Grundlage zu entziehen.

c. Konfliktmanagement:
Als hilfreich für die effektive Führung gemischter Teams kann sich ein systematisches Konfliktmanagement erweisen. Dieses ermöglicht sowohl Anreize zur Kooperation der Teammitglieder und Prävention von teaminternen Konflikten, erleichtert aber gleichzeitig auch die wichtige, bereits frühzeitige Eskalation von Konflikten. Neben der bereits skizzierten klaren Definition von Rollen und Verantwortlichkeiten zur Minimierung von Konfliktpotenzial sollten hier auch die unterschiedlichen Wirkungen von Konflikten berücksichtigt werden. Während sachliche Konflikte, im Sinne von intensivem fachlichen Austausch gerade aufgrund der unterschiedlichen Wissens- und Erfahrungshintergründe interner und externer Mitarbeiter (bis zu einem gewissen Grad) forciert werden sollten, gilt es, Konflikte auf persönlicher Ebene möglichst weit zu reduzieren. Gerade letzte können zu nachhaltigen Störungen des Beziehungsgefüges, der Motivation und des wichtigen Austausches im Team führen. In einer konkreten konfliktträchtigen Situation können dann festgelegte Eskalationsmechanismen greifen: Durch eine frühzeitige Information höherer Hierarchieebenen lassen sich zeitnah Lösungen mit den involvierten Abteilungen finden, z. B. bei akuten Schwierigkeiten bzgl. der Einhaltung von Abgabeterminen.

Insgesamt sollte die Team- und Projektführung versuchen, die Balance zwischen notwendiger Kontrolle der Teamamitglieder und gleichzeitiger Betonung von Eigenständigkeit und Transparenz in Kommunikation und Wertschätzung in Betrachtung ziehen. So kann den unterschiedlichen Bedürfnissen der internen und externen Teammitglieder angemessen Rechnung getragen werden. Daraus folgt auch für die fokale Projektleitung die entscheidende Aufgabe, die Balance zwischen positiv und negativ wirkenden Konflikten und Spannungen im Team zu halten.

4.2 Nutzung des Wissens von Freelancern

Einer der häufigsten Gründe, weshalb Freelancer in der Praxis eingesetzt werden besteht darin, flexiblen Zugang zu benötigtem Wissen zu bekommen (Barley und Kunda 2006; Köhler 2009). Oft handelt es sich dabei um Spezialkenntnisse, die intern nicht vorhanden sind. Freelancer verfügen in der Regel über besonders hochwertiges und aktuelles Wissen, da ihre Skill-Profile kontinuierlich über den Markt bewertet werden und veraltete Profile im Zeitablauf, aufgrund fehlender Nachfrage, verschwinden. Durch Einsätze bei wechselnden Auftraggebern kennen Freelancer zudem in der Regel die Best Practices der jeweiligen Branche (Nesheim 2003; Matusik und Hill 1998).

Die Art und Weise, wie Unternehmen externes Wissen nutzen hat sich in den vergangenen Jahren stark verändert. Während externe Mitarbeiter zu Zeiten vergleichsweise geringer Umfelddynamik, primär in Randbereichen von Unternehmen eingesetzt wurden

(Atkinson 1984; Lepak und Snell 1999), werden sie heute, in stark dynamischen Umfeldern, zunehmend auch in Kernbereichen von Unternehmen eingesetzt, beispielsweise in der Forschung und Entwicklung (Nesheim et al. 2007; Nesheim 2003; Matusik und
Hill 1998). Hintergrund dazu ist unter anderem, die Öffnung der Innovationsprozesse für
Ideen von außen. Die Integration externer Ideen soll die Generierung von Innovationen
beschleunigen und damit der zunehmenden Dynamik internationaler Wettbewerbsum-
felder Rechnung tragen. (Teece et al. 1997; Teece 2007)

Mit dem Einsatz von Freelancern in Kernbereichen wird ein professioneller Umgang
mit dem externen Wissen immer wichtiger. Dazu gehört einerseits die Integration des
Wissens der Freelancer in Unternehmen, andererseits aber auch der Umgang mit Risiken,
die mit einem Einsatz von Freelancern in Kernbereichen verbunden sein können. Mögliche Risiken sind insbesondere der Abfluss von strategisch wichtigem Wissen oder der
mögliche Verlust interner Kompetenzen. In dem Forschungsprojekt FlinK haben wir uns
deshalb in mehreren empirischen Studien mit der Frage beschäftigt, wie Unternehmen
das Wissen von Freelancern integrieren und mit den Risiken der Nutzung des externen
Wissens umgehen können. Darauf aufbauend haben wir ein Konzept entwickelt, das für
die Praxis, entlang der Einsatzphasen von Freelancern in Unternehmen, Handlungsempfehlungen für einen professionellen Umgang mit dem externen Wissen aufzeigt.

4.2.1 Empirische Studien und Ergebnisse

Um einen Überblick darüber zu erhalten, wie Unternehmen das Wissen von Freelancern
in der Praxis nutzen und wie sie mit den Risiken der Nutzung des externen Wissens umgehen, wurden im Rahmen des FlinK-Projektes zwei qualitative Interviewstudien sowie
eine quantitative Online-Studie durchgeführt. In einer qualitativen Interviewstudie wurden 24 IT-Freelancer mit einem teilstrukturierten Interviewleitfaden befragt, in einer
weiteren qualitativen Studie 8 Projektleiter aus fünf verschiedenen Unternehmen. An der
quantitativen Online-Studie beteiligten sich insgesamt 104 IT-Freelancer und 37 Unternehmensvertreter aus unterschiedlichen Funktionsbereichen, z. B. Geschäftsführer, CIOs,
Projektleiter. Für die Auswertung der Daten wurden etablierte, wissenschaftlich anerkann-
te Methoden genutzt. Die Transkripte der Interviews wurden in Atlas.ti eingepflegt und
mit der Qualitativen Inhaltsanalyse nach Mayring 2010 ausgewertet. Die Auswertung der
quantitativen Daten erfolgte durch deskriptiv-statistische Analysen mit der Statistik- und
Analyse-Software SPSS.

4.2.1.1 Ziele der Nutzung des externen Wissens

Freelancer werden in vielen Unternehmen genutzt, um Zugang zu Wissen zu bekommen.
Dabei geht es einerseits um den Zugang zu fachlichen Spezialkenntnissen:

> Der eine Freelancer, der bei uns im Projekt eingesetzt wird, der ist ganz klar deswegen hier,
> weil er für ein gewisses Teilgebiet ein hohes Maß an Spezialwissen mitbringt. (Projektleiter)

Andererseits geht es aber auch um Zugang zu aktuellem Wissen über Best Practices in der Branche:

> Die Mitarbeiter bilden wir über Schulungen und so weiter aus, aber was jetzt tatsächlich wie wo im Markt zum Einsatz gekommen ist, und wo es schon Best-Practice-Ansätze gibt – das ist natürlich, ich sage mal: Da schwimmen wir immer wieder im eigenen Saft. Die Kollegen, die von einer Firma zur anderen wechseln – die sammeln natürlich Erfahrungen über Technologien oder neue Ansätze oder Frameworks oder Standard-Softwareprodukte, die sie hier und dort gesehen haben, und bringen diese Informationen natürlich mit zu uns rein. (Projektleiter)

Mit der Nutzung des Wissens von Freelancern wird meist entweder das Ziel verfolgt, intern neue Kompetenzen aufzubauen bzw. weiterzuentwickeln, oder das Ziel, externes Wissen zu integrieren, ohne in dem jeweiligen Bereich Kompetenzen aufzubauen. Der Aufbau neuer Kompetenzen wird beispielsweise dann vorangetrieben, wenn ein Unternehmen sich aus strategischen Gründen neue Wissensbereiche erschließen möchte:

> Wir arbeiten halt an Zukunftsthemen. Und deswegen brauchen wir halt mehr oder weniger von Externen das Wissen. Und der ist halt jemand, der da schon viel Erfahrung hat, hat bisher mit ganz anderen Firmen zusammengearbeitet, und jetzt ist es das erste Mal, dass er also halt bei uns ist. (Projektleiter)

Neben dem Aufbau neuer Kompetenzen werden Freelancer auch dafür genutzt, klar abgegrenzte modularisierte Teilleistungen zu erstellen, in die ihr Wissen einfließt. Diese werden anschließend mit internen Systemen kombiniert, ohne dass dabei das Wissen der Freelancer übernommen wird.

> Es gibt durchaus Module, wo wir dann sagen: Wir setzen da selber keine Entwicklungsressourcen ein, und kaufen uns dann lieber dieses Modul bei anderen oder lassen es bei ihnen machen, weil es dann einfach für uns günstiger ist. Und in der Regel ist es so: Wenn wir einen Freelancer beauftragen, dann ist es nicht unbedingt so, dass wir prinzipiell Wissen absaugen, sondern das ist dann meistens so, weil wir dann eben bei uns die Ressourcen anderweitig verplant haben, und weil wir wissen, was der Freelancer kann und dass er eben für dieses Projekt und für diese Aufgabe jetzt dann geeignet ist. (Projektleiter)

Eine besondere Bedeutung hat bei der Nutzung des Wissens von Freelancern die Möglichkeit, Projekte durch das externe Wissen schneller abwickeln zu können:

> Es macht sie (Anmerkung: gemeint sind die Projekte) schneller. (…) Die Aufgaben könnte man auch ohne dieses Spezialwissen lösen, initial, dann müsste man es sich halt anlernen. Und das würde dann ja einen Zeitverzug bedeuten. (Projektleiter)

Die schnelle Umsetzung innovativer Projekte wird vor dem Hintergrund einer zunehmenden Umfelddynamik immer wichtiger.

Formen des Know-How-Transfers von Freelancern zu internen Mitarbeitern

„Mit welcher Häufigkeit werden folgende Formen des Know-How-Transfers in Ihrem Unternehmen von den Freelancern erwartet?"

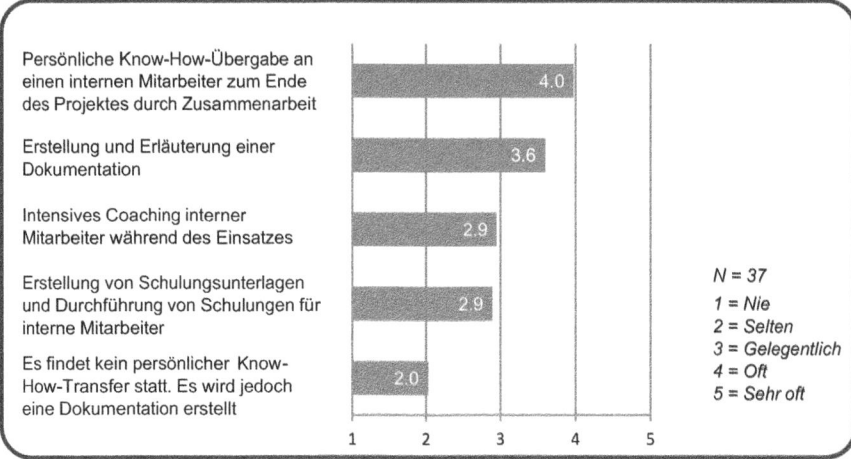

Abb. 4.1 Formen des Wissenstransfers zu internen Mitarbeitern

4.2.1.2 Integration des externen Wissens

Die Integration des Wissens erfolgt entweder, indem Freelancer gemeinsam mit internen Mitarbeitern an Projekten arbeiten, oder indem Freelancer modularisierte Teilleistungen erstellen, die über die Gestaltung von Schnittstellen mit dem internen System verbunden werden.

Wenn Freelancer und interne Mitarbeiter gemeinsam an Problemlösungen arbeiten, ist dabei oft ein Wissenstransfer erforderlich. In einigen Fällen ist der Wissenstransfer von dem Management auch explizit gewünscht, um interne Kompetenzen aufzubauen oder weiterzuentwickeln. Der Wissenstransfer wird in der Praxis mit unterschiedlich intensiven Maßnahmen vorangetrieben. Die Intensität der Transfermaßnahmen umfasst einerseits intensiven Formen, bei denen die Freelancer beispielsweise Schulungen geben, interne Mitarbeiter coachen, oder ihr Wissen durch enge Zusammenarbeit weitergeben.

> Also wir machen es eigentlich so mit so einer Art – ja, Patenkonzept, dass man sagt, die/der interne Mitarbeiter kriegt halt eine neue Aufgabe und kann sich den Externen da als Tutor sozusagen mit rannehmen, und wenn nötig, da auch an die Hand sozusagen bei den Themen – oder – ja, gibt dem wirklich eine Einführung an der Stelle. (Projektleiter)

Andererseits gibt es auch weniger intensive Formen des Wissenstransfers, wie beispielsweise die Erstellung und Erläuterung von Dokumentationen. Nur auf die Erstellung von Dokumentationen als Maßnahme zur Sicherung des Wissens von Freelancern scheinen sich Unternehmen in der Praxis jedoch eher selten zu verlassen (vgl. Abb. 4.1).

Wenn das Wissen der Freelancer in modulare Teilleistungen einfließt, erfolgt die Integration des Wissens der Freelancer nicht durch einen Wissenstransfer, sondern durch die Integration der Teilleistungen, die der Freelancer erstellt hat (Grunwald und Kieser 2007; Schmickl und Kieser 2008). Dabei ist es wichtig, die Integration der Teilleistungen zu gestalten. Die Freelancer erhalten in der Regel Vorgaben darüber, welche Funktionen die Module haben sollen und wie die Schnittstellen ausgestaltet sein sollten, um die Module zusammenfügen zu können. Die Koordination der Projekte erfolgt

> (…) durch die entsprechenden Entwicklungsvorgaben. Sie haben ja für Ihre Module dann die entsprechenden Vorgaben erhalten, also irgendwie Requirement Specifications, in denen halt drinsteht, was das Modul können sollte, welche Korbara-Elemente Sie zu benutzen haben und, ja mit wem ist kommuniziert. (IT-Freelancer)

Integriert wird das Wissen der Freelancer somit in diesem Fall letztlich über das fertige Modul, in das das Wissen der Freelancer eingeflossen ist.

4.2.1.3 Bereitschaft der Freelancer zum Wissenstransfer

Besonders dann, wenn Freelancer genutzt werden, um interne Kompetenzen aufzubauen oder weiterzuentwickeln, stellt sich die Frage, inwieweit Freelancer bereit sind, ihr Wissen weiterzugeben. Der Marktwert der Freelancer hängt stark davon ab, wie hoch die Nachfrage nach ihrem Wissen ist, so dass die Weitergabe von Wissen grundsätzlich ein sehr sensibles Thema ist. Von der Auftraggeberseite her wird Freelancern immer wieder unterstellt, sie würden ihr Wissen „bunkern" (Hönicke 2009). Deshalb wurde die Frage, ob Freelancer bereit sind ihr Wissen weiterzugeben, in den Interviewstudien untersucht. Dabei wurde deutlich, dass viele Freelancer durchaus bereits sind ihr Wissen weiterzugeben. Manche Freelancer hatten die Erfahrung gemacht, dass sie gerade dann von Auftraggebern geschätzt werden und Folgeaufträge erhalten, wenn sie ihr Wissen weitergeben:

> …dann freuen sie sich eher, wenn Wissen da bleibt, so dass sie mich wieder anheuern, weil sie auch wissen, dass dann auch Wissen da bleibt. (IT-Freelancer)

Für andere Freelancer wiederum ergibt sich die Bereitschaft zur Weitergabe ihres Wissens aus ihrer persönlichen Rollenvorstellung. Für sie ist es Teil ihres Selbstverständnisses als Freelancer, den Unternehmen die nötigen Kenntnisse zu vermitteln, um mit den Technologien umgehen zu können und anschließend zum nächsten Auftraggeber „weiterzuziehen".

> Ich sehe es als meine Aufgabe, diese Technologien dem Kunden so beizubringen, dass er sie anwenden kann. (IT-Freelancer)

Die Bereitschaft Wissen weiterzugeben ist jedoch dann gering, wenn die Chancen auf dem Projektmarkt eine Folgebeschäftigung zu finden generell als schlecht eingeschätzt werden. Ist der Akquiseaufwand sehr hoch, oder drohen „Leerlaufzeiten", steigt das Interesse an Folgeaufträgen und damit auch der Wunsch sich „unabdingbar" zu machen.

(…) bei meinem Alter oder in meiner jetzigen Phase ist es so, dass die Aufträge relativ selten sind; ich bin inzwischen auch sparsamer mit der Know-How-Weitergabe. (IT-Freelancer)

Ein Ansatz, um die Bereitschaft zur Wissensteilung zu fördern, kann darin bestehen, gezielt die Angst vor fehlender Folgebeschäftigung zu reduzieren, indem auf die Möglichkeit der Weiterbeschäftigung verwiesen wird:

(…) und das andere ist – denke ich – dass auch diese Angst, wegrationalisiert zu werden oder da nur für ein kurzfristiges Aufschlauen und dann wieder im Endeffekt den Vertrag aufgelöst, also ich denke, die/das/diese Angst muss man auch nehmen, indem man halt klar darstellt, wenn die Aufgabe erledigt ist, dann geht es an die nächste ran, und da ist man natürlich in einer guten Position, wenn man sagt, ich habe Arbeit für 100 und habe nur 10 Mann. (Projektleiter)

4.2.1.4   Interne Barrieren gegenüber dem externen Wissen

Neben der Bereitschaft der Freelancer, ihr Wissen weiterzugeben ist es für den Erfolg eines Wissenstransfers entscheidend, dass das Wissen der Freelancer in den Unternehmen nicht auf interne Barrieren trifft. In einem solchen Fall kann der Wissenstransfer, trotz vorhandener Bereitschaft der Freelancer ihr Wissen weiterzugeben, scheitern. Freelancer stellen in der Praxis jedoch immer wieder Barrieren fest, die die Absorption ihres Wissens behindern können. Ein Hindernis ist beispielsweise die fehlende Akzeptanz ihres Wissens. Diese hängt eng mit der, in der jeweiligen Unternehmenskultur verankerten Einstellung gegenüber Freelancern zusammen.

Das kommt ganz stark auf die Unternehmenskultur an. Da gibt es Kulturen, wo man als der Gott angesehen wird und wo alle irgendwie unberechtigterweise zu einem aufblicken bis zu dem Gegenteil, wo der Interne eher hochnäsig dem Externen gegenüber ist, alles. (IT-Freelancer)

Das Wissen der Freelancer wird von den internen Mitarbeitern mitunter auch deshalb nicht akzeptiert, weil Freelancern Kompetenz abgesprochen wird, da sie mit den betriebsinternen Abläufen wenig vertraut sind.

Also, es gibt einzelne Mitarbeiter, die nehmen das Wissen gerne an, das man mitbringt, aber die meisten stehen eher auf Ablehnung; die sagen, der hat eh keine Ahnung, weil du ihre betriebsinternen Abläufe nicht kennst und deswegen ist auch alles andere Quatsch, was du da weißt. (IT-Freelancer)

Dabei wird übersehen, dass Freelancer bei ihren Einsätzen in verschiedenen Unternehmen wertvolle Einblicke in unterschiedliche Organisationsabläufe erhalten haben und vor dem Hintergrund eines breiten Erfahrungsschatzes urteilen können.

4.2.1.5   Risiken der Nutzung von Freelancern als Wissensquelle

Ein professioneller Umgang mit dem Wissen der Freelancer erfordert auch die Betrachtung möglicher Risiken, die mit der Nutzung des externen Wissens verbunden sein können. Zentrale Risiken sind dabei Wissensabfluss sowie Kompetenzverlust (Nesheim et al.

Gewünschtes Ergebnis eines Know-How-Transfers aus Unternehmensperspektive

„Was ist das Ziel des Know-How-Transfers? "

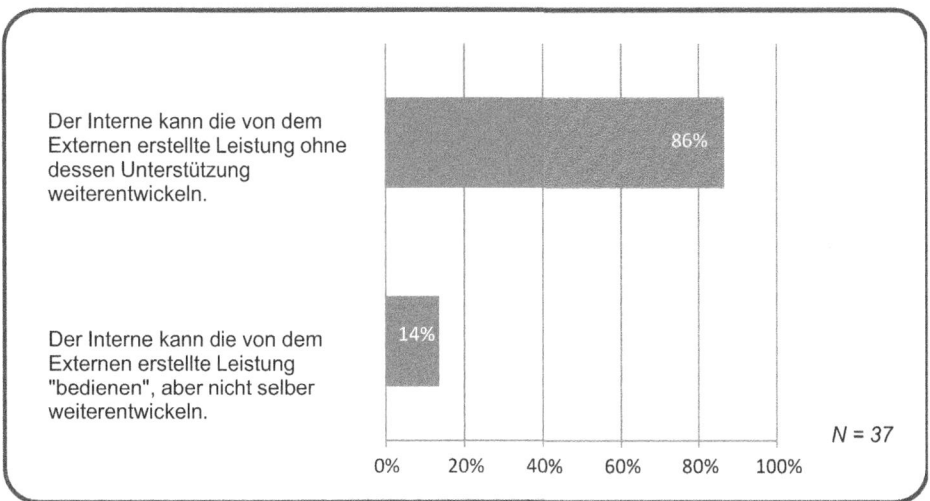

Abb. 4.2 Gewünschtes Ergebnis eines Wissenstransfers aus Unternehmenssicht

2007; Matusik und Hill 1998). Der Abfluss von strategisch relevantem Wissen hat zur Folge, dass Konkurrenten Produkte schneller imitieren können und die Wettbewerbsvorteile an Nachhaltigkeit verlieren. Kompetenzverlust tritt dann ein, wenn intern in bestimmten Bereichen kein Wissen aufgebaut wird, weil die Aufgaben von Freelancern erledigt werden. Dadurch entsteht Abhängigkeit von den Freelancern.

Teilweise sind Praktikern zwar mögliche Risiken bewusst, sie werden jedoch nicht immer gezielt gehandhabt, sondern oft hingenommen:

> Das ist der Preis, den wir dafür bezahlen. (Projektleiter)

Versuche, die Risiken zu reduzieren sind zudem nicht immer erfolgreich. Ein Ansatz, der in der Praxis oft verfolgt wird, um das Risiko eines Kompetenzverlustes zu reduzieren, ist beispielsweise der Wissenstransfer von Freelancern zu den internen Mitarbeitern. In der quantitativen Befragung zeigte sich jedoch deutlich, dass ein Wissenstransfer in der Praxis nicht immer zu dem gewünschten Ergebnis führt. 86 % der Unternehmensvertreter gaben an, dass das Ziel eines Wissenstransfers aus ihrer Sicht darin besteht, dass die internen Mitarbeiter die Aufgabe des Externen auch ohne dessen Unterstützung weiterentwickeln können (vgl. Abb. 4.2). Die befragten Freelancer waren jedoch der Meinung, dass es lediglich „gelegentlich" gelingt Wissen so zu vermitteln, dass interne Mitarbeiter die Technologien eigenständig weiterentwickeln können (vgl. Abb. 4.3).

Ergebnisse eines Know-How-Transfers aus Sicht der Freelancer

*„Wie häufig finden sich aus Ihrer Sicht folgende Ergebnisse eines Know-
How-Transfers an interne Mitarbeiter?"*

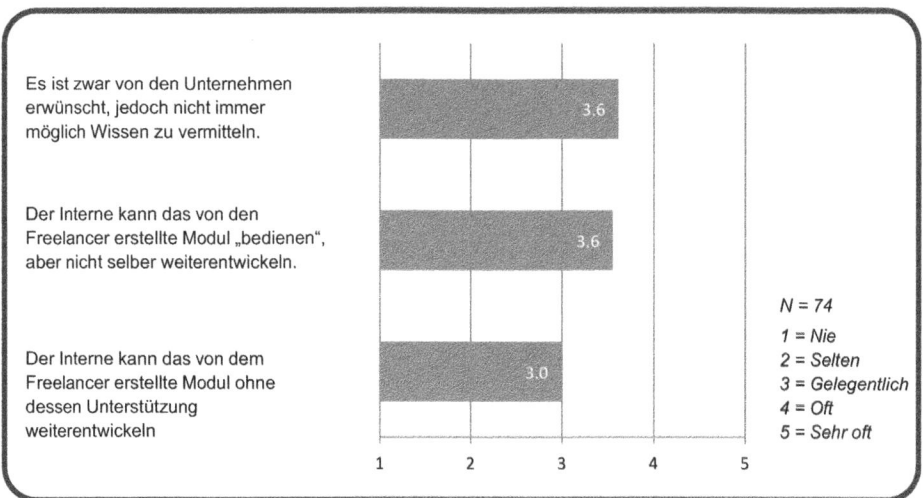

Abb. 4.3 Mögliche Ergebnisse eines Wissenstransfers aus Freelancersicht

4.2.2 Konzept zur Gestaltung eines professionellen Wissensmanagements

Die empirischen Studien zeigen, dass in der Praxis insgesamt noch ein deutlicher Bedarf nach Konzepten zum professionellen Umgang mit dem Wissen von Freelancern besteht.

> Das Thema Wissensmanagement selbst wird sowieso immer noch, auch in großen und Top-IT-Unternehmen wenig und semiprofessionell gehandhabt. (Projektleiter)

Im nächsten Abschnitt wird deshalb ein Konzept vorgestellt, das Unternehmen in der Praxis Ansatzpunkte für den professionellen Umgang mit dem Wissen von Freelancern bieten soll. Dabei steht die Frage im Vordergrund, wie die Integration des Wissens in das Unternehmen gestaltet werden kann und wie Unternehmen mit den Risiken, die mit der Nutzung des Wissens von Freelancern verbunden sein können, umgehen können. Das Konzept gibt für die Projektphasen Empfehlungen zur Gestaltung eines Wissensmanagements beim Einsatz von Freelancern (vgl. Abb. 4.4).

4.2.2.1 Maßnahmen zu Projektbeginn

Zu Projektbeginn ist es wichtig, eine geeignete Integration der Freelancer in das Unternehmen zu gestalten und Ansatzpunkte dafür zu finden, wie mit dem Risiko eines möglichen Wissensabflusses umgegangen werden kann.

Projektbeginn	Projektdurchführung	Projektende
Integration der Freelancer Vermeidung von Wissensabfluss	• Maßnahmen zur Erleichterung des Wissenstransfers • Professionelle Koordination der Leistungserstellung	• Erfolgskontrolle des Wissenstransfers • Integration modularer Teilleistungen • Aufbau von Netzwerken

Abb. 4.4 Wissensmanagement beim Einsatz von Freelancern

a. Integration der Freelancer

Eine gut ausgestaltete Integration der Freelancer zu Projektbeginn ermöglicht es Freelancern, Zugang zu Informationen zu bekommen, die sie für ihre Arbeit benötigen. Außerdem können dadurch informelle Kommunikationsstrukturen entstehen, die einen Wissenstransfer erleichtern. Dabei stehen verschiedene Integrationsmaßnahmen zur Verfügung, die sich in ihrer Intensität unterscheiden. Intensive Integrationsmaßnahmen sind beispielsweise ein Coaching des Freelancers zu Beginn des Einsatzes oder die Zuordnung eines internen Ansprechpartners. Sie zielen darauf ab, einen engen persönlichen Kontakt zwischen Freelancern und internen Mitarbeitern aufzubauen. Weniger intensive Integrationsmaßnahmen sind beispielsweise eine Vorstellungsrunde bei internen Mitarbeitern, zu deren Arbeit Anknüpfungspunkte bestehen oder eine kurze Erläuterung der Aufgabenstellung sowie der internen Strukturen des Unternehmens. Hier steht weniger eine persönliche Beziehung, sondern vielmehr ein Verständnis der Aufgabenstellung sowie der internen Strukturen im Vordergrund. Wichtig bei der Auswahl der Integrationsmaßnahme ist es, dass sie zu den Spezifika des Einsatzes passt. Eine intensive Integration der Freelancer ist in zwei Fällen sinnvoll. Erstens dann, wenn Wissen transferiert werden soll und absehbar ist, dass sich der Wissenstransfer komplex gestaltet und zweitens, wenn modularisierte Teilleistungen erstellt werden sollen und dafür unternehmensspezifisches Wissen benötigt wird, so dass eine intensive Interaktion mit internen Mitarbeitern notwendig ist.

Die Komplexität eines Wissenstransfers hängt stark davon ab, wie sehr sich interne Mitarbeiter und Freelancer im Hinblick auf die ausgeübte fachliche Tätigkeit sowie die Berufserfahrung voneinander unterscheiden (Brown und Duguid 2001). Der Wissenstransfer zwischen Personen, die in einem ähnlichen Bereich arbeiten und über ähnliche Erfahrung verfügen gestaltet sich oft vergleichsweise einfach, beispielsweise weil ähnliche Wahrnehmungs- und Interpretationsschemata vorliegen und dieselbe Fachsprache verwendet wird (Szulanski 1996). Ist eine solche gemeinsame Basis jedoch nicht vorhanden, können umfangreiche Lernprozesse notwendig sein, um Wissen zu transferieren. Diese erfordern in der Regel persönlichen Kontakt. Intensive Integrationsformen, wie die Zuordnung eines internen Ansprechpartners fördern diesen Kontakt.

Eine intensive Integration kann, unter bestimmten Bedingungen, auch dann erforderlich sein, wenn Freelancer Teilleistungen erstellen, ohne dass dabei Wissen transferiert

werden soll. Beispielsweise dann, wenn die Teilleistungen auf die internen Systeme zu-
geschnitten werden sollen und deshalb unternehmensspezifisches Wissen sowie ein Verständnis für interne Zusammenhänge erforderlich sind. Beides bekommen Freelancer
typischerweise über die internen Mitarbeiter, so dass auch hier Integrationsmaßnahmen
sinnvoll sind, die den persönlichen Kontakt zwischen internen Mitarbeitern und Freelancern fördern.

Bei Integrationsmaßnahmen, die darauf abzielen einen persönlichen Kontakt zwischen
Freelancern und internen Mitarbeiter herzustellen ist zu beachten, dass sichergestellt sein
muss, dass interne Mitarbeiter ausreichend Zeit haben, um sich um die Freelancer zu küm-
mern. Beispielsweise sollte überprüft werden, ob eine Doppelbelastung zwischen Projekt-
und Linientätigkeit den Internen genügend Zeit lässt.

Die Integration kann hingegen dann weniger intensiv gestaltet werden, wenn der Wissenstransfer vergleichsweise einfach ist und/oder wenn die Teilleistungen wenig unter-
nehmensspezifisch sind und eigenständig bearbeitet werden können. Wenn Freelancer
und interne Mitarbeiter über ähnliches Fachwissen und ähnliche Berufserfahrung verfügen ist ein Wissenstransfer vergleichsweise einfach. Um Wissen zu transferieren genügt
es dabei oft, dieses in kodifizierter Form zur Verfügung zu stellen, beispielsweise durch
die Erstellung von Dokumentationen (Hansen et al. 1999), ggf. in Kombination mit einer
knappen persönlichen Erläuterung. Wenn Freelancer eigenständig Teilleistungen erstellen
und dabei kein oder kaum unternehmensspezifisches Wissen notwendig ist, ist ebenfalls
keine intensive Integration erforderlich. Viel wichtiger ist hier eine möglichst präzise Beschreibung der gewünschten Teilleistung, da dadurch die eigenständige Bearbeitung der
Teilleistung möglich wird.

b. Vermeidung von Wissensabfluss

Vor dem Einsatz der Freelancer sollte das Risiko eines Wissensabflusses beurteilt werden,
um frühzeitig entsprechende Maßnahmen treffen zu können. Die Analyse kann dabei auf
zwei Ebenen stattfinden. Zunächst können auf einer strategischen Ebene Überlegungen
dazu angestellt werden, ob das Risiko in Kauf genommen werden kann. In stark dynamischen Umfeldern kann beispielsweise die Chance, durch die Nutzung des externen
Wissens Innovationen schneller generieren zu können gegenüber möglichen Nachteilen
aufgrund eines Abflusses von internem Wissen überwiegen. Außerdem ist zu berücksichtigen, dass bestehendes Wissen gegebenenfalls schnell veraltet, so dass ein langfristiger
Schutz des Wissens nicht notwendig ist (Matusik und Hill 1998; Nesheim et al. 2007; Nesheim 2003). Danach kann, gegebenenfalls zusätzlich, das Risiko eines Wissensabflusses auf
der Ebene der konkreten Einsatzsituation analysiert werden. Hier spielen, unter anderem,
die Dauer des Einsatzes und das Einsatzgebiet eine Rolle. Es ist bei komplexem Wissen beispielsweise oft nicht möglich dieses innerhalb der begrenzten Zeit eines Projekteinsatzes
zu übernehmen.

Folgende drei Ansatzpunkte können herangezogen werden, um Wissensabfluss zu vermeiden.

- Ein erster Ansatzpunkt besteht in juristischen Schutzmechanismen, wie beispielsweise der Unterschrift eines Non-Disclosure-Agreement, mit dem sich Freelancer verpflichten, keine Geschäftsgeheimnisse weiterzugeben. Dies ist in der Praxis jedoch nicht immer ausreichend, da auch die Weitergabe von Wissen über Prozesse oder Methoden, die nicht im engen Sinn zu den Geschäftsgeheimnissen gehören, kritisch sein kann.
- Ein zweiter Ansatzpunkt besteht darin, die Einsatzsituation des Freelancers so zu gestalten, dass er möglichst keinen Zugang zu sensiblem internen Wissen erhält. Dabei ist jedoch zu beachten, dass dies die Einsatzmöglichkeiten von Freelancern einschränkt.
- Ein dritter Ansatzpunkt kann darin bestehen, eine längerfristige Bindung zu dem Freelancer herzustellen, beispielsweise über Folgeprojekte.

4.2.2.2 Maßnahmen während der Projektdurchführung

Während der Projektdurchführung stehen, je nachdem, ob das Wissen der Freelancer internalisiert werden soll, oder in Teilleistungen einfließt unterschiedliche Maßnahmen im Fokus eines professionellen Managements. Soll das Wissen der Freelancer internalisiert werden, ist es wichtig, Maßnahmen zu treffen, die einen Wissenstransfer erleichtern. Steht hingegen das Ziel im Vordergrund, Teilleistungen der Freelancer zu nutzen kann der Fokus primär auf einer professionellen Koordination der Zusammenarbeit liegen.

a. Maßnahmen zur Erleichterung des Wissenstransfers

Wenn das Wissen der Freelancer genutzt werden soll, um internes Wissen aufzubauen oder weiterzuentwickeln ist es wichtig, während des Projektes geeignete Rahmenbedingungen für den Wissensaustausch zu schaffen sowie Barrieren abzubauen, die einen Wissenstransfer behindern können.

Ein Faktor, der die Möglichkeit zum Wissensaustausch beeinflusst ist der persönliche Kontakt zu internen Mitarbeitern. Dies setzt voraus, dass interne Mitarbeiter zeitlich verfügbar sind. Räumliche Nähe fördert zusätzlich den Wissensaustausch. Ansatzpunkte für eine Förderung des Wissenstransfers können daher beispielsweise darin bestehen, interne Mitarbeiter, zumindest teilweise, von der Linientätigkeit freizustellen und Freelancer und interne Mitarbeiter in räumlicher Nähe unterzubringen, beispielsweise in einem Büro.[1] Wichtig ist zudem, dass genügend Zeit für den Wissenstransfer zur Verfügung steht (Schewe und Nienaber 2011, S. 46; Riege 2007, S. 52). Dies kann beispielsweise dadurch sichergestellt werden, indem der Wissenstransfer als Bestandteil der Projektziele formuliert wird und im Projektplan genügend Zeit berücksichtigt wird.

---

[1] Dabei ist jedoch zu beachten, dass die Unterbringung von Freelancern und internen Mitarbeitern im gleichen Büro grundsätzlich als Indiz für Scheinselbstständigkeit gewertet werden kann. Da Scheinselbstständigkeit jedoch immer in einer Gesamtschau unter Berücksichtigung mehrerer Indizien ermittelt wird, sollte darauf geachtet werden, dass keine zusätzlichen Anhaltspunkte für eine Scheinselbstständigkeit vorliegen.

Neben Maßnahmen, die den Wissenstransfer fördern sollen, ist es wichtig, aktiv gegen typische Barrieren, die den Wissensaustausch zwischen Freelancern und internen Mitarbeitern behindern können anzugehen. Eine Barriere ist dabei eine generell ablehnende Haltung gegenüber externem Wissen, das sogenannte „Not-invented-here"-Syndrom (NIH) (Katz und Allen 1982). Dieses sollte durch eine entsprechende Kommunikation im Unternehmen vorgebeugt werden. Beispielsweise kann der Projektleiter die Bedeutung der Nutzung des Wissens der Freelancer für die Innovationsleistung des Unternehmens betonen. Daneben ist es wichtig, auf ein positives Klima der Zusammenarbeit zwischen Freelancern und internen Mitarbeitern zu achten, wenn ein Wissenstransfer stattfinden soll. In den empirischen Studien wurde deutlich, dass insbesondere zwei Faktoren das Klima der Zusammenarbeit belasten können: Der Neid interner Mitarbeiter auf die vermeintlich oder tatsächlich höheren Stundensätze der Freelancer sowie Konkurrenzdenken, welches durch die Angst entsteht aufgrund des Einsatzes des Freelancers, den eigenen Arbeitsplatz zu verlieren. Eine entsprechende Kommunikation durch den Projektleiter kann auch hier Konflikte, die den Wissensaustausch behindern können, vorbeugen. Beispielsweise kann der Projektleiter betonen, dass ein höherer Stundensatz aufgrund der Spezialqualifikation des Freelancers gerechtfertigt ist sowie den internen Mitarbeitern versichern, dass es nicht intendiert ist, deren Arbeitsplätze zu ersetzen, sofern dies zutrifft.

b. Professionelle Koordination der modularen Zusammenarbeit
Wenn Freelancer ihr Wissen in eigenständige Teilleistungen einfließen lassen, kommt der professionellen Koordination der Projekte eine wichtige Bedeutung zu. Diese soll sicherstellen, dass die separat erstellten Teilleistungen die Anforderungen erfüllen und später miteinander integriert werden können. Wie die Koordination konkret aussieht hängt dann davon ab, wie eigenständig die Teilleistungen erstellt werden. Entwickeln die Freelancer relativ eigenständig Teilmodule ist die Koordination idealerweise stärker artefaktbasiert. Dies bedeutet, dass über materielle Artefakte, wie beispielsweise Diagramme oder Pläne, Informationen über die Funktionalitäten der einzelnen Module sowie Anforderungen an die Schnittstellen vorgegeben werden (Grunwald und Kieser 2007). Indem Artefakte zur Verfügung gestellt werden, wird sichergestellt, dass die Anforderungen an die Teilleistungen klar dokumentiert sind. Missverständnisse bezüglich der Anforderungen an die Teilmodule, die bei eigenständiger Bearbeitung in der Regel erst spät deutlich werden, können so vorgebeugt werden.

Wenn die Teilleistungen in enger Abstimmung erstellt werden, erfolgt die Koordination hingegen idealerweise stärker durch die Person des Projektleiters. Dies ist typischerweise dann der Fall, wenn Teilleistungen erstellt werden, die an unternehmensspezifische Technologien anknüpfen, da diese oft stark an interne Systeme angepasst werden müssen, sowie dann, wenn das Endergebnis zu Beginn des Projektes noch nicht klar definiert ist und fortlaufend Anpassungen notwendig sind. Eine kontinuierliche Kommunikation sowie ein Monitoren des Projektfortschritts durch den Projektleiter sind hier entscheidend, um notwendige Änderungen frühzeitig vornehmen zu können. Beispielsweise müssen Entscheidungen darüber getroffen werden, wie das externe Wissen konkret in das interne System integriert wird.

4.2.2.3 Maßnahmen zum Projektende

Zum Ende des Projektes ist es wichtig, den Erfolg des Wissenstransfers zu kontrollieren und gegebenenfalls „nachzubessern", um Abhängigkeit von einzelnen Freelancern zu verhindern sowie den Verlust relevanter Kompetenzen vorzubeugen. Wenn während des Projektes hingegen nicht der Transfer von Wissen im Vordergrund stand, sondern vielmehr die Erstellung von Teilleistungen, müssen diese zum Projektende zusammengefügt werden. Im Hinblick auf zukünftigen Wissensbedarf empfiehlt es sich zudem ein Netzwerk aufzubauen, über das Freelancer zu einem späteren Zeitpunkt kontaktiert werden können.

a. Erfolgskontrolle des Wissenstransfers

Falls mit dem Einsatz von Freelancern das Ziel verfolgt wurde, internes Wissen aufzubauen oder weiterzuentwickeln ist es wichtig, gegen Ende des Projektes zu kontrollieren, ob der Wissenstransfer erfolgreich war und gegebenenfalls Nachbesserungen vorzunehmen. Das Ergebnis eines Wissenstransfers kann dabei entweder darin bestehen, dass Leistungen, die gemeinsam mit dem Freelancer entwickelt wurden, beispielsweise eine technologische Funktion, von den internen Mitarbeitern bedient werden können, oder darin, dass interne Mitarbeiter die Leistungen eigenständig, d. h. ohne die Unterstützung der Freelancer, weiterentwickeln können. Aufgrund der Komplexität, die mit einem Wissenstransfer verbunden sein kann (Bonss und Kaiser 2012). ist es wichtig, zu Projektende mehrere Kontrollschritte in den Projektplan zu integrieren, so dass gegebenenfalls frühzeitig gegengesteuert werden kann. Die Kontrolle des Fortschritts des Wissenstransfers kann beispielsweise erfolgen, indem Projektleiter die Teammitglieder in Gesprächen dazu auffordern, den Stand des Wissenstransfers zu beurteilen. Ein Interviewpartner hat dabei gute Erfahrungen damit gemacht, den Wissenstransfer bei Bedarf gezielt voranzutreiben, indem angekündigt wird, dass der Freelancer zeitnah, zu einem bestimmten Datum aus dem Projekt genommen wird. Dadurch wird die Motivation der internen Mitarbeiter, von ihm zu lernen erhöht.

b. Integration der Teilleistungen

Ist das Wissen der Freelancer während des Projektes in Teilleistungen eingeflossen, müssen diese zum Ende des Projektes integriert werden. Besonders dann, wenn Teilleistungen von den Freelancern weitgehend eigenständig in modularer Form erstellt wurden, ist gegen Ende des Projektes ein höherer Koordinationsaufwand nötig, um die Teilleistungen an den Schnittstellen zu integrieren. Dazu sind oft mehrere Testläufe notwendig, bei denen die Module schrittweise aneinander angepasst werden (Schmickl und Kieser 2008).

c. Aufbau von Netzwerken

Ein Bedarf an spezifischem Wissen entsteht in der Regel nicht nur während eines Projektes. Oft ist es für Unternehmen interessant, Freelancer, mit denen in der Vergangenheit gute Erfahrungen gemacht wurden, bei einem erneut auftretendem Bedarf an spezifischen Kompetenzen kontaktieren zu können. Das Risiko, Freelancer auszuwählen, die fachlich und persönlich nicht für den jeweiligen Einsatz geeignet sind ist in diesem Fall vergleichsweise gering. Außerdem sinkt bei wiederholtem Einsatz die Einarbeitungszeit

(Kaiser et al. 2007). Um von diesen Vorteilen profitieren zu können bietet es sich an, eine Datenbank zu erstellen, in der die Kontaktdaten von ausgewählten Freelancern aufgenommen werden (Kaiser und Bonss 2012). Eine solche Datenbank kann beispielsweise zentral im Personalwesen gepflegt werden. Besteht später erneut ein Bedarf an Wissen, können die entsprechend qualifizierten Freelancer einfach identifiziert und kontaktiert werden.

4.3   Fazit

Der Einsatz von Freelancern bietet Unternehmen zahlreiche Möglichkeiten Flexibilität umzusetzen und auf zunehmend dynamischeren Umfeldbedingungen zu reagieren. Für den erfolgreichen Einsatz von Freelancern ist in der Praxis jedoch einiges zu beachten. Zunächst muss die Führung von gemischten Teams aus internen und externen Mitarbeitern gestaltet werden. Gemischte Teams haben zahlreiche Vorteile, beispielsweise entsteht durch die externe Perspektive der Freelancer kreativitätsfördernde Diversität und damit ein „frischer Wind" in den Teams. Dies steigert das Innovationspotenzial und kann wechselseitige Lernprozesse anstoßen. Um davon profitieren zu können, sollten Führungskräfte jedoch die unterschiedlichen Wirkungen der Diversität berücksichtigen und geeignete Rahmenbedingungen für die Teamarbeit gestalten. Beispielsweise ist darauf zu achten, dass Freelancer in den Projekten in der Überzahl sind und damit von den internen Mitarbeitern als „Bedrohung" wahrgenommen werden können. Durch eine geeignete Kommunikation in der täglichen Teamführung kann Vorbehalten gegenüber Freelancern und anderen Störfaktoren vorgebeugt und das Team effektiv gesteuert werden.

Eine weitere zentrale Herausforderung besteht in der Praxis in der Integration des Wissens von Freelancern und in dem Umgang mit möglichen Risiken der Nutzung des externen Wissens. Die Integration des Wissens erfolgt entweder durch persönliche Zusammenarbeit zwischen internen Mitarbeitern und Freelancern, oder über die Integration modularisierter Teilleistungen. Im letzten Fall erstellen die Freelancer eigenständig Teilleistungen, z. B. Softwaremodule, die anschließend über Schnittstellen mit dem internen System integriert werden. Dementsprechend ergeben sich unterschiedliche Herausforderungen für die Integration des Wissens. Erfolgt die Integration durch persönliche Zusammenarbeit, ist es wichtig, Freelancer gleich zu Projektbeginn in das Team zu integrieren, beispielsweise durch die Zuordnung eines internen Ansprechpartners. Außerdem sollte auf ein positives Klima der Zusammenarbeit im Team geachtet werden, indem kritische Faktoren, wie Konkurrenzdenken oder Neid durch gezielte Kommunikation vorgebeugt werden. Wird das externe Wissen hingegen in Form von modularisierten Teilleistungen integriert, besteht ein entscheidender Erfolgsfaktoren in einer klaren Definition der Aufgabenstellung und der Schnittstellen, an denen das Modul später integriert wird.

Es wurden zudem mehrere Ansatzpunkte zum Umgang mit den Risiken der Nutzung des externen Wissens vorgestellt. Unternehmen können beispielsweise Kompetenzverlust vermeiden, indem sie bei strategisch relevantem Wissen mit dem Freelancer vereinbaren, dass er sein Wissen an interne Mitarbeiter weitergibt. Der Abfluss von internem Wissen kann beispielsweise dadurch vermieden werden, dass die Spezifika der Einsatzsituation genau überprüft werden, z. B. die Möglichkeit den Einsatz so auszugestalten, dass der Freelancer keinen Zugang zu sensiblem internem Wissen hat.

Abschließend lässt sich festhalten, dass der Einsatz von Freelancern für Unternehmen mit zahlreichen Chancen verbunden ist. Mit diesem Beitrag haben wir Ansatzpunkte aufgezeigt, wie Unternehmen in der Praxis von der Zusammenarbeit mit Freelancern profitieren können und wie sie mit möglichen Risiken umgehen können.

Literatur

Atkinson J (1984) Manpower strategies for flexible organisations. Pers Manage 16(8):28–31

Barley SR, Kunda G (2006) Gurus, hired guns, and warm bodies. Itinerant experts in a knowledge economy. Princeton University Press, Princeton

Bonss U, Kaiser S (2012) Freelancer als Quelle externen Wissens. Überlegungen zum Für und Wider eines Transfers von Wissen sowie daraus abzuleitende Managementimplikationen. In: Kaiser S, Josephs I, Süß S (Hrsg) Freelancer als Forschungsgegenstand und Praxisphänomen. Betriebswirtschaftliche und psychologische Perspektiven. Peter Lang, Frankfurt M. u. a., S 169–186

Brown J, Duguid P (2001) Knowledge and organization. A social-practice perspective. Organ Sci 12(2):198–213

D'Aveni RA (1998) Waking up to the new era of hypercompetition. Wash Quart 21(1):183–195

Grunwald R, Kieser A (2007) Learning to reduce interorganizational learning. An analysis of architectural product innovation in strategic alliances. J Prod Innov Manage 24(4):369–391

Hansen MT, Nohria N, Tierney T (1999) What's your strategy for managing knowledge? Harvard Bus Rev 77(2):106–116

Harrison DA, Price KH, Gavin JH, Florey A (2002) Time, teams, and task performance: changing effects of surface- and deep-level diversity on group functioning. Acad Manage J 45(5):1029–1045

Hitt MA, Keats BW, DeMarie SM (1998) Navigating in the new competitive landscape. Building strategic flexibility and competitive advantage in the 21st century. Acad Manage Exec 12(4):22–42

Hogg MA, Abrams D (1988) Social identifications: a social psychology of intergroup relations and group process. Routledge, London

Hönicke I (2009) Freiberufler bunkern ihr Wissen. http://www.computerwoche.de/karriere/freiberufler/1903448/. Zugegriffen: 15. Sept 2010

Jackson SE, Stone VK, Alvarez EB (1992) Socialization amidst diversity: impact of demographics on work team old timers and newcomers. Res Organ Behav 15:45–109

Kaiser S (2011) Ein Blick in die Zukunft: Im offenen und atmenden Unternehmen gibt es für Personalmanager neue Aufgaben – Alle Mitarbeiter erfassen. Personal Z Hum Resource Manage 63(4):48–50

Kaiser S, Bonss U (2012) Umgang mit Freelancern. im Spannungsfeld von Flexibilisierung und Stabilisierung. Wirtschaftspsychologie aktuell (4):54–56

Kaiser S, Roßbach M (2003) Flexibilisierung in der Personalausstattung. Pers Z Hum Resource Manage 55(01):16–19

Kaiser S, Rössing I (2010) Die Nutzung unternehmensexterner Kompetenzen zwischen Innovation und Routine: Eine empirische Analyse in wissensintensiven Arbeitskontexten. In: Barthel E, Hanft A, Hasebrook J (Hrsg) Integriertes Kompetenzmanagement im Spannungsfeld von Innovation und Routine. Waxmann, Münster, S 135–150

Kaiser S, Rössing I (2013, im Erscheinen) Organizational Manoeuvres for exploring and exploiting external knowledge. Int J Know Manage Stud

Kaiser S, Kampe T, Paust R (2007) Externe Mitarbeiter. Erfolgreiches Management externer Professionals, Freelancer und Dienstleister. Linde, Wien

Kaiser S, Süß S, Josephs I (2012) Das Phänomen Freelancing: Eine neue Beschäftigungsform und ihre Herausforderungen. In: Kaiser S, Süß S, Josephs I (Hrsg) Freelancer als Forschungsgegenstand und Praxisphänomen. Betriebswirtschaftliche und psychologische Perspektiven. Peter Lang, Frankfurt a. M u. a., S 7–18 (Forschung und Praxis zukunftsfähiger Unternehmensführung (Herausgegeben von Stephan Kaiser), 2)

Katz R, Allen TJ (1982) Investigating the Not Invented Here (NIH) syndrome. A look at the performance, tenure, and communication patterns of 50 R & D Project Groups. R D Manage 12(1):7–20

Kunda G, Barley SR, Evans J (2002) Why do contractors contract? The experience of highly skilled technical professionals in a contingent labor market. Ind Lab Relat Rev 55(2):234–261

Köhler C (2009) Freelancer Management.09. Eine aktuelle Studie über die Umsetzung des Beziehungsmanagements zwischen Unternehmen und Freelancern. Hg. v. buschmais GbR

Lepak DP, Snell SA (1999) The human resource architecture. Toward a theory of human capital allocation and development. Acad Manag Rev 24(1):31–48

Matusik SF, Hill CW (1998) The utilization of contingent work, knowledge creation, and competitive advantage. Acad Manag Rev 23(4):680–697

Mayring P (2010) Qualitative Inhaltsanalyse. Grundlagen und Techniken, 11. Aufl. Beltz, Weinheim

Milliken FJ, Martins LL (1996) Searching for common threads: understanding the multiple effects of diversity in organizational groups. Acad Manag Rev 21(2):402–433

Nesheim T (2003) Using external work arrangements in core value-creation areas. Eur Manage J 21(4):528–537

Nesheim T, Olsen KM, Kalleberg AL (2007) Externalizing the core. Firms' use of employment intermediaries in the information and communication technology industries. Hum Resource Manage 46(2):247–264

Riege A (2007) Actions to overcome knowledge transfer barriers in MNCs. J Knowl Manage 11(1):48–67

Rössing I, Kaiser S (2011) Pride and prejudice – the challenge of integrating external creativity in organisational teams. Paper zum Vortrag auf der 27. Jahreskonferenz der European Group of Organisation Studies (EGOS), 08.07.2011, Göteborg/Schweden

Rössing I, Kaiser S (2012a) Führung und Management von Freelancern in gemischten Teams. In: Kaiser S, Süß S, Josephs I (Hrsg) Freelancer als Forschungsgegenstand und Praxisphänomen. Betriebswirtschaftliche und psychologische Perspektiven. Frankfurt a. M., S 151–168

Rössing I, Kaiser S (2012b) Organizational maneuvers for exploring and exploiting external knowledge. Int J Knowl Manage Stud 5 (1/2): 89–108.

Schewe G, Nienaber AM (2011) Explikation von implizitem Wissen. Stand der Forschung zu Barrieren und Lösungsansätzen. J Betriebswirtschaft 61(1):37–84

Schmickl C, Kieser A (2008) How much do specialists have to learn from each other when they jointly develop radical product innovations? Res Pol 37(6–7):1148–1163

Storey J, Quintas P, Taylor P, Fowle W (2002) Flexible employment contracts and their implications for product and process innovation. Int J Hum Resource Manage 13(1):1–18

Szulanski G (1996) Exploring internal stickiness. Impediments to the transfer of best practices within the firm. Strateg Manag J 17:27–43

Teece DJ (2007) Explicating dynamic capabilities. The nature and microfoundations of (sustainable) enterprise performance. Strateg Manag J 28(13):1319–1350

Teece DJ, Pisano G, Shuen A (1997) Dynamic capabilities and strategic management. Strateg Manag J 18(7):509–533

Van Knippenberg D, Schippers MC (2007) Work group diversity. Annu Rev Psychol 58:515–41

Williams KY, O'Reilly CA (1998) Demography and diversity in organizations. In: Sutton RI, Staw BM (Hrsg) Research in organizational behavior. JAI, Stamford, (20), S 70–140

Teil III
Zeitarbeit und Konsequenzen für die Vereinbarkeit von Familie und Beruf

Vereinbarkeitsmanagement als Herausforderung moderner Personalpolitik - neue Dienstleistungen für familiengerechte Arbeits- und Beschäftigungsformen

5

Rüdiger Klatt und Silke Steinberg

5.1 Einleitung

Die Innovationsfähigkeit einer modernen Arbeitswelt setzt fähige und kreative Mitarbeiterinnen und Mitarbeiter voraus, die über ein hohes Maß an Kompetenzen und Lernfähigkeit verfügen. Qualifizierte Fachkräfte stehen aber aufgrund des demografischen Wandels schon heute immer weniger in ausreichender Zahl zur Verfügung.[1] Auf der anderen Seite wird das Reservoir an vorhandenen Fachkräften in vielen Bereichen nicht ausgenutzt (z. B. ältere Beschäftigte, Berufsrückkehrer/innen[2], Migrant/innen).

Besonders hoch sind die Schwierigkeiten, wieder auf dem Arbeitsmarkt Fuß zu fassen für Berufsrückkehrer/innen sowie für Fachkräfte nach der Elternzeit oder nach der Be-

---

Unter Mitarbeit von Johannes Jahns, Constanze Jäger und Annika Lisakowski

[1] Bereits heute fehlen laut einer aktuellen Studie der Vereinigung der Bayerischen Wirtschaft (vbw 2012, S. 50) auf dem deutschen Arbeitsmarkt ca. 1 Mio. Fachkräfte, 2020 dürfte die Lücke bei 1,7 Mio. fehlenden Fachkräften liegen. Nach einer Befragung des Verbandes der Elektrotechnik, Elektronik, Informationstechnik (VDE) aus Anlass der Hannover Messe 2008 bezeichnen 59 % der befragten 1250 VDE-Mitgliedsunternehmen den Fachkräftemangel als größtes Innovationshemmnis für den Standort Deutschland. Damit sei der Fachkräftemangel laut VDE nach „Bürokratie und gesetzlichen Rahmenbedingungen" die Nr. 2 auf der Negativliste.Nach einer Unternehmensbefragung der Unternehmerzeitung ProFirma und des Rudolf Haufe Verlags nahmen 2007 70 % der befragten 324 KMU den Mangel an geeignetem Personal als wichtiges Problem wahr, 83 % der KMU gehen davon aus, dass sich der Wettbewerb um qualifiziertes Personal noch verschärfen wird (Hug 2008).

[2] Laut hib-Meldung des Deutschen Bundestages vom 23.01.2007 betrug im Jahr 2006 die Zahl der arbeitslos gemeldeten Berufsrückkehrerinnen 153.215. Der Anteil der Berufsrückkehrerinnen an allen Arbeitslosen pendle etwa zwischen zweieinhalb und dreieinhalb Prozent.

R. Klatt (✉) · S. Steinberg
Technische Universität Dortmund, WISO Forschungsgruppe Arbeitssoziologie, Otto-Hahn-Str. 4, 44221 Dortmund, Deutschland
E-Mail: Ruediger.Klatt@tu-dortmund.de

S. Kaiser et al. (Hrsg.), *Arbeits- und Beschäftigungsformen im Wandel,*
DOI 10.1007/978-3-658-00331-9_5, © Springer Fachmedien Wiesbaden 2013

treuung pflegebedürftiger Angehöriger[3]. Auch die Gruppe der alleinerziehenden Mütter oder Väter hat größte Probleme, wieder in den Beruf zurückzukehren.

> Im Jahr 2009 lebten 8,2 Mio. Familien mit minderjährigen Kindern in Deutschland. Fast jede fünfte davon (19 %) war eine Familie einer alleinerziehenden Mutter oder eines allein-erziehenden Vaters. 72 % der Familien waren Ehepaare und 9 % Lebensgemeinschaften mit minderjährigen Kindern. Alleinerziehende bilden somit eine feste Größe unter den Familien Deutschlands. (Statistisches Bundesamt 2010, S. 6)

Alleinerziehende haben größte Probleme, wieder in den Beruf zurückzukehren. Nur sechs von zehn Alleinerziehenden mit Kindern unter 18 Jahren sind erwerbstätig. Haben sie Kinder unter drei Jahren, ist sogar nur jede fünfte erwerbstätig (Statistisches Bundesamt 2010).

In diesen Gruppen ist weniger die Qualifikation ein Problem. Im Gegenteil: Oft gehen den Unternehmen durch familienbedingte Auszeiten hochqualifizierte und innovative Mitarbeiter/innen – z. T. unwiederbringlich – verloren. Verantwortlich dafür ist ein Man-gel oder ein komplettes Fehlen geeigneter familiärer Unterstützungsangebote oder flexib-ler Beschäftigungs-, Arbeitszeit- und Betreuungskonzepte, die eine bessere Vereinbarkeit von Beruf und Familie ermöglichen. So hat die erwartete Familienfreundlichkeit der zu-künftigen Unternehmen beispielsweise schon für Studenten bei rund 39 % der weiblichen und 28 % der männlichen Studierenden mit überdurchschnittlichem Abschluss eine sehr hohe Priorität (Klös und Seyda 2007).

Eine aktuelle Studie (Bundesinstitut für Bevölkerungsforschung 2012) kommt zu dem Ergebnis, dass nach wie vor – trotz einer Verbesserung der Situation durch zahlreiche fa-milienpolitische Maßnahmen – für eine überwältigende Mehrheit der Bevölkerung die Vereinbarkeit von Familie und Beruf seit Jahren ein nicht hinreichend gelöstes Problem darstellt. „Im Monitor Familienleben des IfD Allensbach (2011) sehen 84 % der 18- bis 49-jährigen Eltern eine Notwendigkeit, dass Unternehmen mehr dafür tun, ihren Mit-arbeitern die Vereinbarkeit von Familie und Beruf zu erleichtern" (Bundesinstitut für Be-völkerungsforschung 2012, S. 43).

Nicht einmal die Hälfte (45 %) der kinderlosen Deutschen zwischen 18 und 50 Jahren glaube, dass sich ihre Lebensfreude und ihre Zufriedenheit verbessern würde, wenn sie ungeachtet aller Umstände in den nächsten drei Jahren ein Kind bekommen würden (Bun-desinstitut für Bevölkerungsforschung 2012, S. 39).

---

[3] Gegenwärtig sind über zwei Millionen Menschen in Deutschland pflegebedürftig. Über zwei Drit-tel davon werden in häuslicher Pflege betreut, in den allermeisten Fällen wird die Pflege dabei ganz oder überwiegend von einem Familienmitglied übernommen. Zusätzlich zu den Pflegebedürftigen wird von etwa drei Millionen hilfebedürftigen Menschen ausgegangen, die ebenfalls zum größten Teil hauptsächlich von Angehörigen unterstützt werden. Bereits heute sind 23 % der Hauptpflege-personen gleichzeitig berufstätig, davon knapp die Hälfte in einer Vollzeittätigkeit. Zwei Drittel der Pflegepersonen sind im erwerbsfähigen Alter (vgl. berufundfamilie gGmbH 2007).

Die Betreuungssituation insgesamt, aber insbesondere für die unter Dreijährigen, die 2013 lediglich bei 29,3 % liegt (Statistische Ämter des Bundes und der Länder, Hg. 2013 S. 7) und die mangelnde Flexibilität des Betreuungsangebotes werden dabei zu wesentlichen Faktoren, die die Vereinbarkeit von Beruf und Familie negativ beeinflussen. Daneben spielen nach wie vor kulturelle Faktoren, z. B. Rollenbilder in der Kinderbetreuung, eine große Rolle, so dass das Bundesinstitut für Bevölkerungsforschung zu dem Fazit kommt:

> Die geringe Akzeptanz außerhäuslicher Kinderbetreuung als kultureller Faktor und das begrenzte Angebot an Kinderbetreuungseinrichtungen als struktureller Faktor begünstigen in Westdeutschland die Entscheidung gegen Kinder. (Bundesinstitut für Bevölkerungsforschung 2012, S. 46)

Familienfreundlichkeit wird zunehmend von einigen Unternehmen gezielt eingesetzt, um Mitarbeiter/innen an das Unternehmen zu binden und effizientere, neue Arbeitskräfte rekrutieren zu können:

> Während die Ziele der Mitarbeiterbindung und -gewinnung bisher beispielsweise über monetäre Vergütungssysteme verfolgt werden (Deller et al. 2008, S. 43), gewinnen im so genannten ‚War for Talents' ergänzend nicht-monetäre Instrumente an Bedeutung, welche die Beschäftigungsfähigkeit (zukünftiger) Mitarbeiter mit (potenziellen) Familienpflichten gewährleisten bzw. herstellen. (Schneider et al. 2008, S. 11)

Nach Dex und Scheibl (1999) ist davon auszugehen, dass betriebliches Familienbewusstsein zudem die Qualität potenzieller Bewerber für eine vakante Stelle erhöhen kann.

Wegen der aber noch immer geringen Verbreitung und unzureichenden Qualität solcher familienfreundlichen Personalmaßnahmen – gerade bei KMU – gelingt es viel zu wenig, qualifizierte Arbeitskräfte nach der Geburt ihrer Kinder und im weiteren Verlauf ihrer Elternschaft möglichst zeitnah und vollständig wieder in das Erwerbsleben zu integrieren. Schneider et al. kommen daher zu dem Ergebnis:

> Die Folgen sind ein im internationalen Vergleich niedriger Beschäftigungsanteil unter (hoch) qualifizierten Müttern mit kleinen Kindern bzw. ein hoher Anteil an Teilzeitbeschäftigten. Dies bringt in den nächsten Jahrzehnten einerseits vor dem Hintergrund eines demografisch bedingten Rückgangs im Erwerbspersonenpotenzial Probleme für die betriebliche wie volkswirtschaftliche Leistungsfähigkeit mit sich. Andererseits kann dieser durch Familienaufgaben bedingte zeitweise oder vollständige „Rückzug" aus dem Erwerbsleben aber auch große individuelle Lebensrisiken bedeuten: Angesichts einer aktuellen Scheidungswahrscheinlichkeit von 42 % in Deutschland ist das Risiko sehr groß, in Abhängigkeit von staatlichen Transferzahlungen zu geraten. Elternschaft sowie Pflege von Familienangehörigen mit dem Berufsleben von Frauen und Männer zu harmonisieren, Vereinbarkeit im wirklichen Sinne zu gewährleisten, muss daher ein Ziel sein, das sowohl gesamtgesellschaftlich als auch betrieblich sowie individuell angestrebt und unterstützt werden sollte. (Schneider et al. 2008, S. 2)

Vor diesem Hintergrund hat das Verbundprojekt „FlexiBalance"[4] erforscht, wie durch innovative Personaldienstleistungskonzepte in Kombination mit umfassenden Familienbetreuungsdienstleistungen die Vereinbarkeit von Familie und Beruf verbessert werden kann. Im Ergebnis wurde auf dieser Basis ein professionell integriertes und für KMU finanzierbares Konzept erprobt, das den Unternehmen die Beschäftigung von qualifizierten Personen in Familienzeiten und den Beschäftigten selbst eine Optimierung der Work-Life-Balance (bzw. zum Teil überhaupt die Teilnahme am Erwerbsleben) ermöglicht. Durch ein solches Konzept sollen stabile und gleichzeitig flexible Arbeitsplätze entwickelt werden, die dem Fachkräftemangel begegnen und für Beschäftigte in und nach Familienzeiten neue Möglichkeiten zur Teilnahme am Erwerbsprozess bieten.

Das Konzept sollte dabei an der Schnittstelle der Personal- und Familiendienstleistung angesiedelt sein. Es integriert die vorhandenen Dienstleistungen und fungiert als arbeitnehmerorientierte „Vermittlungsinstanz" zwischen den Flexibilitätsansprüchen der Unternehmen und der Beschäftigten. Das Konzept offeriert damit nicht nur die Personal- und Familiendienstleistungen, sondern individualisiert diese auf den Einzelfall durch z. B.:

• Beratung der individuellen Karriereplanung,
• Kompetenzentwicklung während der Familienphase,
• Definition und Umsetzung eines Familienbetreuungskonzeptes,
• „Matching" zwischen familiären Verpflichtungen und Personaleinsatz,
• Management der Einsatzzeiten und Einsatzorte in Abstimmung mit
• Beschäftigten und Einsatzunternehmen.

Erst durch die integrale Bereitstellung von Elternservices und innovativen familiengerechten Arbeitszeitmodellen sowie einer Zuschneidung dieses Services auf individuelle Ansprüche und Rahmenbedingungen wird aus der Sicht von „FlexiBalance" der Zielgruppe die Rückkehr in die Beschäftigung ermöglicht.

5.2   Ziele des Projektes „flexibalance"

Zielsetzung des wissenschaftlichen Teilprojektes von „FlexiBalance" war es, neue Erkenntnisse über die Arbeits- und Beschäftigungsbedingungen von Personen in und nach Familienzeiten bzw. von Berufsrückkehrer/innen zu gewinnen. Dazu sollten kontrastierende

---

[4] Das Forschungsprojekt „FlexiBalance: Work-Life-Balance in flexiblen Arbeits- und Beschäftigungsformen; Betriebliche Innovationsforcierung durch familienorientierte Personaldienstleistungskonzepte" wird vom BMBF im Themenfeld „Balance von Flexibilität und Stabilität in einer sich wandelnden Arbeitswelt" im Rahmen des Programms „Arbeiten – Lernen – Kompetenzen entwickeln. Innovationsfähigkeit in einer modernen Arbeitswelt" von 2009 bis 2013 gefördert. Es wird von der TU Dortmund, Forschungsbereich Arbeitssoziologie in Kooperation mit der Manpower GmbH & Co. KG und dem AWO Bezirksverband OWL e. V. sowie dem TrainingsZentrumZeitarbeit (TZZ GmbH) durchgeführt (Förderkennzeichen: 01FH09075).

explorative Fallstudien im Rahmen hermeneutisch orientierter Methoden der empirischen Sozialforschung zur Ermittlung der Motive, Randbedingungen und Ursachen einer (Weiter-)Beschäftigung bzw. Erwerbspause in der Familienzeit durchgeführt werden.

Außerdem wurden neue Erkenntnisse gewonnen über die Ursachen, Rahmenbedingungen und Folgeprobleme einer gelingenden bzw. nicht gelingenden Balance von Arbeit und Leben durch den repräsentativen Vergleich von Daten über Eltern(-teile) mit Kinderbetreuungsverantwortung mit und ohne Beschäftigung. Von hohem Interesse war insbesondere die Frage nach den Gründen für eine gelingende Work-Life-Balance in Familienphasen und dem spezifischen Beitrag des Beschäftigungsmodells „Zeitarbeit", weil daraus die Konzeptentwicklung (Integration von Elternservices mit innovativen familiengerechten Arbeitszeitmodellen) abgeleitet werden konnte.

Von wissenschaftlicher Bedeutung war auch die Frage

- nach dem Verlust an Innovationsfähigkeit der Unternehmen durch den – vorübergehenden oder dauernden – Austritt aus der Beschäftigung bzw.
- nach dem Innovationsbeitrag von Beschäftigten für Unternehmen, die durch ein solches Konzept in den Arbeitsmarkt reintegriert werden können.

„FlexiBalance" hat dabei die tatsächlich existierenden betrieblichen Rahmenbedingungen und Managementkonzepte zur Vereinbarkeit von Familie und Beruf erfasst (z. B. Arbeitszeitkonzepte für Beschäftigte in Familienzeit, Wiedereinstiegskonzepte, Angebote familienunterstützender Dienstleistungen) und für die Entwicklung des neuen Servicemodells genutzt.

Auf der Basis von zehn Einzelfallstudien wurden Hypothesen gebildet, die im Rahmen einer bundesweiten standardisierten telefonischen Befragung von Eltern in Familienzeit ($n = 501$) überprüft wurden. Untersuchungsdimensionen waren dabei u. a. die familiäre Situation, die Beschäftigungssituation, Qualifikation/Bildungsgrad, Motivation, Belastungssituation, finanzielle Lage, Gesundheit und die Flexibilität.

Korrespondierend dazu wurden die tatsächlich existierenden betrieblichen Rahmenbedingungen und Managementkonzepte zur Vereinbarkeit von Familie und Beruf in einer schriftlichen Befragung von Exzellenz-Unternehmen analysiert.

5.3 Zentrale Befunde der repräsentativen Studie

Im wissenschaftlichen Teilprojekt der TU Dortmund wurde untersucht, welche wesentlichen Treiber, auf Seiten des betroffenen Individuums wie auf Seiten der betrieblichen Rahmenbedingungen, für das Gelingen bzw. für das Misslingen einer Berufsrückkehr trotz Kinderbetreuungsverantwortung verantwortlich waren. Dazu wurden von der TU Dortmund im Rahmen von computergestützten Telefoninterviews anhand eines standardisierten Fragebogens insgesamt 501 Personen mit der hauptsächlichen Betreuungsverantwortung gegenüber Kindern unter zehn Jahren im eigenen Haushalt befragt (systematische

Zufallsauswahl in einer mehrstufig geschichteten Stichprobe). Die Befragung fand im Mai und Juni 2011 statt. Die Erhebungen selbst wurden von der Forsa GmbH durchgeführt. Die Ergebnisse sind annähernd repräsentativ.

Verglichen wurde 250 Personen mit Betreuungsverantwortung für Kinder unter zehn Jahren, die aktuell nicht arbeiten, mit 251 Personen, ebenfalls mit Betreuungsverantwortung für Kinder unter zehn Jahren, die aktuell in Voll- oder Teilzeit arbeiten.

Die überwiegende Mehrheit (94 %) aller Befragten ($n = 501$) gab dabei an, vor der Geburt des ersten Kindes berufstätig gewesen zu sein, 81 % davon auch in einer Vollzeitbeschäftigung. Demgegenüber lag der Anteil der Vollzeitbeschäftigten selbst unter denen, die aktuell – trotz Kinder – berufstätig sind ($n = 250$) bei lediglich einem Drittel (34 %). Im Mittel gaben die von uns Befragten 126 € monatlich für die Kinderbetreuung aus.

Beiden Gruppen wurde die Frage vorgelegt, woran es liege, dass die Befragten zur Zeit berufstätig sind oder nicht.

Frage 9: Woran liegt es, dass Sie trotz der Familienarbeit zur Zeit berufstätig sind?

Berufstätig & hauptsächliche Betreuungsverantwortung für Kinder unter 10 Jahren (trifft voll zu/trifft eher zu; n = 250)

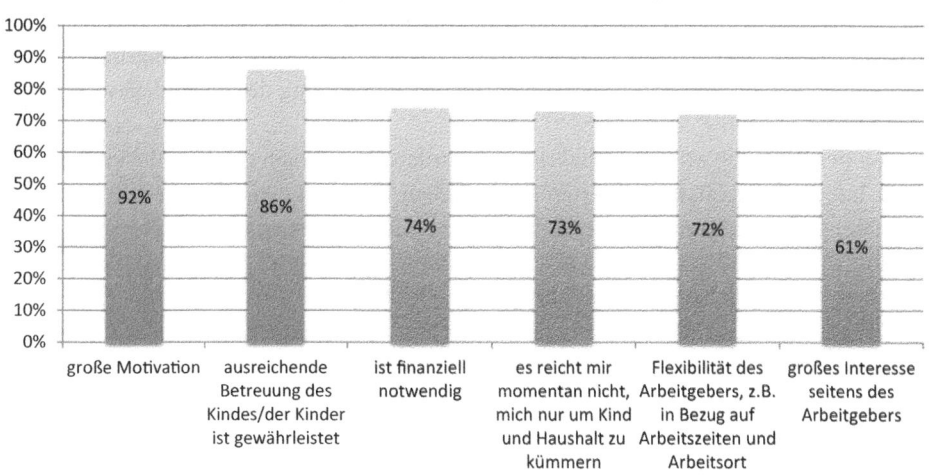

Die Ergebnisse bei der Gruppe, die trotz familiärer Verantwortung berufstätig ist, dokumentieren dabei eine hohe intrinsische Motivation, trotz Kinder weiter zu arbeiten. Es wird aber auch deutlich, dass einerseits eine ausreichende Betreuung des Kindes/der Kinder gewährleistet sein muss (86 % Zustimmung), der Arbeitgeber aber andererseits auch die notwendige Flexibilität hinsichtlich Arbeitszeit und Arbeitsort und darüber hinaus ein großes Interesse am Beschäftigten aufbringt.

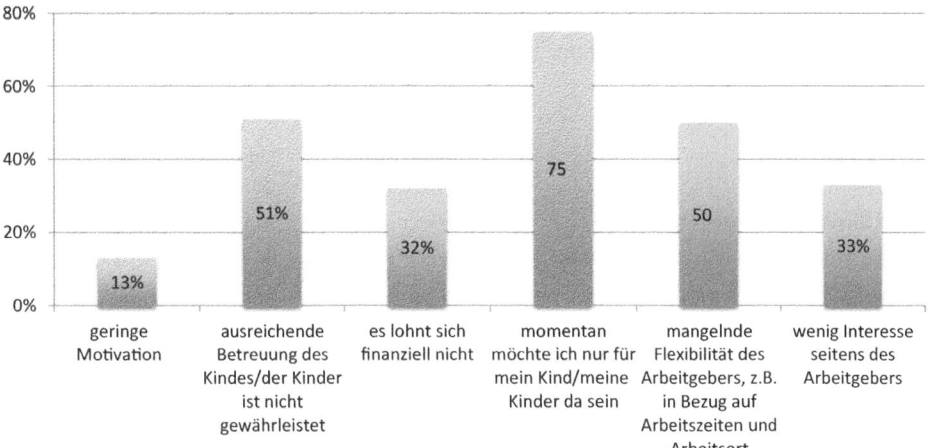

Frage 10 : Woran liegt es, dass Sie zur Zeit nicht berufstätig sind?

Nicht berufstätig & hauptsächliche Betreuungsverantwortung für Kinder unter 10 Jahren (trifft voll zu/trifft eher zu; n = 251)

Auch wenn in der Gruppe derjenigen, die zur Zeit nicht berufstätig sind, drei Viertel eine Präferenz für die Erziehung ihres/r Kind/er haben, so sticht doch ins Auge, das jede/r Zweite angibt, dass eine ausreichende Betreuung des/der Kind/er nicht gewährleistet ist und der Arbeitgeber die Arbeitszeit und den Arbeitsort nicht flexibel gestalten kann oder will. Schaut man sich dazu die Gruppe der Alleinerziehenden an, die aktuell nicht berufstätig sind ($n = 29$), so verschlechtern sich diese Werte noch einmal deutlich: Nur 41 % der Alleinerziehenden sagen, dass einen ausreichende Betreuung des Kindes/der Kinder gewährleistet ist. Und 69 % der Alleinerziehenden werfen potenziellen Arbeitgebern mangelnde Flexibilität in Bezug auf den Arbeitsort und die Arbeitszeit vor.

Dazu kommt ein geringes Interesse seitens des Arbeitgebers an einer (Weiter-)Beschäftigung des Arbeitnehmers mit Betreuungsverantwortung.

Übereinstimmend gaben die Personen mit Betreuungsverantwortung an, welche Rahmenbedingungen außerhalb der Arbeit ihnen die Arbeitsaufnahme erleichtern (würden). Sowohl die Kinderbetreuungsmöglichkeit am Wohnort als auch in Arbeitsplatznähe wurden von allen Befragten mit großer Mehrheit genannt, also auch die Anforderung, Betreuungszeiten mit den eigenen Arbeitszeiten zu synchronisieren.

An den Fragen „Wenn Sie nun an Angebote des Arbeitgebers denken, die es Ihnen erleichtern, trotz Kind/Kindern berufstätig zu sein, welche sind bzw. wären da für Sie wichtig? Und welche bietet Ihr Arbeitgeber an?" wurde deutlich, dass sich die Ansprüche und das Anspruchsniveau von Menschen mit Betreuungsverantwortung gegenüber Kindern entwickelt hat.

Eine große Mehrheit der Befragten erwartet nicht mehr nur an die familiären Verpflichtungen angepasste und flexible Arbeitszeiten und -orte – auch in Teilzeit – sondern will zugleich auch nicht auf Karriere und Weiterbildung verzichten und erwartet deshalb ein aktives Personalmanagement seitens des Arbeitgebers.

Wie wichtig...	Sehr wichtig/ wichtig (%)	Und was bietet Ihr Arbeitgeber an? (%)
Sind flexible Arbeitszeiten?	95	70
Ist die Möglichkeit, Teilzeit zu arbeiten?	92	87
Sind Arbeitszeiten, die sich den Kinderbetreuungszeiten genau anpassen?	92	53
Sind Ansprechpartner beim Arbeitgeber, die Ihre Arbeitszeiten mit Ihren familiären Verpflichtungen in Einklang bringen?	85	55
Sind Ansprechpartner beim Arbeitgeber, die Ihre Weiterbildung organisieren?	75	55
Sind Ansprechpartner beim Arbeitgeber, die Ihren beruflichen Aufstieg befördern?	74	45
Sind Karrieremöglichkeiten auch bei Teilzeit?	70	36
Ist eine vom Arbeitgeber bereitgestellte Notfallbetreuung der Kinder, z. B. wenn die Tagesmutter krank ist?	67	11
Ist die Möglichkeit, von zu Hause aus arbeiten zu können?	62	33
Sind Kinderbetreuungsangebote beim Arbeitgeber, wie z. B. ein Betriebskindergarten?	56	12

Die größten „Baustellen" (also die größte Differenz zwischen Wichtigkeit des Angebots einerseits und der Bereitstellung des Angebots durch die Arbeitgeber andererseits) aus der Sicht der Berufstätigen in Betreuungsverantwortung liegen dabei in der unternehmensseitigen Bereitstellung einer Notfallbetreuung und in der Organisation von Kinderbetreuungsangeboten direkt beim Unternehmen (z. B. einer Betriebskita). Auch wird deutlich, dass die Unternehmen sehr viel mehr als bisher für das Vereinbarkeits- und Karrieremanagement von Personen mit Kinderbetreuungsverantwortung tun müssen. So wird das Angebot von Karrieremöglichkeiten auch bei Teilzeit, das Angebot an speziellen Coaches, die das individuelle Vereinbarkeitsmanagement oder den beruflichen Aufstieg unterstützen, von den Befragten als unzureichend eingeschätzt.

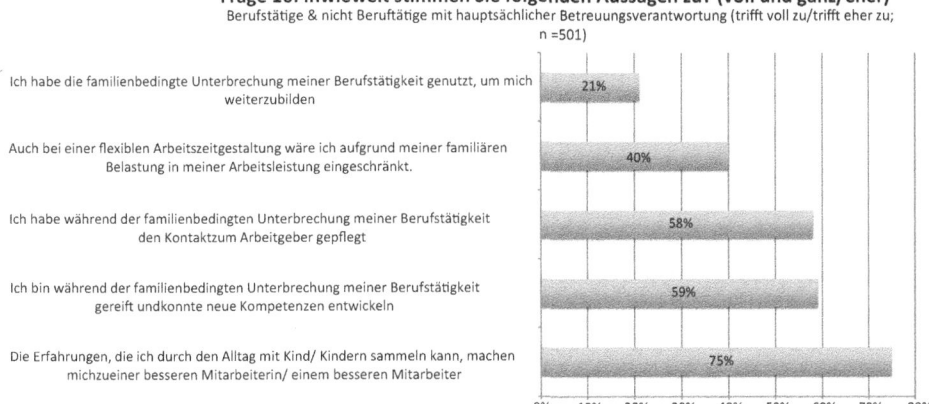

Frage 16: Inwieweit stimmen Sie folgenden Aussagen zu? (voll und ganz/eher)
Berufstätige & nicht Beruftätige mit hauptsächlicher Betreuungsverantwortung (trifft voll zu/trifft eher zu; n =501)

Allen Befragten wurden auch Items zur subjektiven Einschätzung der Auswirkungen familienbedingter Erwerbsunterbrechungen vorgelegt, um Hinweise auf mögliche Effekte für den späteren Wiedereinstieg zu bekommen. Positiv zu vermerken ist, dass drei Viertel aller Befragten glauben, durch ihre Betreuungserfahrungen zu einer/einem besseren Mitarbeiter/in geworden zu sein. 59 % meinen, beruflich gereift zu sein und neue Kompetenzen aufgebaut zu haben. Nur 40 % glauben, dass sie aufgrund familiärer Belastungen in ihrer Arbeitsleistung eingeschränkt sind.

Negativ zu Buche schlägt, dass familiäre Auszeiten kaum genutzt werden (können), um durch Weiterbildungen den beruflichen Wiedereinstieg besser vorzubereiten. Auch hier wäre ein Handlungsfeld für die Unternehmen, das die Mitarbeiterbindung erhöhen kann und gleichzeitig möglichen Defiziten beim beruflichen Wiedereinstieg vorbeugt.

In der explorativen Studie von „FlexiBalance" hatte sich die Vermutung ergeben, dass familienbedingte Erwerbsunterbrechungen dazu führen können, Fähigkeiten im beruflichen Bereich zu verlieren oder neue Fähigkeiten hinzuzugewinnen. Wir haben deshalb eine subjektive Einschätzung zu diesem Thema abgefragt. Auf die Frage „Was meinen Sie, wie haben sich folgende Fähigkeiten oder Kompetenzen durch familiär bedingte Unterbrechungen Ihrer Erwerbstätigkeit verändert?" ergab sich dabei bei der überwiegenden Mehrheit aller Befragten ein äußerst positives Bild der Selbsteinschätzung. Durch die familienbedingte Erwerbsunterbrechung stark verbessert oder verbessert haben sich nach Meinung der Befragten ihre Fähigkeiten,

- Stress auszuhalten (63 % Zustimmung),
- Mehrere Aufgaben gleichzeitig zu erledigen (63 %),
- sich in andere einzufühlen (61 %),
- Verantwortung zu übernehmen (60 %),
- schnell und effektiv zu arbeiten (56 %),
- selbständig zu arbeiten (43 %).

Lediglich die berufsfachlichen Kompetenzen haben sich bei nur 20 % der Befragten verbessert.

Schaut man sich die Selbsteinschätzungen von Alleinerziehenden an, so finden sich hier sogar noch höhere Zustimmungswerte. In dieser Gruppe sagen beispielsweise 77 %, dass sich ihre Fähigkeit, mehrere Aufgaben gleichzeitig zu erledigen, (stark) verbessert hat. Und 73 % sagen dies über ihre Fähigkeit, Stress auszuhalten.

5.4   Zentrale Befunde der Unternehmensbefragung

Die Ergebnisse der empirischen Untersuchungen im Rahmen des Projekts „FlexiBalance" legen die Vermutung nahe, dass Menschen in familiärer Verantwortung durch familiäre Verantwortung an Beschäftigungsfähigkeit gewinnen. Sie zeigen sich hoch motiviert im Einsatz für Beruf und Familie. Sie haben in ihrer subjektiven Selbsteinschätzung an Verantwortungsfähigkeit gewonnen, sehen sich als belastbarer und effektiver als vorher. Ihre Fähigkeit, Stress auszuhalten, ist gestiegen. Zugleich wurden ihre sozialen Kompetenzen gestärkt.

Auf der anderen Seite wurde deutlich, dass Frauen und Männer mit Kindern unter zehn Jahren sich eine schnelle und reibungslose Rückkehr in ihren Beruf, in ihr Unternehmen wünschen. Dazu erwarten sie von den Unternehmen flexible, auf familiäre Betreuungsanforderungen angepasste Arbeitszeiten und Arbeitsorte, eine Unterstützung bei der Kinderbetreuung – auch vor Ort, auch im Krisenfall, z. B. bei der plötzlichen Erkrankung der Tagesmutter.

Die Ergebnisse unsere Telefonbefragung zeigen auch, dass Arbeitnehmerinnen und Arbeitnehmer mit familiärer Verantwortung zunehmend auch die berufliche Entwicklung während und nach einer Erwerbsunterbrechung in den Blick nehmen. Sie erwarten von ihren Arbeitgebern die Bereitstellung von Möglichkeiten der Kompetenzentwicklung und Perspektiven für die weitere Karriere. Dazu sehen sie die Notwendigkeit, unternehmensnah einen Ansprechpartner zu institutionalisieren, der als beratende und unterstützende Instanz entsprechende Servicedienstleistungen für eine bessere Balance von Arbeit und Leben erbringt oder vermittelt.

„FlexiBalance" hat vor diesem Hintergrund von Februar bis Juni 2012 eine schriftliche Kurzbefragung von 220 ausgewiesenen Exzellenz-Unternehmen, die in Sachen Vereinbarkeitsförderung seit Jahren vorangehen, durchgeführt. Die zugrunde gelegten Zertifikate und Internetplattformen waren:

- Top100 Arbeitgeber Deutschlands
- Audit berufundfamilie
- Zertifikat Total E-Quality
- Genderdax.de (Internetplattform für Unternehmen, die hochqualifizierte Frauen aktiv unterstützen wollen)

Tab. 5.1 Rangliste der erfolgreichsten Maßnahmen zur Vereinbarkeit von Beruf und Familie

Maßnahme	Punktezahl (absolut)	Prozentualer Anteil (an der Gesamtpunktzahl) (%)
Flexible Arbeitszeitmodelle	123	50
Unterstützung bei der Kinderbetreuung	49	20
Mobiles Arbeiten/ Home-Office	35	14
Sensibilisierung der Führungskräfte	11	4
Unterstützung bei der Pflege Angehöriger	10	4
Beratungsangebote	7	3

Der Rücklauf belief sich auf 22 % ($n = 49$).

Bei der Frage „Wie erleben Sie die Beschäftigungsfähigkeit von Mitarbeiterinnen und Mitarbeitern, die aus der Elternzeit zurückkehren?" gaben dabei 69 % der befragten Exzellenz-Unternehmen an, mindestens eine gleichbleibende Arbeitsleistung bei den Rückkehrerinnen und Rückkehrern festzustellen. Immerhin 25 % der befragten Unternehmen gaben an, nach Beendigung der Elternzeit eine verbesserte Beschäftigungsfähigkeit bei den Mitarbeiterinnen und Mitarbeitern zu bemerken. Eine Verschlechterung der Arbeitsleistung gaben lediglich 4 % der befragten Unternehmen an.

Die Tabelle unten stellt die Auswertung der offenen Frage „Bitte nennen Sie uns bis zu drei der aus Ihrer Erfahrung erfolgreichsten Maßnahmen zur Unterstützung der Vereinbarkeit von Beruf und Familie" dar. Die in einer offenen Frage ermittelten Maßnahmen wurden zunächst geclustert und anschließend mit Punkten je nach Platzierung versehen. Für jede Nennung auf dem ersten Platz gab es drei Punkte, für jede Nennung auf dem zweiten Platz zwei Punkte und für jede Nennung auf dem dritten Platz einen Punkt. Für das in Tab. 5.1 dargestellte Ranking, wurden die Punkte zusammengerechnet und der prozentuale Anteil an der Gesamtpunktzahl ermittelt.

Die mit Abstand häufigsten Nennungen hatten flexible Arbeitszeitmodelle – sie stellen 50 % der zu erreichenden Gesamtpunktzahl (= 248 Punkte). Mit einem deutlichen Abstand – nämlich 20 % der Gesamtpunktzahl – liegt die Unterstützung bei der Kinderbetreuung auf dem zweiten Rang. Mit 14 % der Gesamtpunktzahl liegt Mobiles Arbeiten, bzw. Home-Office auf dem dritten Rang. Mit jeweils 4, bzw. 3 % liegen die Maßnahmen der Führungskräftesensibilisierung, der Unterstützung bei der Pflege Angehöriger sowie Beratungsangebote auf den Rängen vier bis sechs.

Bemerkenswert an den Untersuchungsergebnissen im Zusammenhang mit unserer Befragung von Menschen in familiärer Verantwortung ist, dass die überwiegende Mehrheit der Exzellenz-Unternehmen die Einschätzung der Betroffenen teilt – wenn auch in geringerem Maße -, dass sich die Beschäftigungsfähigkeit durch Familienunterbrechungen nicht verändert oder sogar verbessert. Auf der anderen Seite zeigt die Befragung der Unternehmen, dass selbst die besten und fortschrittlichsten Unternehmen in Deutschland im eigenen Vereinbarkeitsmanagement auf vergleichsweise konventionelle Maßnahmen wie die Bereitstellung flexibler Arbeitszeitmodelle und die Unterstützung bei der Kinderbe-

treuung setzen. Es scheint selbst bei den befragten Exzellenz-Unternehmen keine perso-
nalpolitischen Gesamtkonzepte der Unterstützung und Förderung der Balance von Arbeit
und Leben zu geben, die sich mit allen Aspekten – wozu auch, so zeigen unsere Ergebnisse,
Weiterbildungsfragen und Karriereaspekte gehören – beschäftigen.

5.5 Schluss: Neue Personaldienstleistungen gegen den familienbedingten Fachkräfteverlust

Der Wirtschaft gehen gerade in der Altersgruppe zwischen 25 und 40 Jahren motivierte
und wertvolle Arbeitskraft- und Kompetenzpotenziale verloren, wenn es nicht gelingt, Familienunterbrechungen so kurz und Reintegration so familienfreundlich wie nur möglich
zu gestalten. Insbesondere in Branchen, die sich bereits heute mit einem Fachkräftemangel
konfrontiert sehen, müssen viele Unternehmen dazu übergehen, gerade auch Alleinerziehende einzustellen. Diese erweisen sich im Arbeitsalltag zudem häufig als extrem motiviert und leistungsbereit. Dazu fehlt es in den Unternehmen an innovativen Formen familienorientierten Personalmanagements.

Die Ergebnisse des Projekts „FlexiBalance" führen zu der These, dass familienfreundliche Arbeits- und Beschäftigungsmodelle keine Selbstläufer in Personalwirtschaft und Personalmanagement sind. Die Unternehmen müssen dabei unterstützt werden, ihre markt-
orientierten Flexibilitätsanforderungen mit den Flexibilitätswünschen ihrer Beschäftigten
in Familienverantwortung zu vereinbaren. Dazu bedarf es neuer Dienstleistungen, die es
derzeit nicht in ausreichendem Umfang gibt.

Im Rahmen des Projekts „FlexiBalance" wurde aus verschiedenen „Bausteinen" eine
solche neue Dienstleistung entworfen. Sie basiert auf dem Beschäftigungsmodell Zeitarbeit, ein zunächst ökonomisch und arbeitsmarktpolitisch erfolgreiches Konzept zur Unterstützung betrieblicher Flexibilisierungsbedarfe. Es diente jedoch bislang eher nicht den
Flexibilitätsansprüchen von Beschäftigten mit familiärer Verantwortung oder von Alleinerziehenden. Doch die Sensibilität dafür, dass Zeitarbeitsfirmen eine Verantwortung für
die Work-Life-Balance ihrer Beschäftigten haben, steigt – auch angesichts des Fachkräftemangels.

Vor dem Hintergrund der Bedarfsanforderungen der Beschäftigten, die wir im Rahmen der Befragung ermitteln konnten, ist eine Weiterentwicklung des „Konzepts Zeitarbeit" zu einem Full-Service-Agenturmodell für familienfreundliche, flexible Arbeit, das
sich nicht nur für die Personalwirtschaft von Unternehmen, sondern auch gegenüber den
Beschäftigten als Dienstleistung versteht, notwendig. In dieser neuen Dienstleistung sollte die Zeitarbeit ihre Kernkompetenz, nämlich das bedarfsgerechte Management flexibler
Fachkräfte im Interesse von Kundenunternehmen, mit der Kompetenz kombinieren, die
Flexibilitäts- und Betreuungsbedarfe von Beschäftigten mit Kindern zu managen. Dieses
Angebot existiert insbesondere in mittelständischen Unternehmen nicht oder nicht in aus-
reichendem Maße.

Daher hat „FlexiBalance" ein solches integrales, ganzheitliches Angebot des Arbeitszeit- und Betreuungsmanagments entwickelt. Es wurde im Rahmen von „FlexiBalance" mit Praxispartnern erprobt und evaluiert (siehe Beiträge von Cohnen und von Benikowski et al. in diesem Band). Das Modell enthält vier Dienstleistungsbausteine:

1. Matching
Das Personaleinsatzmodell soll die Anforderungen der Kundenunternehmen möglichst punktgenau mit den familiären Verpflichtungen des einzelnen Beschäftigten abgleichen. Arbeitszeitmanagement und Betreuungsmanagement für die Kinder des Beschäftigten kommen „aus einer Hand". In den Einsatzzeiten stellt der Personaldienstleister die Kinderbetreuung sicher. Im Krisenfall (z. B. einer plötzlichen Erkrankung des Kindes) stellen die Personaldienstleister dem Kundenunternehmen Ersatzarbeitskräfte bereit.

2. Monitoring
Der Beschäftigte wird durch Personaldisponenten betreut. Dabei geht es um die Beurteilung des Status quo und die Stärken und Schwächen der Arbeitsgestaltung, um die Qualität der Kinderbetreuung, um die Thematisierung von Belastungen und gesundheitlichen Fragen sowie um die Beobachtung der Kompetenzentwicklung.

3. Consulting
Auf der Basis der Status quo-Analysen werden Konzepte zur Verbesserung der Arbeitssituation und Arbeitsqualität, der Kinderbetreuung und der Kompetenzentwicklung und Karrieregestaltung entwickelt und umgesetzt. Zusammen mit den Beschäftigten werden Rahmenpläne für die individuelle Berufsentwicklung erarbeitet, der familiäre Anforderungen unmittelbar einbezieht und Vereinbarkeitslösungen entwickelt.

4. Training
Ein besonderes Augenmerk gilt der Kompetenzentwicklung während der anforderungsintensiven Familienphasen (z. B. nach der Geburt). Hier werden in Kombination mit individueller Kinderbetreuung Qualifizierungsmaßnahmen vor Ort entwickelt, die die Verbindung zum Beruf und Arbeitsplatz nicht nur sichern, sondern wenn möglich sogar weiterentwickeln und dem Beschäftigten den Erwerb neuer Kompetenzen und Karriereoptionen ermöglichen.

Das neue Dienstleistungsangebot wurde und wird in einem gemeinsamen Büro von Manpower und ElternService AWO in Berlin erprobt, weiterentwickelt und begleitend evaluiert. Die Erfahrungen der Modellpartner zeigen, dass das Angebot insbesondere gut qualifizierten Alleinerziehenden eine hervorragende Möglichkeit bietet, möglichst schnell in die Erwerbstätigkeit zurückzukehren, ohne dass ihre familiäre Betreuungsverantwortung darunter zu leiden hat. Das Angebot unterstützt somit in idealer Form die Flexibilitätsanforderungen der Beschäftigten und vermittelt diese mit den Vorstellungen der (entleihenden) Unternehmen. Es erschließt so das Arbeitskräfteangebot von Alleinerziehenden und anderen Beschäftigten mit Betreuungsverantwortung, ohne das Personalmanagement insbesondere kleiner und mittelständischer Unternehmen zu überfordern. Den Zeitarbeitsunternehmen bietet es angesichts des fortschreitenden Fachkräftemangels ein neues, lukratives Geschäftsfeld der Personaldienstleistung, in dem diese Unternehmen ihre spezifischen Kompetenzen im Arbeitszeit- und Personaleinsatzmanagement – ergänzt um familienbezogene Dienstleistungen – zeigen können.

5.6 Ausblick

Aus der Sicht der Wirtschaft bedarf es geeigneter neuer Dienstleistungen, um sich dem durch den demografischen Wandel verstärkten Trend eines zunehmenden Fachkräftemangels entgegenzustellen. In vielen Schlüsselbranchen bleiben bereits heute viele Stellen unbesetzt, weil geeignete Bewerber/innen nicht auf dem Arbeitsmarkt verfügbar sind. Unternehmen sind bereits heute in den „War for Talents" eingetreten, den Kampf um die gut ausgebildeten und motivierten Leistungsträger der Branchen. Die Suche nach geeignetem Fachpersonal wird dabei seit Jahren auch auf ausländischen Märkten geführt – vgl. die vergangene Green Card- bzw. die aktuelle Blue Card-Debatte. Nach wie vor vernachlässigt wird jedoch der Blick auf bestehende und z. T. hoch qualifizierte Arbeitsmarktgruppen, wie z. B. Frauen und Männer in familienbedingten Erwerbsunterbrechungsphasen.

Der Grund dafür liegt in der Komplexität der Anforderungen an die betriebliche Organisation der Arbeitsstrukturen und -abläufe, an zu unflexiblen Arbeitszeitmodellen sowie an fehlenden unternehmensnahen Dienstleistungen zur Unterstützung der Familienarbeit. Hier haben kleinere und mittlere Unternehmen erhebliche Nachteile, weil sie nicht über die „organisatorische Masse" für komplexere Arbeitszeitmodelle verfügen – und nicht über die finanziellen Möglichkeiten für die Unterstützung der Beschäftigten bei der Realisierung einer Balance zwischen Familienarbeit und Beruflichkeit. Im genannten „War for Talents" werden sie so weiter ins Hintertreffen gelangen, weil sie aus Sicht der Beschäftigten keine attraktiven Arbeitgeber sein können.

Insbesondere der im Projekt „FlexiBalance" entwickelte Handlungsleitfaden stößt deshalb gerade in kleineren Unternehmen auf ein hohes Interesse.

Es ist daher zu erwarten, dass das entwickelte Modell einer „Agentur für flexible Beschäftigung" als Modell einer familienorientierten, unternehmensnahen Dienstleistung in der Zeitarbeitsbranche wie in der übrigen Wirtschaft weitere Nachahmer findet und die Innovationsfähigkeit der Unternehmen durch die Möglichkeit der kontinuierlichen Beschäftigung von qualifizierten Personen in Familienzeiten stärkt.

Literatur

berufundfamilie gGmbH (2007) Eltern pflegen – So können Arbeitgeber Beschäftigte mit zu pfle-
genden Angehörigen unterstützen – Vorteile einer familienbewussten Personalpolitik. Für die
Praxis (1):4–5

Bundesinstitut für Bevölkerungsforschung (2012) (K)eine Lust auf Kinder? Geburtenentwicklung in
Deutschland. Bundesinstitut für Bevölkerungsforschung, Wiesbaden

Deller J, Kern S, Hausmann E, Diederichs Y (2008) Personalmanagement im demografischen Wandel. Ein Handbuch für den Veränderungsprozess. Springer, Berlin

Dex S, Scheibl F (1999) Business performance and familiy-friendly policies. J Gen Manage 24(4):22–
37

Hug M (2008) Fachkräftemangel im Mittelstand. Status quo, Ursachen und Strategien. Haufe, Frei-
burg

Klös H-P, Seyda S (2007) Die Auswirkungen des demographischen Wandels auf das Beschäftigungs-
und Bildungssystem. In: Dilger A, Gerlach I, Schneider H (Hrsg) Betriebliche Familienpolitik. VS
Verlag für Sozialwissenschaften, Wiesbaden, S 29–44

Schneider H, Gerlach I, Wieners H, Heinze J (2008) Der berufundfamilie-Index – Ein Instrument
zur Messung des betrieblichen Familienbewusstseins. In: Forschungszentrum Familienfreundliche Personalpolitik (Hrsg) Arbeitspapier Nr. 4, Berlin, 2

Statistisches Bundesamt (2010) Alleinerziehende in Deutschland. Ergebnisse des Mikrozensus 2009.
Statistisches Bundesamt, Wiesbaden

Statistische Ämter des Bundes und der Länder, Hg. (2013) Kindertagesbetreuung regional 2013 – Ein
Vergleich aller 402 Kreise in Deutschland. Statistisches Bundesamt, Wiesbaden

vbw – Vereinigung der Bayerischen Wirtschaft e. V. (2012) Arbeitslandschaft 2035. vbw Vereinigung
der Bayerischen Wirtschaft e. V. München

FlexiBalance-Evaluation eines Modells familienorientierter Zeitarbeit als Instrument für innovative Arbeitsgestaltung

6

Henrik Cohnen und Rüdiger Klatt

6.1 Ausgangslage

Der Arbeitsmarkt in Deutschland ist aus einer Makroperspektive derzeit durch zwei maßgebliche Trends gekennzeichnet: dem demografischen Wandel hin zu alternden Beschäftigtengenerationen auf der einen Seite und dem sich immer stärker abzeichnenden, branchenübergreifenden Fachkräftemangel auf der anderen Seite. Trotz eines mittlerweile breiten Diskurses über dieses Spannungsverhältnis erfolgten auf Seiten der Unternehmen bislang immer noch wenige Anstrengungen, neue Wege aus dieser Krise zu beschreiten. (Benikowski et al. 2012, S. 217 f.). Eine Möglichkeit besteht hierbei prinzipiell in der Bereitschaft, innovative Beschäftigungskonzepte anzubieten, die es solchen Arbeitnehmern erleichtert, in ein Beschäftigungsverhältnis zu rutschen, welche durch familiäre Verantwortung und Verpflichtungen im häuslichen Umfeld nicht die Flexibilität besitzen, um einem klassischen Beschäftigungsmodell mit Vollzeitarbeit zu entsprechen.

Die grundlegende Idee des Verbundprojekts „FlexiBalance: Familienorientiere Zeitarbeit als Instrument innovativer Personalpolitik" adressiert daher das Spannungsfeld eines immer stärker akzelerierenden Fachkräftemangels auf der einen Seite und dem bislang noch immer viel zu wenig erschlossenen Potentials von Menschen mit familiärer Verantwortung, die aufgrund unflexibler Arbeitsgestaltung dem Arbeitsmarkt nicht zur Verfügung stehen, auf der anderen Seite. Dabei trifft dieses Problem sowohl für Arbeitsverhältnisse in Festanstellung zu wie für Arbeitsverhältnisse in der Zeitarbeitsbranche. Unternehmen beider Sparten entgehen dadurch Beschäftigte mit hohen Qualifikationsprofilen, die in einem flexibilisierten Arbeitsverhältnis für den Personalapparat wertvolle Synergiepotentiale eröffnen würden.

R. Klatt (✉) · H. Cohnen
Technische Universität Dortmund, WISO Forschungsgruppe Arbeitssoziologie,
Otto-Hahn-Str. 4, 44221 Dortmund, Deutschland
E-Mail: Ruediger.Klatt@tu-dortmund.de

S. Kaiser et al. (Hrsg.), *Arbeits- und Beschäftigungsformen im Wandel*,
DOI 10.1007/978-3-658-00331-9_6, © Springer Fachmedien Wiesbaden 2013

Vor diesem Hintergrund entstand das Vorhaben „FlexiBalance", modellhafte Konzepte für eine innovative Personaldienstleistung mit integrierter Familienbetreuung praxisnah zu erforschen, zu entwickeln und konkret umzusetzen (Klatt et al. 2010, S. 357 ff.). Im Folgenden wird, nach einem kurzen Exkurs zu der hier vorliegenden Evaluation, das eigentliche Modell besprochen und anschließend hinsichtlich seiner Stärken aber auch möglicher Risiken diskutiert.

6.2   Allgemeine Erwägungen zu einer Evaluation

Evaluation begreift sich in einem sozialwissenschaftlichen Verständnis als die Analyse und Bewertung eines Untersuchungsgegenstands und darüber hinaus ebenso als eine Begleitforschung des ihm innewohnenden Innovationspotenzials (Brockhaus 1997, S. 716). Dementsprechend versteht sich der hier verwendete Begriff der Evaluation als eine Prüfung der Effizienz und des Erfolgs eines spezifischen, sich noch im Stadium der Erprobung befindlichen Modells – ausgerichtet an dem Ziel, dessen Eignung zu untersuchen ist (Brockhaus 1997, S. 716). Anders ausgedrückt lässt sich der Gegenstand der Evaluation auch dergestalt ausdrücken:

> Evaluation ist ein Prozess, in dem nach zuvor festgelegten Zielen und explizit auf den Sachverhalt bezogenen und begründeten Kriterien ein Evaluationsgegenstand bewertet wird […]. Das Produkt eines Evaluationsprozesses besteht in der Rückmeldung verwertbarer Ergebnisse in Form von Beschreibungen, begründeten Interpretationen und Empfehlungen an möglichst viele Beteiligte und Betroffene, um den Evaluationsgegenstand zu optimieren und zukünftiges Handeln zu unterstützen. (Balzer 2005, S. 16)

Über diese Ebene der Wirksamkeitsüberprüfung eines Modells oder einer Maßnahme wird eine Evaluation zusätzlich – wie auch hier in der empirischen Diskussion der Versuch unternommen wird – in zwei Ebenen aufgespalten: einer summativen und einer formativen Ebene. „Neben einer Überprüfung des Endergebnisses einer Maßnahme (summative Evaluation) wird auch der Verlauf der Intervention in einer Evaluationsstudie mitverfolgt und ggf. beeinflusst (formative Evaluation)" (Bortz, Döring 2002, S. 676). Damit soll auf einer Metaebene nicht nur das Ergebnis ex post bilanziert werden, sprich das angestrebte Ziel mit dem real erreichten verglichen und ergebnisorientiert abschließend bewertet werden, sondern im Sinne einer Qualitätssicherung auch immer durch prozessbegleitende Interventionen gelenkt werden (Stockmann 2006, S. 19). Diesem Prinzip entsprechend wird nun zuerst die Prozessebene der Modellentwicklung von „FlexiBalance" im Rahmen der Diskussion adressiert, bevor das Ergebnis bzw. das zu erwartende Innovationspotenzial von „FlexiBalance" diskutiert wird.[1] Dabei soll versucht werden, möglichst viele Aspekte gemäß ihrer Bedeutung für das Modell „FlexiBalance" mit einzubeziehen.[2]

---

[1] Aus ökonomischen Gründen werden weitere Formen der Evaluation hier nicht weiter thematisiert.

[2] Für die Bedeutung eines möglich weitreichenden Verständnisses von Evaluation siehe hierzu auch: Baumgärtner 1999, S. 71.

6.3   Methodik der vorliegenden Evaluation

Für eine möglichst umfassende und objektive Bewertung des Modells „FlexiBalance" wurde in einem ersten Schritt im Frühjahr 2012 die vorliegende arbeitswissenschaftliche Literatur durch eine Dokumentenanalyse gesichtet, um mögliche Quellen im Voraus zu identifizieren, die thematisch mit dem Modell konvergieren.[3] Ziel hier war es, einen Überblick über den „state of the art" innovativer Ansätze der Arbeitsgestaltung zu bündeln und solche Instrumente oder auch theoretische Konzepte zu identifizieren, die Synergie- oder Optimierungspotentiale zu dem Modell „FlexiBalance" aufweisen könnten.[4] In einem zweiten Schritt wurde das bestehende Material zu „FlexiBalance" – Broschüren, wissenschaftliche Publikationen, Berichte – aufgearbeitet. Zusätzlich wurden vertiefte Intensivinterviews mit Experten – einerseits Mitarbeiter des Zeitarbeitsunternehmens Manpower wie auch andererseits des Elternservice AWO – in der Praxis geführt, die das Modell „FlexiBalance" federführend begleitet und die betreffenden Bewerber für „FlexiBalance" ausgesucht und in die Beschäftigung geführt haben. Dabei erfolgte auch eine Auswertung von Videointerviews, welche die Perspektive von unterschiedlichen Beteiligten – u. a. Mitarbeiter des Zeitarbeitsunternehmens Manpower, die an „FlexiBalance" teilgenommen haben, ebenso wie Vertreter der Agentur für Arbeit – widerspiegelt. Weiterhin wurden diskursive Gespräche mit allen an dem Projekt beteiligten Akteursgruppen geführt – von der Ebene der Praxis wie dem Unternehmen Manpower bis hin zur wissenschaftlichen Ebene wie dem TrainingsZentrum Zeitarbeit (TZZ) oder der Technischen Universität Dortmund. In einem dritten Schritt wurde dann die zentrale Erhebungsphase der Evaluation vollzogen und intensive Experteninterviews mit den Praxispartnern durchgeführt, die nun nach der theoretischen Konzeption und der Implementierungsphase die faktische Umsetzung des Modells seit Oktober 2011 federführend begleiten. Auf Basis dieser mehrschrittigen Erhebung und den hieraus resultierenden Ergebnissen erfolgte die im Folgenden vorliegende Evaluation, nachdem das Modell „FlexiBalance" kurz vorgestellt wird.

6.4   Das Modell „flexibalance – Familienorientierte Zeitarbeit als Instrument innovativer Personalpolitik"

Das Modell „FlexiBalance" gliedert sich in vier, zeitlich aufeinander abgestimmte Stufen: Erstens die Kontaktaufnahme in dem eigens hierfür eingerichteten FlexiBalance-Büro durch den Interessenten, zweitens die Ermittlung des Qualifikations- und Kompetenz-

---

[3] An dieser Stelle sei allerdings bereits darauf hingewiesen, dass die gesichtete Literatur, die primär in Literaturdatenbanken, Hochschulbibliotheken und über eine freie Suche im Internet stattfand, im Allgemeinen eine breite Übersicht zu innovativen Ansätzen der Arbeitsgestaltung bzw. zu arbeitswissenschaftlichen Themen bietet, im Engeren mit dem Modell „FlexiBalance" allerdings nur wenige Überschneidungen aufweist.

[4] Es sei hier nur kurz konstatiert, dass dieses methodische Vorgehen dem Ziel eines möglichst extensiven Forschungsansatzes dienen sollte. Dennoch konnten hierbei aufgrund der genuinen Alleinstellung von „FlexiBalance" keine wesentlichen Synergie- oder Optimierungspotentiale durch andere Ansätze identifiziert werden.

profils des Bewerbers bzw. der Bewerberin[5], drittens gemeinsam erarbeitete Vereinbarungen zum Arbeits- und Betreuungsmanagement und viertens die Arbeitsaufnahme oder gegebenenfalls die Einleitung von Qualifizierungsmaßnahmen (Neuendorff et al. 2012, S. 18 ff.).

Nach der Kontaktaufnahme, der ersten Stufe, durch den Bewerber wird innerhalb von 24 h ein Termin zur Klärung einer Arbeitsaufnahme vereinbart, in welchem auf zweiter Stufe das individuelle Kompetenz- und Qualifikationsprofil durch einen Personaldisponenten von Manpower dialogisch ermittelt wird. Neben der beruflichen Eignungsdiagnostik werden auch die optimale Einsatzplanung sowie die Auswahl und Koordination der Arbeitsplätze und -einsätze durchgeführt. Ergibt sich kein Matching von Qualifikations- und Kompetenzprofil des Bewerbers und Einsatzmöglichkeit, werden Optionen zur Weiterbildung eruiert. Das Konzept sieht dabei vor, dass eine möglichst realistische Einschätzung des Bewerbers durch die Erfahrung des Personaldisponenten gewährleistet wird, um Fehleinschätzungen des eigenen Leistungsvermögens oder potentiellen Risiken wie berufliche Überforderung zu vermeiden. Vielmehr steht ein Matching im Vordergrund, das die Kompetenzen und das Vermögen des Bewerbers optimal mit den für ihn passgenauen Einsatzformen koordiniert. Zusätzlich wird dem Bewerber von Seiten des Personaldisponenten eindeutig signalisiert, dass gerade Arbeitnehmer mit familiärer Verantwortung und dementsprechend mit Einschränkungen beruflicher Flexibilitätsanforderungen durch das Modell „FlexiBalance" adressiert werden, um ein Klima von Transparenz, Vertrauen und einer positiven Grundhaltung zu ermöglichen.

Im Bewerbungsgespräch wird weiterhin über die Angebote des Betreuungsmanagements – insbesondere die Möglichkeiten der Kinderbetreuung – informiert. Zusätzlich ist ein Fragebogen zu beantworten, mittels dessen die häusliche Situation wie auch die Betreuungsverpflichtungen des Bewerbers einzuschätzen ist. Auf der Basis dieser Ergebnisse – Qualifikations- und Kompetenzprofil sowie die konkrete Betreuungssituation – wird dann zum Ende des Bewerbungsgesprächs ein Matching durchgeführt und geklärt, ob bei den Kundenunternehmen von Manpower Nachfrage hinsichtlich des Qualifikationsprofils des Bewerbers besteht.

In der dritten Stufe ist schließlich ein Gespräch zur konkreten Betreuungssituation und des persönlichen Umfelds des Bewerbers vorgesehen. Dieses wird nicht von Manower geführt, sondern vom ElternService AWO. Durch diese Auslagerung zur Klärung der konkreten Betreuungssituation wird eine neutrale Instanz in den Bewerbungsprozess gerückt, die eine größtmögliche Objektivität gewährleisten soll. Wie in den zwei vorherigen Stufen wird auch hier das Postulat von Offenheit und einer positiven Grundhaltung der Situation des Bewerbers gegenüber verfolgt. Ziel ist es dabei, familiäre Betreuungsaufgaben nicht als Belastung oder Problemstellung zu interpretieren, sondern als eine lösbare Herausforderung, die – einmal erfolgreich gemeistert – zu einer nachhaltigen Erhöhung der

[5] Im Folgenden wird zugunsten einer komfortableren Lesbarkeit auf die simultane Anführung der weiblichen und männlichen Form verzichtet. Dennoch verbleibt zu konstatieren, dass die weibliche Form der männlichen Form gleichgestellt ist.

privaten wie auch beruflichen Lebensqualität führt. Dementsprechend steht die Eigenver-
antwortlichkeit der Bewerber im Vordergrund: Familiäre Betreuungsaufgaben werden erst
einmal nicht abgenommen, sondern es wird ein der konkreten Situation des Bewerbers
entsprechender Betreuungsplan unter dem Szenario einer sich verändernden Situation
durch Berufstätigkeit entworfen und dahingehend durchgespielt, inwiefern dieser in der
praktischen Umsetzung auch praktikabel ist. Die grundlegende Perspektive auf diese dritte
Stufe adressiert dabei das Motto „Hilfe zur Selbsthilfe", da nur so langfristig und nachhaltig
eine stabile Lösung für die jeweilige Betreuungssituation der Bewerber gefunden werden
kann.[6] Dahingehend werden noch einmal zusätzlich durch den ElternService AWO die
Flexibilitätsansprüche der Bewerber bezüglich der Arbeitszeiten geklärt, wie auch Hilfen
zu einem selbstdurchgeführten Change-Management innerhalb des häuslichen Umfelds.

Für das Gespräch zum Arbeitszeit- und Betreuungsmanagement werden dann final
Zielvereinbarung und konkrete Maßnahmen – von Seiten der Bewerber wie auch Unterstützungsmaßnahmen durch den ElternService AWO – beschlossen, welche erstens
terminlich fixiert, zweitens praktisch umsetzbar und drittens klar umrissen sein müssen.
Zu den Unterstützungsmaßnahmen seitens des ElternService AWO gehören dabei u. a.
Recherchetätigkeiten bei der Suche nach einer passenden Kita, die Suche sowie Anstöße
nach kostenneutralen Betreuungspersonen, wie Freunden und Verwandten, oder kosten-
pflichtigen Betreuungsmöglichkeiten wie Babysitter, Bereitstellung eines Notfallsystems
zur Kinderbetreuung, Unterstützung bei Behördengängen und die Erarbeitung eines Not-
fallplans bzw. einer Familienhilfe für Krisenzeiten wie Krankheitsfälle.

Die Umsetzung der Zielvereinbarungen und Maßnahmen ebenso wie ihre Auswirkungen auf das private Umfeld durchlaufen dann ex post ein Monitoring und eine Bewertung
hinsichtlich ihres Erfolgs und ihrer praktischen Vereinbarkeit.

Konkretisiert wird diese dritte Stufe durch einen Betreuungsplan, der sich an den regulär geplanten Arbeitszeiten orientiert: Hier werden Name und Basisdaten, das Datum des
Arbeitsbeginns und die relevanten soziodemografischen Daten wie Familienstand, Anzahl
und Alter der Kinder dokumentiert. Weiterhin folgt eine Skizzierung der alltäglichen Betreuungssituation des Kindes bzw. der Kinder mit Namen, Anschrift und Erreichbarkeit
der Kita, wie auch den täglichen Betreuungszeiten. Als wesentliches Element dieses Fragebogens dient dazu noch die Suche nach Betreuungspersonen – und dies in dreifacher
Instanz – im sozialen Umfeld des Bewerbers, falls die reguläre Betreuungsperson ausfällt
und kurzfristig Ersatz gefunden werden muss, so dass zu der alltäglichen Kinderbetreuung
noch drei Betreuungsabsicherungen für akute Fälle parat stehen und kurzfristig diese Aufgabe übernehmen können. Diese müssen dann von den Bewerbern mit den betreffenden
Personen im eigenen sozialen Netzwerk vereinbart und die Tragfähigkeit der Lösung im
Vorfeld überprüft werden. Letztlich sieht dabei das Konzept „FlexiBalance" vor, dass nicht
nur die organisatorische Absicherung der Arbeitsfähigkeit des Bewerbers im Fokus der
dritten Stufe steht, bei Ausfall der regulären Kinderbetreuung der eigenen Arbeitstätigkeit

---

[6] Hinzuweisen ist an dieser Stelle, dass die Bewerber in der Regel nicht über eigene Ressourcen verfügen, um eine externe Kinderbetreuung privat zu finanzieren.

nachgehen zu können, sondern gleichfalls auch dem Bewerber eine intrinsische Sicherheit bezüglich einer stabilen Kinderbetreuung zu geben.

Die vierte und letzte Stufe sieht dann nach der Feststellung des Qualifikations- und Kompetenzprofils des Bewerbers, der Entscheidung über potentiell notwendige Weiterqualifizierungsmaßnahmen, dem Matching von Bewerberprofil und Nachfrage des Kundenunternehmens und der Erarbeitung konkreter Maßnahmen zur Kinderbetreuung dann nur noch praktische Absprachen zum Arbeitseinsatz im Kundenunternehmen, die Abwicklung des Arbeitsvertrags und die Arbeitsaufnahme vor.[7]

6.5 Diskussion

Das Modell „FlexiBalance" stellt ein Konzept vor, das entgegen vieler kritischer Meinungen gegenüber der Branche der Zeitarbeit und der dort oftmals unterstellten mangelnden Mitarbeiterorientierung das Ziel verfolgt, durch Strukturen und Instrumente der Mitarbeiterbindung neue Potentiale der Personalakquise zu erschließen. Daher muss das Modell bereits an dieser Stelle der Bewertung als ein innovatives Konzept zur Arbeitsgestaltung im Allgemeinen und als zukünftig erfolgversprechend für die Einbindung solcher Beschäftigtengruppen, die durch familiäre Verantwortung bislang an der Aufnahme von Arbeitsverhältnissen gehindert wurden, im Speziellen eingestuft werden. Für eine strukturierte Analyse und Bewertung von „FlexiBalance" ist es aber im Folgenden notwendig, die einzelnen Phasen und die mit ihnen korrespondierenden Umstände wie auch potentiellen Hemmnisse chronologisch zu diskutieren:

Auf der Prozessebene wurde das Konzept „FlexiBalance" durch das Zeitarbeitsunternehmen Manpower angestoßen. Die hier zugrunde liegende Idee bestand in der Erschließung einer neuen Zielgruppe an Mitarbeitern, da es immer wieder zu Engpässen bei der Akquise von Personal für die Zeitarbeitsbranche gekommen war: Mütter und Personen mit familiären Verpflichtungen, die massive Vereinbarkeitsprobleme zwischen ihrer privaten Situation und rigiden Zeitarbeitsmodellen mit starren Präsenzpflichten haben. Als Leitbild stand die Frage im Vordergrund: Wie können Personen als Mitarbeiter gewonnen werden, die Familie haben? Einerseits wurden damit bereits zu einem sehr frühen Zeitpunkt die potentiellen Auswirkungen eines zukünftigen Fachkräftemangels in Deutschland erkannt, da der demografische Wandel sich gegenwärtig noch nicht in entsprechender Form niederschlägt, und andererseits für ein Unternehmen der Zeitarbeitsbranche, die mitunter immer noch einen eher zweifelhaften Ruf in der öffentlichen Diskussion genießt, visionär reagiert. Gleichwohl war Manpower sich darüber bewusst, da bislang keinerlei vertiefte

---

[7] Der Vollständigkeit halber sei an dieser Stelle noch darauf verwiesen, dass innerhalb von „FlexiBalance" zusätzlich zur Konzeptionierung eines integrierten Arbeitszeit- und Betreuungsmanagements ein Modell zur Weiterqualifikation zum bzw. zur Erzieherin an einer nicht-staatlichen Ausbildungsinstitution entwickelt wurde, bei der Mitarbeiter von Manpower innerhalb von zwei Jahren die Berufsausbildung des Erziehers bzw. der Erzieherin erwerben können.

Erfahrung mit der Erschließung solcher Mitarbeitergruppen bestand, dass ein solcher Prozess durch Partner aus den Bereichen der Arbeitswissenschaften und der Personal- und Organisationsentwicklung nachhaltig unterstützt werden musste. Dementsprechend gewann Manpower das TrainingsZentrumZeitarbeit (TZZ) und den Lehrstuhl für Arbeitssoziologie der Technischen Universität Dortmund für eine Kooperation. Dabei übernahm die Technische Universität Dortmund den arbeitswissenschaftlichen Part in Form der Begleitforschung im Projekt und das TZZ die Moderation und Koordination zwischen den sehr heterogen zu charakterisierenden Projektpartnern.

Hieraus leitet sich folglich eine erste Frage nach den spezifischen Interessen der einzelnen Akteure für die Modellbildung von „FlexiBalance" ab. Durch die Divergenz der beteiligten Projektpartner – Manpower, AWO, TZZ und TU Dortmund – erklären sich die Differenzen bezüglich der Motivation der einzelnen Akteure, sich in FlexiBalance einzubringen. Das Interesse von Manpower liegt dabei auf der Hand: einen unternehmerischen Wettbewerbsvorteil durch die Optimierung der Personalakquise von kompetenten Fachkräften im Markt zu schaffen, die bislang diesem nicht zur Verfügung standen. Zusätzlich bietet sich dieses Modell als ein Instrument des Marketing an, das einerseits das Image eines Personaldienstleisters in der öffentlichen Wahrnehmung verbessert und andererseits die Attraktivität für potentielle Arbeitnehmer durch familienfreundliche Arbeits- und Beschäftigungsformen steigert.

Ebenso wurde für die AWO die Motivation durch die Entwicklung einer neuen Dienstleistung bzw. eines neuen Geschäftsfelds getrieben. Zusätzlich besteht bei der AWO u. a. eine grundsätzliche Orientierung, maßgeschneiderte und flexible Arbeitsprozesse für Arbeitskräfte mit familiärer Verantwortung zu gestalten – sogenannte „Flex-Instrumente", die nach dem Prinzip der „Hilfe zur Selbsthilfe" operieren und Ressourcen darstellen, die bei vielen Beschäftigungssuchenden bereits implizit vorhanden sind, aber noch nicht als Potential erkannt wurden. Die Differenzen hinsichtlich organisationskultureller Charakteristika bleiben dabei evident: Manpower – gegründet 1948 im US-amerikanischen Milwaukee – ist einer der größten Personaldienstleister im Bereich der Arbeitnehmerüberlassung weltweit. Dagegen handelt es sich bei der AWO um einen gemeinnützigen Wohlfahrtsverband, der 1919 als Ausschuss der SPD entstand und – regional organisiert – karitative Zwecke verfolgt. Aus diesem Umstand organisationskultureller Divergenzen erklärt sich auch die Zweckmäßigkeit einer Begleitung durch das TZZ für die Organisationsentwicklung und der TU Dortmund für die Ebene der Forschung und praktischen Beratung.

Weitere Projektpartner – wie die meco Akademie GmbH und die Bundesagentur für Arbeit – konnten in diesem Stadium des Projekts ebenfalls motiviert werden: Für die meco Akademie stand die Erschließung neuer Klientele für die eigenen Programme der Weiterqualifikation in Pädagogik und Pflege im Vordergrund, während die Bundesagentur für Arbeit ein Anreizpotential für solche Arbeitsuchende erlangte, die aufgrund ihrer familiären Verpflichtung nur schwer in klassisch gestaltete Beschäftigungsverhältnisse rutschen können.

Aus den unterschiedlichen Interessenlagen der einzelnen Akteure leiten sich entsprechend auch potentiell denkbare Zielkonflikte zwischen den Akteuren ab, die aber durch das Bewusstsein einer „Win-win-Situation" aller Projektpartner – ihrer divergenten Ziele zum Trotz – sowie durch Moderation und Koordination von TZZ und TU Dortmund bereits zu Beginn niedrig gehalten wurden. Die gemeinsame Kooperation aller Partner entlang des Projektlaufs ermöglichte damit schon früh ein Zusammenwachsen und verhinderte die größten Risiken für ein erfolgreiches Projektergebnis: eine mangelnde Sachorientierung bzw. die einseitige Verfolgung individueller Interessen. Alle Projektpartner bestätigten dies darüber hinaus in späteren Expertengesprächen nach dem Projektende, bei dem ein einheiliger Grundtenor vorherrschte, der die positive Zusammenarbeit aller Akteure hervorhob. Da „FlexiBalance" auf der nun bislang formativ reflektierten Ebene reibungsloser als ursprünglich gedacht erfolgte, soll im Folgenden das Modell „FlexiBalance" auf der summativen Ebene diskutiert und dementsprechend seine einzelnen Phasen noch einmal gesondert beleuchtet werden.

In der ersten Phase des Modells stellt sich zuerst die Frage nach der Auswahl und der Akquise von potentiellen Bewerbern durch die Arbeitsagentur für Arbeit bzw. eines Jobcenters sowie der Erstkontakt des Bewerbers mit Manpower im „FlexiBalance"-Büro. Diese Phase stellt für das Modell den neuralgischen Punkt dar, da hier durch die Vermittlung der Agentur für Arbeit über den Pool der Kandidaten zuerst entschieden wird, wer für das Erstgespräch bei Manpower überhaupt gefiltert bzw. gewonnen werden kann. Damit entsteht die Frage, da dieses Element der ersten Phase nicht oder nur bedingt von den internen Projektpartnern – Manpower, AWO, Agentur für Arbeit und meco Akademie – gesteuert werden kann, welche Risiken oder Hemmnisse sich hierbei ergeben könnten. Welche praktischen Schwierigkeiten gab es in dieser ersten Phase? Zuerst einmal gestaltete sich die Arbeit für die Agentur für Arbeit teilweise schwierig, da potentielle Kandidaten teilweise nicht interessiert waren, ein solches Modell als für sie tragfähig anzunehmen, bzw. Arbeitsuchende letztlich überhaupt nicht bereit waren, in ein neues Beschäftigungsverhältnis aufgenommen zu werden. Dazu kam des Weiteren das Problem, überhaupt eine solche Klientel von Alleinerziehenden oder Arbeitsuchenden mit familiärer Verpflichtung und dem realen Wunsch nach einer Arbeitsaufnahme zu identifizieren, die zudem auch noch die im Rahmen des Projekts gesuchten Fachqualifikationen aufwiesen.

Hier erwuchs die Frage, inwieweit ein solches Problem zukünftig operationalisiert werden könnte. Letztlich könnte in einem solchen Stadium eine innovative Kommunikationsstrategie direkt durch den Arbeitgeber Manpower in den Jobcentern vor Ort durch eine Kampagne zur Aufklärung im Vorfeld möglicher Interessenten dazu führen, dass diese eine authentische Vermittlung dieses Angebots von Manpower erfahren. Dies könnte entweder durch eine ausführliche Erklärung der Mitarbeiter der Jobcenter im ausführlichen Dialog mit entsprechenden Kandidaten oder aber auch durch postalisches Infomaterial sowie durch Advertising-Kampagnen direkt in den Centern erfolgen, um auch solche Klientele anzusprechen, die bislang der Zeitarbeitsbranche avers gegenüber gestanden haben bzw. um aber auch solche Klientele in den Centern über dieses Angebot zu informieren, die über die Möglichkeit solcher Arbeits- und Beschäftigungsformen bisher keine Kenntnis gehabt haben.

In Bezug auf die sekundäre Phase „Ermittlung des Qualifikations- und Kompetenzprofils der Bewerber" stellte sich zusätzlich die Frage, ob es sinnvoll sein könnte, den Elternservice der AWO schon beim Erstkontakt im „FlexiBalance"-Büro zu involvieren, um bereits ein umfassenderes Monitoring der Kandidaten – hinsichtlich psychosozialer Aspekte – von Seiten eines Sozialdienstleisters bzw. der Sozialarbeiter zu gewährleisten. Diese Erwägung stellte sich allerdings durch das Argument als obsolet dar, dass eine Einschätzung hinsichtlich der Faktoren von fachlicher Kompetenz und Motivation ausreichend sei, um eine entsprechende Einschätzung der Kandidaten zu erreichen, da der maßgebende Ausschlag in der Prüfung darin besteht, ob der Kandidat ein Passungsverhältnis zu Manpower und seinem Dienstleistungsprofil aufweist.

Im Rahmen der Ermittlung des Qualifikations- und Kompetenzprofils stellt sich dementsprechend die nächste Frage, auf welche Weise in dieser Phase sichergestellt wurde, dass die Kandidaten in das Anforderungsprofil von „FlexiBalance" passen und hier keine fehlerhaften Vorauswahlen getroffen wurden. Hierzu lieferten die Expertengespräche zu Projektende eine eindeutige Meinung für die Praxis: Durch ein mehrdimensionales Screening, welches die Bewertung der beruflich-fachlichen Qualifikation, der Kompetenzen hinsichtlich der Organisation familiärer Aufgaben und Herausforderungen ebenso wie motivationale und biografische Faktoren berücksichtigt, konnte ein äußerst hohes Matching bezüglich der Kandidaten erreicht werden. Hinzu kommt noch das Erfahrungswissen der Personaldisponenten aus ihrem beruflichen Alltag zu Auswahl und Einsatz der Kandidaten.

Zudem wurde mit den Personaldisponenten nachträglich die Verlässlichkeit dieser Instrumente zur Ermittlung des Qualifikations- und Kompetenzprofils der Kandidaten diskutiert – insbesondere die Frage, ob es Fälle gab, in denen das Qualifikationsprofil zu hoch eingeschätzt wurde bzw. entgegen dem festgestellten Qualifikations- und Kompetenzprofil die Kandidaten zusätzlich qualifiziert werden mussten. Auch diese Frage konnte durchweg positiv beantwortet werden: Die Ermittlung des Qualifikations- und Kompetenzprofils der Bewerber stellte sich aus Sicht von Manpower in der Regel als erfolgreich dar – so die Personaldisponenten. Das erste halbe Jahr mit allen gravierenden Umstellungen sei aber dann die sensible Phase, die von den Kandidaten überstanden werden müsse. Danach entstehe sowohl im Arbeits- als auch im Familienleben Routine. Dieses erste halbe Jahr nach Wiederaufnahme eines Beschäftigungsverhältnisses durch die Kandidaten benötige zudem eine enge Betreuung durch Manpower und die AWO wie auch den gemeinschaftlichen Austausch über die Kandidaten, um präventiv Maßnahmen ergreifen zu können, die verhindern, dass die Kandidaten überfordert werden. Die drei wesentlichen Schlagworte lauten in diesem Zusammenhang: „Learning on the Job", Coaching und bei Bedarf auch Nachsteuerung.

Als ein Beispiel für mögliche Instrumente zur Nachsteuerung konnte ein Fall im Rahmen der Expertengespräche benannt werden: Eine weibliche Kandidatin, die nach Langzeitarbeitslosigkeit wieder in das Berufsleben eingestiegen war, sollte über eine schrittweise Verlängerung ihrer Arbeitszeiten an normale Beschäftigungsverhältnisse gewöhnt werden. Hier kam es zu einer zeitweiligen Überlastung ihres persönlichen Leistungsver-

mögens, so dass mit dem Kundenunternehmen eine Lösung gefunden wurde, die Arbeitszeiten dynamisch nach Bedarf für einen begrenzten Zeitraum zu senken, um diese dann
später wieder auf das ursprüngliche Niveau anzuheben. Dazu begleitend erhielt sie ein
intensiviertes Coaching seitens Manpower und AWO, um ihre persönlichen Optimierungspotentiale möglichst gleitend an das bestehende Anforderungsprofil anzugleichen.
Für die Personalentwicklung in Unternehmen zeigt dieses Beispiel generell den Nutzen
von Maßnahmen wie Coaching: Coaching ist aufgrund des hohen Zeitaufwands und den
damit verbundenen Kosten immer noch kein Standard in Unternehmen. Dies gilt nicht
zuletzt auch besonders für die Branche der Zeitarbeit. Dennoch kann es ein Instrument
darstellen, das sich – wie in diesem Fall – ökonomisch langfristig trägt und für das Unternehmen beim Aufbau gut qualifizierter Mitarbeiter und der Bindung dieser an die eigene
Organisation von nachhaltigem Nutzen ist.

Für die dritte Phase „Vereinbarungen zum Arbeitszeit- und Betreuungsmanagement"
war die Evaluationsfrage, ob diese Phase so modelliert wurde, dass sie den Bedürfnissen
der Frauen entspricht, handlungsleitend. Im Zentrum stand demnach, ob das Beratungsgespräch ausreicht oder ob es mehr bedarf. Aber auch für die neuralgische Phase der
„Vereinbarungen zum Arbeits- und Betreuungsmanagement" ergab sich nach eingehen-
der Prüfung, dass eine Einschätzung der privaten Situation und die Klärung des Betreu-
ungsbedarfs durch einen Mitarbeiter der AWO in der Regel ausreichend ist. Dies hängt
aber primär einerseits von der beruflichen Erfahrung des AWO-Mitarbeiters und seinen
Fähigkeiten, auch übermotivierte Kandidaten und ihre Selbstüberschätzung zu erkennen,
ab und andererseits von dem engmaschigen Betreuungsverhältnis für das erste halbe Jahr
nach Arbeitsbeginn, um hier dynamisch Anpassungen vornehmen zu können.

Aber weder die Eignungsdiagnostik durch den Sozialdienstleister AWO noch ein eng-
maschiges Betreuungsverhältnis der Kandidaten nach Arbeitsaufnahme allein gewährleisten hier eine erfolgreiche Einbindung der Kandidaten in das Arbeitsverhältnis einerseits
und das Management ihrer familiären Verpflichtungen andererseits. Vielmehr ist das bereits oben angedeutete Instrument „Hilfe zur Selbsthilfe" und ihre erfolgreiche Umsetzung
im konkreten Fall der Kandidaten das entscheidende Moment, welches über Erfolg und
Misserfolg entscheidet. An dieser Stelle sei auch darauf verwiesen, dass bei der Modellie-
rung des Konzepts im Vorfeld der praktischen Durchführung bei allen Projektpartnern
die Einschätzung vorherrschte, dass mehr Arbeit in die Organisation der Kinderbetreuung
hätte fließen müssen. Dies war allerdings nicht notwendig, da sich herausstellte, dass die
Kandidaten sehr große, teilweise nicht bewusste eigene Ressourcen zum Selbstmanage-
ment besitzen und das Instrument „Hilfe zur Selbsthilfe" viel einfacher und praktikabler
umzusetzen war als zu Anfang befürchtet. Dies führte auch dazu, dass das Modell „Flexi-
Balance" für Manpower kostengünstiger wurde als ursprünglich gedacht: Erste Berechnungen – abhängig von den Bewerberzahlen – haben ergeben, dass durchschnittlich sechs
bis acht Arbeitsstunden bis zur Eingliederung der Kandidaten in das Kundenunternehmen
anfallen, wobei sich der Arbeitsaufwand zu gleichen Teilen auf den Personaldisponenten
und den Sozialarbeiter der AWO aufgliedert. Neben den Gemeinkosten und den Aufwen-

dungen für den Arbeitsplatz betragen die Personalkosten für einen Bewerber im Rahmen des Modells ca. 380 €.[8]

Trotz dieses durchaus erfolgreichen Ansatzes „Hilfe zur Selbsthilfe" wurden auch solche Fälle in Rahmen der Evaluation versucht zu identifizieren, in denen die Vereinbarungen zum Arbeitszeit- und Betreuungsmanagement nicht erfolgreich waren. Die maßgebliche Frage war hier, ob nach den Vereinbarungen zum Arbeitszeit- und Betreuungsmanagement Situationen auftreten, in denen Nachbesserungen notwendig sind. Nachträgliche Justierungen waren dementsprechend in einzelnen Fällen notwendig, in denen plötzlich trotz dreifacher Betreuungssicherung durch den „FlexiBalance"-Fragebogen und den zusätzlichen Bemühungen der Kandidaten, im privaten Umfeld Betreuungspersonen zu finden, adhoc keine Versorgung gegeben war.[9] Dies kann dann zu einer Überforderung der Mitarbeiter und dem Risiko führen, dass die Vereinbarkeit zwischen beruflichen Anforderungen und familiärer Verantwortung auch durch „FlexiBalance" nicht mehr gegeben ist.[10] Daher wurden die unterschiedlichen Konstellationen der Bewerber während der Pilotphase des Projekts gemonitort und bewertet, um abschätzen zu können, welche Bewerberklientele mit „FlexiBalance" vereinbar sind. Dennoch sei hier noch einmal zu konstatieren, dass die Einstiegsdiagnostik in der Regel ausreicht, um eine sichere Bewertung der Entwicklungspotentiale der Bewerber zu erreichen. Daher wird bei der Identifikation solcher Kandidaten, deren familiäre Bedingungen als zu kompliziert erscheinen, die Entscheidung getroffen, von diesen Kandidaten Abstand zu nehmen, um das Modell nicht an seine Grenzen zu führen. Für alle solche Bewerber, die in der Eingangsprüfung mit dem Modell als vereinbar bewertet werden, wird „FlexiBalance" nicht nur als Beratungsdienstleistung auf Dauer angesehen, die den langfristigen Aufbau eines Selbstmanagements der Kandidaten anstrebt, sondern auch als ein innovatives Konzept betrachtet, das eine „Best Practice" erst noch zu erreichen versucht. Bei solchen heuristischen Modellen entsprechen Nachkorrekturen letztlich der Natur der Sache.

Für die vierte und letzte Phase „Arbeitsaufnahme oder Qualifizierung" steht eine wesentliche Frage für die summative Ebene abschließend im Vordergrund, da sich mit ihr letztlich entscheidet, ob „FlexiBalance" ein Modell darstellt, das von allen Projektpartnern auch zukünftig weitergeführt werden kann und will: War die Zusammenarbeit zwischen

---

[8] An dieser Stelle sei darauf hingewiesen, dass die Personalkosten für bei Manpower bereits tätige Arbeitskräfte erheblich niedriger sind.

[9] Für solche „Notfälle" wurde von der AWO eine Hotline eingerichtet.

[10] Auch dann, wenn es sich hier um nur sehr vereinzelte Fälle handelt, besteht dennoch ein Risiko für das Scheitern des Modells in der konkreten Praxis durch Schicksalsschläge im persönlichen Umfeld der Mitarbeiter, die ohnehin schon durch die berufliche Umstellung belastet sind und dennoch dem Risiko ausgesetzt sind, dass ein solcher Schicksalsschlag zu einem Verlust sozialer Stabilität führen kann. In solchen Fällen greift aber die Kooperation von Manpower mit der Agentur für Arbeit und der AWO, so dass solche Mitarbeiter zeitweise aus dem Beschäftigungsverhältnis herausgenommen werden, damit sie eine Auszeit zur Regeneration bekommen.

Manpower und AWO positiv?[11] Und auch hier ergibt sich ein einhellig positives Bild: Der Erfolg der Zusammenarbeit erklärt sich durch die sehr engmaschige und fallbezogenen Verzahnung zwischen AWO und Manpower, besonders innerhalb des ersten halben Jahres nach Arbeitsbeginn. Hier erfolgt ein intensiver Dialog der Personaldisponenten von Manpower mit den Sozialarbeitern der AWO in regelmäßigen Besprechungen über die einzelnen Bewerber. Dabei stützen sich die positiven Ergebnisse der Kooperation besonders auf die erfolgreiche Synthese der jeweiligen Kernkompetenzen – sowohl bei Manpower als auch der AWO – mit den daraus abzuleitenden Synergien und der engen Begleitung der Kandidaten, so dass zielgerechte Entscheidungen getroffen wurden und im Falle von Veränderungsbedarfen dynamische Anpassungen bezüglich der Arbeitssituation der Bewerber vorgenommen werden konnten.[12]

Hieraus erklärt sich auch die – wie bereits eingangs betonte – Bedeutung einzelner Treiber und ihres Standings innerhalb des entscheidendes Moments für den Erfolg des Pilotmodells. Es bedarf damit erst einmal eines Akteurs oder weniger führender Akteure als Mittelpunkt des Netzwerks, welcher/welche die Prozesse begleitet/en und koordinierend leitet/en. Zu Beginn von „FlexiBalance" waren dies besonders das TZZ und die TU Dortmund, welche eine moderierende Rolle übernahmen. Dies änderte sich aber mit der praktischen Umsetzung des Pilotprojekts, mit welcher dann Manpower und AWO in eine entscheidende Funktionsträgerschaft für die konkrete Ausgestaltung hineingerutscht sind und sich hierbei bewähren konnten. Die Übernahme einzelner Führungsrollen für die sich dynamisch im Projektverlauf ändernden Aufgaben und Verantwortungsbereiche durch spezifische Akteure innerhalb eines Konsortiums erklärt damit letztlich den Erfolg für die Durchführung heuristischer Projekte mit ursprünglich nicht prognostizierbarem Ausgang bzw. mit offener Entwicklung.

6.6 Zusammenfassende Diskussion

Bei „FlexiBalance – Work-Life-Balance in flexiblen Arbeits- und Beschäftigungsformen" handelt es sich um einen Ansatz, der ein bislang noch nicht existentes Modell für den Aufbau eines integrierten Arbeitszeit- und Betreuungsmanagements darstellt, gleichwohl aber auch bereits erste Erfolge zeigt.

---

[11] Diese Frage inkludiert natürlich alle Projektpartner – über das TZZ, die TU Dortmund, die meco Akademie bis hin zur Agentur für Arbeit – implizit mit ein. Da aber Manpower und AWO im praktischen Kern des Modellprojekts die ausführenden Akteure in der Zusammenarbeit mit den Bewerbern für „FlexiBalance" sind, wird die Frage auf diese beiden Partner aus Gründen der forschungsökonomischen Sparsamkeit begrenzt. Anders ausgedrückt: Hätte die Kooperation zwischen Manpower und AWO als Herzstück der zukünftigen Fortsetzung von „FlexiBalance" nicht funktioniert, so hätten auch die anderen Projektpartner ein Gelingen aus eigener Kraft nicht erreicht.

[12] Dass bislang auch wenige Einzelfälle aufgetreten sind, in denen das Modell nicht erfolgreich war, ist letztlich dem Umstand eines noch sehr frühen Stadiums des Modells und den dazugehörigen Hemmnissen geschuldet.

Die modellhafte Umsetzung erfolgte bislang mit einem noch sehr begrenzten Mitarbeiterstamm seitens Manpower und dem AWO Elternservice, der maßgeblich an der praktischen Konzeptionierung des Modells mitbeteiligt war. Eine flächendeckende Ausweitung des Modells ist dementsprechend an das Kompetenzniveau der betreuenden Mitarbeiter von Manpower und des AWO Elternservices gekoppelt. Hierfür wird eine nachhaltige Anleitung für dieses Konzept bzw. eine institutionalisierte Implementierung des Modells innerhalb des Unternehmens und des AWO ElternServices notwendig sein. Die Erfolgsaussichten von „FlexiBalance" hängen daher nicht zuletzt von einer konsequenten Ausdifferenzierung seiner gesamten Prozesskette inklusive Trainings- und Schulungsprogrammen ab. Darüber hinaus erscheint eine feste Etablierung von „FlexiBalance" in die Unternehmenskultur und -struktur mittels Instrumente der internen und externen Kommunikationspolitik von Manpower erfolgsfördernd. Dafür bedarf es einer dezidierten Entscheidung auf Ebene des Managements, die allerdings bei Manpower bereits gegenwärtig vorbereitet wird. Auch eine externe Bewerbung und Vermarktung des Modells – z. B. durch die Agentur für Arbeit – könnte nachhaltig von Nutzen sein, um eine möglichst breite Rezeption in der Öffentlichkeit, hierdurch eine Erhöhung der Interessenten an „FlexiBalance" und einen positiven Imagegewinn für Manpower zu erreichen. Damit wird zusätzlich ein generelles Problem der Zeitarbeit angegangen, das aber in ihrer Natur selbst liegt: Arbeit in ständig wechselnden Kundenunternehmen und Einsatzorten besitzt in der Öffentlichkeit ein schlechtes Ansehen und gilt für Arbeitnehmer als unattraktiv. Für „FlexiBalance" trifft dieses Problem aber nur mittelbar zu, da es als Modellprojekt an sich für ein integriertes Arbeitszeit- und Betreuungsmanagement praktisch auf jedwedes Unternehmen anwendbar ist, das an solchen flexiblen Beschäftigungsformen Interesse hat.

Als ein Hemmnis aus der Perspektive von Unternehmen gilt für „FlexiBalance" zu beachten, dass der Aufwand für die Personalbetreuung – besonders für das Coaching – sehr hoch ist und damit Kosten mit sich führt, die erst über ein einen Zeitraum andauerndes Beschäftigungsverhältnis der Bewerber amortisiert werden. Hier gilt es für Unternehmen, die das Modell übernehmen wollen, besonders einen integralen Erfolgsfaktor zu beachten: Dieser besteht in der Prozessentwicklung durch voneinander unabhängigen Organisationen – hier u. a. das privatwirtschaftliche Unternehmen Manpower und die gemeinwohlorientierte AWO – mit ihren jeweilig genuinen Kernkompetenzen und Stärken, die einerseits eine interne „Betriebsblindheit" verhindern und andererseits Synergien – nicht zuletzt durch das „Cross-Checking" der Bewerber für „FlexiBalance" – erzeugen. Solche Synergien hängen aber nicht zuletzt auch von dem spezifischen Erfahrungswissen der einzelnen Akteure für ihre jeweiligen Parts – beispielsweise die Qualifikationsprüfung durch die Personaldisponenten und die psychosoziale Diagnostik durch die Sozialarbeiter – für die Qualitätssicherung ab.

Ein weiteres potentielles Risiko könnte in dem Umstand bestehen, dass das Modell noch vergleichsweise jung ist und dementsprechend noch keine langfristige Erprobung erfahren hat. Unter dieser Perspektive ist der Erfolg von „FlexiBalance" noch nicht abzuschätzen. Dagegen sind theoretisch ableitbare Erfolgskriterien wie ein nachhaltiger Imagegewinn, auch wenn dieser nicht zum gegenwärtigen Zeitpunkt ökonomisch messbar ist, evident.

Weiterhin gilt es zu vermuten, dass die bislang positiven Erfahrungen von Manpower bei den Kandidaten von „FlexiBalance" und ihrer gestiegenen Zufriedenheit mit dem Beschäftigungsverhältnis zu einer intensivierten Mitarbeiterbindung an Manpower führen und daher auch langfristig ein ökonomischer Nutzen entstehen wird.

Und ein letztes Risiko mag darin zu identifizieren sein, dass trotz der dreifachen Absicherung innerhalb des Betreuungsmanagements theoretisch in Einzelfällen Situationen auftreten können, in denen durch das Wegbrechen der zusätzlichen Betreuungsabsicherungen eine Kinderbetreuung dennoch nicht gegeben ist. Hier müsste eventuell noch eine institutionelle Ebene – wie z. B. eine betriebliche Notfall-Kita – zur Absicherung einbezogen werden.

Trotz dieser Unwägbarkeiten, die in der Kürze der Laufzeit selbst begründet liegen, ist das Modell „FlexiBalance – Aufbau eines integrierten Arbeitszeit- und Betreuungsmanagements" als solches aber in seinen Anlagen als innovativ und erfolgversprechend einzustufen. Diese Einschätzung motiviert sich nicht zuletzt durch die erfolgreiche Zusammenarbeit so unterschiedlicher Akteure wie in diesem Projekt.

Literatur

Balzer L (2005) Wie werden Evaluationsprojekte erfolgreich? Ein integrierender theoretischer Ansatz und eine empirische Studie zum Evaluationsprozess. Landau Verlag Empirische Pädagogik, Landau

Baumgärtner P (1999) Evaluation mediengestütztes Lernens: Theorie – Logik – Modelle. In: Kindt M (Hrsg) Projektevaluation in der Lehre: Multimedia an Hochschulen zeigt Profil(e). Waxmann, Münster, S 63–99

Benikowski B, Klatt R, Laxa H, Schabbing L, Seidel I (2012) Betreuungsmanagement in der Zeitarbeit – Neue Wege der Rekrutierung von Fachpersonal mit Kinderbetreuungsverantwortung. In: Bullinger AC, Eichler L, Möslein KM, Trinczek R (Hrsg) Flexibel, Konferenzband zur Multikonferenz Arbeitsgestaltung: Stabil, innovativ – Arbeit im 21. Jahrhundert. CUVILLIER VERLAG, Göttingen, S 217–225

Bortz J, Döring N (2002) Forschungsmethoden und Evaluation für Human- und Sozialwissenschaftler. Springer, Berlin

Brockhaus (1997) Die Enzyklopädie: In 24 Bänden. Bd 6. 20., überarbeitete und aktualisierte Auflage. F.A. Brockhaus, Leipzig

Klatt R, Benikowski B, Weiling C, Jahns J (2010) FlexiBalance: Familienorientierte Personaldienstleistungen: Potentiale für Work-Life-Balance und innovative Arbeitsformen. In: Möslein KM et al (Hrsg) Balance Konferenzband. Flexibel, stabil und innovativ: Arbeit im 21. Jahrhundert. CUVILLIER VERLAG, Göttingen, S 355–364

Neuendorff H, Klatt R, Benikowski B (2012) FlexiBalance – Work-Life-Balance in flexiblen Arbeits- und Beschäftigungsformen: Aufbau eines integrierten Arbeitszeit- und Betreuungsmanagements – Handlungshilfe. Dortmund

Stockmann R (2006) Sozialwissenschaftliche Evaluationsforschung, Bd 1. Waxmann, München

Cultural Merging: Zusammenarbeit von Profit- und Non-Profit-Organisationen zur Verbesserung der Vereinbarkeit von Familie und Beruf

Bernd Benikowski, Markus Hiddemann und Pia Rauball

Im Rahmen des Forschungsprojektes „FlexiBalance" wurde von März 2010 bis März 2013 ein Modellprojekt umgesetzt, das neue und flexible Beschäftigungsmöglichkeiten für Menschen mit familiärer Verantwortung ermöglichen und die dazu notwendigen Betreuungskonzepte bereitstellen sollte. Partner im Umsetzungsprojekt waren der Personaldienstleister Manpower, der AWO Elternservice und das TrainingsZentrumZeitarbeit. Wissenschaftlich begleitet wurde die Realisierung von der Technischen Universität Dortmund. Es war das Ziel, eine neue und intelligente Dienstleistung zu entwickeln, die zwei zentrale Bedarfe von Menschen mit familiärer Verantwortung in einer integrierten Angebotsstruktur abdecken sollte. Diese Dienstleistung sollte erstens Arbeitsplätze ermöglichen, die sich in Arbeitszeit und -umfang und flexibler Einsatzplanung an den familiären Möglichkeiten orientieren sollten. Zweitens sollte ein Betreuungsangebot entwickelt und angeboten werden, das es den Beschäftigten ermöglicht, sich voll auf die Arbeit zu konzentrieren und nicht in der permanenten Sorge um die Betreuungsqualität von der Arbeitsaufgabe abgelenkt zu werden.

In der ersten Phase der Projektplanung und -vorbereitung wurde deutlich, dass viele Begriffe im Kontext der Arbeitssuche von Menschen mit zu betreuenden Kindern oder Angehörigen negativ besetzt waren. Es wird nicht selten von Personen mit Vermittlungshemmnissen gesprochen, wenn Menschen, die eine hochwertige Arbeit suchen, auch ihre Kinder betreuen und erziehen wollen. Klar war bereits daher in der Anfangsphase des Projektes, dass alle Angebote für arbeitsuchende Personen positiv konnotiert werden mussten. Im Projekt wurde daher der Terminus „Menschen mit familiärer Verantwortung" gewählt, um deutlich zu machen, dass es sich bei den Bereichen Familie und Arbeit um zwei gleich-

B. Benikowski (✉) · M. Hiddemann · P. Rauball
gaus gmbh - medien bildung politikberatung, Märkische Str. 86–88,
44141 Dortmund, Deutschland
E-Mail: benikowski@gaus.de

S. Kaiser et al. (Hrsg.), *Arbeits- und Beschäftigungsformen im Wandel*,
DOI 10.1007/978-3-658-00331-9_7, © Springer Fachmedien Wiesbaden 2013

wertige und gleichwichtige Lebensbereiche handelt und nicht einer von diesen beiden Bereichen jeweils ein Entwicklungshemmnis für den anderen darstellen sollte.

Es war das Ziel des Umsetzungsprojektes, ein ökonomisch tragfähiges Personaldienstleistungsmodell zu konzipieren, das betriebliche Flexibilisierungsbedarfe mit individuellen Flexibilitätsansprüchen kombiniert und die Leistungsfähigkeit der Unternehmen erhält. Dazu wurde eine integrierte Dienstleistung entwickelt und erprobt, die den beschäftigten Personen mit familiärer Verantwortung die Balance von Arbeit und Familie ermöglichen sollte. Dabei sollte diese neue Dienstleistung die bereits erprobten und vorhandenen Ressourcen der beteiligten Partner nutzen. Es war zentraler Teil der Vorüberlegung zum Projekt „FlexiBalance", die Kompetenzen der Personaldienstleistungsbranche in der flexiblen Einsatzplanung von Mitarbeitern und Mitarbeiterinnen zu nutzen. Zeitarbeit hat besonders dort, wo hoch qualifizierte Mitarbeiter und Mitarbeiterinnen eingesetzt werden, ein hohes Maß an Prozesserfahrung in der Begleitung, Vorbereitung und Umsetzung flexibler Arbeitsplätze. Es ist sicherlich die originäre Stärke der Personaldienstleistung bzw. Zeitarbeit, Einsätze kurzfristig und flexibel planen zu können und somit bei kurzfristigen Bedarfsschwankungen von Kundenunternehmen eine Personallösung anbieten zu können. Dieser Service bezieht sich ausschließlich auf den flexiblen Mitarbeitereinsatz und hat bisher nur sehr wenig mit der Verbesserung der Work-Life-Balance zu tun. Die Personaldienstleistungsbranche ist seit Jahren einem erheblichen Wandel ausgesetzt. Von einer in vielen Teilbereichen kritisch zu bewertenden Branche hat sich die Zeitarbeit in den letzten 15 Jahren stark professionalisiert. Neben Tarifverträgen und der Einführung eines Ausbildungssystems, der von einem Ausbildungsberuf (Personaldienstleistungskaufmann/-kauffrau) über eine Aufstiegsqualifizierung zum Fachwirt für Personaldienstleistungen zu verschiedenen aufbauenden Studiengängen reicht, sind auch vielerorts die konkreten Geschäftsprozesse zwischen dem Personaldienstleistungsunternehmen und dem Kundenunternehmen verbessert und weiter entwickelt worden. Es war nun im Rahmen des Modellprojektes zu konkretisieren, welche dieser Erfahrungsbereiche für die neue Dienstleistung tatsächlich hilfreich und nützlich sein könnten. Das neue Dienstleistungsangebot sollte daher konkret an die bestehenden Abläufe und Prozesse einzelner Niederlassungen des Unternehmens Manpower angedockt werden.

Ein zweiter Kompetenzbereich, der im Projekt genutzt werden sollte, war die Einrichtung eines flexiblen Kinderbetreuungsmanagements. Hier stand der Projektpartner Elternservice AWO GmbH zur Verfügung. Diese Organisation unterstützt seit Jahren vor allem größere Unternehmen dabei, geeignete Betreuungsangebote für ihre Mitarbeiter und Mitarbeiterinnen zu finden. Der Elternservice der AWO besitzt Kompetenzen im Management von Kinderbetreuung, ist in der Lage, die Qualität von Betreuungsangeboten zu überprüfen, neue Angebote zu entwickeln und vor allem den Kontakt zu bereits vorhandenen Betreuungsangeboten aufzubauen und individuelle Konzepte für einzelne Mitarbeiter zu vereinbaren.

Für das Umsetzungsprojekt gab es also folgende Ausgangspositionen: Es standen zwei Unternehmen zur Verfügung, deren vorhandenes Wissen und Kompetenzen so genutzt werden sollten, dass eine neue gemeinsame Dienstleistung entsteht, die jeweils beide

Gesichtspunkte des integrierten Betreuungsmanagements berücksichtigen. Diese neuartige Dienstleistung musste unter anderem Folgendes leisten:

- Personalisiertes Einsatzkonzept für die Beschäftigung mit Flexibilitätsbedarfen
- Matching von fachlichen und zeitlichen Bedarfen der Einsatzunternehmen mit vorhandenen Beschäftigtenpotenzialen
- Monitoring der familienbezogenen Betreuungsbedarfe der Beschäftigten
- Beratung und Bereitstellung von individuellen und bezahlbaren Betreuungsmöglichkeiten für Kinder und ggf. pflegende Angehörige
- Unterstützungskonzepte für private Krisenfälle (plötzliche Krankheit der Kinder)
- Umfassendes Management der Arbeitszeit der Beschäftigten
- Moderation zwischen Beschäftigten und Einsatzunternehmen
- Umfassendes Kompetenz- und Wiedereingliederungsmanagement:
  Erfassung und Weiterentwicklung der vorhandenen Kompetenzen und Berufserfahrungen
- Karriereberatung und -entwicklung

Das Umsetzungsprojekt wurde von der TrainingsZentrumZeitarbeit GmbH moderiert. Es war die Aufgabe dieses Projektpartners, einen Planungs- und Entwicklungsprozess zu initialisieren und zu begleiten, an dessen Ende letztlich eine funktionierende neue Dienstleistung stehen sollte. Es war die Aufgabe, ein Gesamtkonzept zu entwickeln, in dem alle relevanten Geschäftsprozesse zwischen den beteiligten Akteuren genau beschrieben wurden und alle wichtigen Verfahrensschritte definiert waren. Es wurde von der TZZ GmbH ein Projektmanagement gesteuert, das sich zwar hier im Rahmen eines Forschungsprojektes etabliert hatte, aber sicherlich prinzipiell übertragbar ist auf vergleichbare Problemlagen in der betrieblichen Neuorganisation. Was sich im Rahmen eines Forschungsantrages noch zunächst überschaubar und transparent beschreiben lies, musste nun in ein konkretes gemeinsames Handeln der Partner Manpower, des AWO Elternservice und der Technischen Universität Dortmund überführt werden. Alle Projektmitarbeiter/-innen dieser beteiligten Organisationen und Unternehmen mussten nun dafür sorgen, dass produktive und praxisnahe Ideen entwickelt und Umsetzungsschritte festgelegt werden konnten. Bereits hier soll auf eine zentrale Erkenntnis des Umsetzungsprojektes hingewiesen werden. Es trafen in den Mitarbeiter/-innen der verschiedenen Organisationen vor allem auch unterschiedliche Unternehmenskulturen aufeinander. Die Verbindung von Arbeits- und Familienwelten ist nicht nur ein organisatorisches Problem, sondern führt auch sehr schnell zu Zielkonflikten und Priorisierung unterschiedlicher Werte und Erwartungen. Es lassen sich daher die gemeinsamen Aktivitäten der genannten Partner im Rahmen der gesamten Projektdurchführung nicht nur im Rahmen üblicher Projektpläne beschreiben, vielmehr wurde permanent deutlich, dass es einen aktiven Prozess der Organisation bzw. der konkreten Mitarbeiter zum Aushandeln der unterschiedlichen Kulturen bedarf. Eine Auswertung der Literatur zu diesem Themenbereich zeigt sehr schnell, dass hier noch ein großer Handlungsbedarf zu verzeichnen ist.

7.1   Cultural Merging: Das Aufeinandertreffen unterschiedlicher Unternehmenskulturen im Projekt

Obwohl die Bedeutsamkeit einer funktionierenden Unternehmenskultur in den letzten Jahrzehnten kontinuierlich zugenommen hat, ist es heutzutage nicht möglich eine allgemein gültige Definition zu finden. Für den in sich sehr vielschichtigen und schwer zu messenden Kulturbegriff bestehen in der wissenschaftlichen Literatur eine Vielzahl von Definitionen, Konzeptualisierungen und Typologien, die aufgrund ihrer großen Anzahl unübersichtlich wirken (Derenthal 2009, p. 24).

Im Folgenden wird sich der Text auf eine Definition beziehen, die Unternehmenskultur als ein System informeller Regeln und Verhaltenserwartungen in dem jeweiligen Unternehmen auffasst. Dieses System, welches sich teilweise in sichtbaren Artefakten ausdrückt, soll die Verhaltensweisen der einzelnen Unternehmensmitglieder berechenbar machen und in der Folge Unsicherheit reduzieren. Diese Aspekte der Unsicherheitsreduktion und des Einsatzes sichtbarer Artefakte werden in der Literatur oft in die *funktionalistische* und *symbolische* Sichtweise unterteilt. Bei der funktionalen Sichtweise wird vor allem der Frage nachgegangen, welchen Erfolgsbeitrag eine Unternehmenskultur zur Zielerreichung des Unternehmens etwa durch Unsicherheitsreduktion, Identifikation und Motivation leisten kann. Demgegenüber wird in einer symbolischen Perspektive die Unternehmenskultur als ein kollektives Orientierungsmuster gedeutet, welches in sichtbaren Artefakten zum Ausdruck kommt und mit dessen Hilfe sich Unternehmensmitglieder die Welt erschließen. Dieses sich selbst entwickelnde System von Deutungsmustern kann vor allem durch die sichtbaren Elemente bestimmte Normen und Werte kommunizieren und so zur Leitlinie des Handelns für die Unternehmensmitglieder werden. So lässt sich die Unternehmenskultur in eine sichtbare und eine unsichtbare Ebene unterteilen, wobei die sichtbare Ebene (Percepta) durch ganz bestimmte Symbole und Artefakte zum Ausdruck kommt und die unsichtbare Ebene (Concepta) die Grundannahmen, Werte, Normen und Einstellungen umfasst. Hier lässt sich die Metapher vom Eisberg gut anwenden, nach der die Percepta den sichtbaren kleinen Teil des Eisbergs ausmacht, während die Concepta-Ebene den unter der Wasseroberfläche und damit unsichtbaren Teil der Kultur darstellt (Söllner 2008, p. 413 f.).

Nach Dill und Hügler kann eine Unternehmenskultur die folgenden vier Primärfunktionen erfüllen:

1. Koordinationsfunktion: Sie wirkt verhaltenssteuernd und vermittelt den Mitarbeitern Richtlinien für das tägliche Verhalten, indem sie Handlungsabläufe und -freiräume bestimmt.
2. Motivationsfunktion: Sie vermittelt den Mitarbeitern im Unternehmen den Sinn ihres Tuns und bewirkt bzw. fördert dadurch ihre Leistungsbereitschaft.
3. Identifikationsfunktion: Sie gibt ein Gefühl der Zugehörigkeit zum jeweiligen Unternehmen.

4. Profilierungsfunktion: Sie schafft und verdeutlicht den Unterschied zu anderen Unternehmen.

Neben diesen Primärfunktionen können allerdings auch unterschiedlichste Sekundärfunktionen, wie etwa die Produktivität und die Leistung, erfüllt werden. So kommt es vor, dass zwischen Firmen der gleichen Branche Produktivitätsunterschiede von mehr als hundert Prozent bestehen, welche sich nur unter Berücksichtigung der jeweiligen Unternehmenskultur erklären lassen. Unternehmenskultur ist somit ein Faktor, der den Erfolg der Unternehmung – positiv oder negativ – entscheidend beeinflussen kann. Eine starke Unternehmenskultur hängt davon ab, ob die Wertvorstellungen der Mitarbeiter/-innen nicht gegenläufig sind, die Wertemuster transparent sind, die Organisation ausreichend lange besteht, die Mitarbeiter/-innen die Kultur internalisieren konnten und die sichtbaren Artefakte stimmig zu den Kulturwerten sind. Der damit einhergehende Vorteil einer stark ausgeprägten Unternehmenskultur wäre etwa der geringere formale Regelungsbedarf in dem jeweiligen Unternehmen, wobei diese starke Ausprägung auch problematische Auswirkungen aufweisen kann. So kann der notwendige betriebliche Wandel verhindert werden, da das unternehmenskulturell verankerte Wertesystem zu einer alles beherrschenden Kraft geworden ist, die Dynamik und Veränderung in der Umwelt ignoriert. Langfristig erfolgreiche Unternehmen müssen daher eine ausreichend starke Unternehmenskultur bilden, die gleichzeitig mit notwendigen Veränderungen harmonisiert und sich diesen zudem in regelmäßigen Abständen anpasst (Withauer 2011, p. 255 f.).

Die Kooperation der Partner Manpower und des AWO ElternService bedeutetet für die Mitarbeiter und Mitarbeiterinnen mit der Unternehmenskultur des Partners konstruktiv umgehen zu können. Dies wurde besonders gut in den Primärfunktionen „Motivation" und „Identität" deutlich. Das Spannungsfeld „Work-Life-Balance" drückte sich im Verhältnis der Partner aus. Das unternehmenseigene Ziel eines Personaldienstleisters ist es, über den Einsatz des temporären Personals Umsätze zu erzielen. Eine andere Ausrichtung würde letztlich das Unternehmen gefährden. Auf der anderen Seite ist es die Tradition einer Sozialorganisation wie der AWO, die Möglichkeiten und Entwicklungen des Menschen in den Vordergrund zu stellen. In der Projektarbeit ging es letztlich darum, dieses Spannungsfeld der beteiligten Partner als fruchtbar zu nutzen. Dies war in den unterschiedlichen Planungs- und Umsetzungsschritten permanenter Begleiter. Die teilweise gegensätzlichen Ziele mussten transparent herausgearbeitet und dem Partner verständlich dargeboten werden. Eine kontroverse Diskussion unterstützte die Produktivität der Ideenfindung, musste aber letztlich auch die grundlegenden Werte der Partner respektieren. Hier wurden die Grenzen der konstruktiven Zusammenarbeit deutlich. Der Aushandlungsprozess stieß dann auf seine Grenzen, wenn identitätsstiftende Werte infrage gestellt wurden. Letztlich konnten beide Projektpartner sich zu Agenten jeweils ihrer eigenen Positionen entwickeln und in einem Diskurs aushandeln, was in diesem Spannungsverhältnis geeignete Angebote für die Menschen mit familiärer Verantwortung sind.

Während bei Unternehmenszusammenschlüssen in der theoretischen Diskussion die kulturelle Dimension zunehmend Beachtung findet, ist dies bei kooperativen Projekten weniger der Fall. Der Vorgang von Unternehmenszusammenschlüssen wird in den Rechts- und Wirtschaftswissenschaften als „Mergers & Acquisitions" behandelt. Zur Definition des Begriffs gibt es in der Literatur unterschiedliche Auffassungen. Ein breitgefasster „M&A"-Begriff (Vogel 2002; Lucks und Meckl 2002 (zit. nach Kolesky 2006)) fasst sowohl Unternehmenskooperationen als auch Unternehmenszusammenschlüsse im engeren Sinne zusammen. Die Unterscheidung wird in Hinblick auf die rechtliche und wirtschaftliche Bindungsintensität vorgenommen. Es werden Kooperationen/Verbindungen von rechtlich selbstständigen Unternehmen, die auf freiwilliger Basis zusammenarbeiten, unterschieden von solchen Zusammenschlüssen, bei denen mindestens ein Partner seine rechtliche und wirtschaftliche Selbstständigkeit aufgibt (vgl. Wirtz 2003, in Anlehnung an Gerpott 1993 (zit. nach Kolesky 2006)). In der Forschungsliteratur wird der Unternehmenskultur als Integrationsbereich zunehmend ein ausschlaggebender Einfluss auf den Verlauf von M&A beigemessen (vgl. Kuhn 2010; Bluszcz und Stark 2009; Bischoff 2007). Letztlich wird immer die Zusammenführung von Unternehmen thematisiert, nicht die partielle und zeitlich befristete Kooperation wie im Projekt „FlexiBalance" zwischen Manpower und dem AWO Elternservice. Dennoch ist es interessant, die bestehenden Ansätze zu betrachten und zumindest die zentralen Handlungsfelder oder Problembereiche auch in kooperativen Kontexten identifizieren zu können. Ein wichtiger Befund ist in vielen Studien die Relevanz der kulturellen Dimension. Nicht nur Verfahren, Geschäfts- oder Organisationsprozesse sind zu vereinheitlichen, zu thematisieren und abzustimmen, sondern auch kulturelle Besonderheiten der Partner. Dies kann unmittelbar auf den Projektablauf „FlexiBalance" übertragen werden. Es ging nicht nur um die konkrete Entwicklung einer neuen Dienstleistung mit Verfahren, Abläufen und Methoden, sondern auch um die Abstimmung der relevanten Wertevorstellungen im Themenfeld „Familie und Beruf".

Für eine Beschäftigung mit den kulturellen Anforderungen einer Kooperation bietet sich eine Differenzierung von Kooperationen nach unterschiedlichen Arten von Unternehmenskulturen eher an als eine Einteilung nach Rechtsformen (z. B. Dathe 1998 (zit. nach Juch et al. 2007)). Kulturrelevante Kooperationstypologien unterscheiden etwa zwischen unterschiedlichen Kooperationstypen, z. B. nach Dauer, Risiko, Breite, Tiefe, Intensität oder Machtverteilung der Kooperation sowie nach Kooperationsphasen (vgl. Juch et al. 2007).

Eine Darstellung des Kooperationsprozesses in zeitlichen Phasen ermöglicht es, kulturrelevante Kooperationsanforderungen zu verschiedenen Zeitpunkten abzubilden (vgl. Juch et al. 2007).

Sie erfolgt in Wissenschaft und Praxis nicht einheitlich. Wesentliche Unterschiede bestehen in der Anzahl der Phasen, der zeitlichen Beziehung zueinander und der Rolle der Integration (vgl. Kuhn 2010). Gängig ist jedoch eine Differenzierung nach drei Kooperationsphasen (vgl. Jung 1993; Gut-Villa 1997; Berens et al. 1999; Wucknitz 2002; (zit. nach Bischoff 2007)):

1. Die Pre-Merger-Phase umfasst im Wesentlichen die Strategieformulierung und die strategische Auswahl potenzieller Partner für die geplante Kooperation.

2. Gegenstand der Merger- bzw. Transaktionsphase sind die Vertragsverhandlung und der Vertragsabschluss.
3. In der Post-Merger-Phase findet die Umsetzung der Integration der sich zusammen-schließenden Unternehmen statt.

Tatsächlich kann es Sinn machen, auch eine partielle Kooperation nach diesen Phasen zu untersuchen. Die Auswertung des Prozesses „FlexiBalance" kann dabei beispielhaft zei-gen, welche besonderen Themen in den jeweiligen Prozessen von Bedeutung sind. Analog zur Pre-Merger-Phase war die erste Projektphase davon geprägt eine gemeinsame Planung und Vorgehensweise zu entwickeln. In dieser Zeit waren die kulturellen Unterschiede noch nicht herausgearbeitet. Es wurden schnell Handlungsgrenzen definiert, die eher aufzeigen konnten, was nicht realisierbar ist. Ein gutes Beispiel waren hier die ersten Diskussionen über die Kosten für die neue Dienstleistung. Wenn ein Kundenunternehmen höhere Per-sonalkosten akzeptieren musste, damit die notwendigen Betreuungsaufwendungen finan-ziert werden konnten, dann schien dies zunächst für Manpower keine tatsächliche Option zu sein. Die Übernahme der Kosten wiederum ausschließlich durch den Arbeitnehmer war in gleicher Weise für die AWO nicht akzeptabel. Ein wichtiger Moment in der Ko-operation war das gemeinsame Herausarbeiten der jeweiligen unterschiedlichen Werte, Normen und Vorstellungen, um dann im zweiten Schritt tatsächlich auszuloten welche weitere Finanzierungswege insgesamt möglich sein könnten. Voraussetzung für frucht-bare und tragfähige Lösungen war der transparente Austausch und Abgleich der divergie-renden Unternehmenskulturen.

In der eigentlichen Phase der konkreten Umsetzung (Merger-Phase) war die kulturelle Auseinandersetzung so weit entwickelt, dass im konkreten Prozess die Entscheidungen für einen neuen Geschäftsprozess oder für eine bestimmte Methode nicht sehr schwierig waren. Voraussetzung war allerdings, dass die Position des Partners vorausschauend ein-genommen werden konnte und in der Planung beide kulturellen Perspektiven von allen berücksichtigt wurden.

Mit der Post-Merger-Phase lässt sich im Projekt am ehesten die konkrete Umsetzung des „FlexiBalance"-Prozesses vergleichen. Hier wurden die Partner immer dann gefordert, wenn Probleme in der Umsetzung auftraten. Was bereits für die Standardverfahren ge-meinsam entwickelt und abgestimmt worden war, musste im Konflikt- oder Krisenfall noch einmal überprüft werden. Ein Beispiel ist hier etwa das Angebot der sozialpädago-gischen Hilfe für das Betreuungsmanagement. Wenn auch möglicherweise für die Person mit familiärer Verantwortung durchaus eine intensivere soziale Betreuung sinnvoll wäre, ergeben sich durch die vorhandenen Ressourcen natürliche Grenzen. Ziel ist es dann nicht die generelle Lebenssituation dieser Person zu verbessern oder zu verändern, sondern die Schaffung der Voraussetzungen für einen konkreten Arbeitseinsatz. AWO und Manpower mussten somit die Grenzen des Betreuungsaufwandes auf der Grundlage von sozialen und betriebswirtschaftlichen Fakten gemeinsam entscheiden und vereinbaren.

In der Pre-Merger-Phase sollten kulturelle Charakteristika der potenziellen Partner in die Auswahl miteinbezogen werden. Um bereits vor der Kooperation das Zusammentreffen unterschiedlicher Unternehmenskulturen und Unternehmensführungen adäquat zu gestalten, wurden vor allem von den Wirtschaftswissenschaften zahlreiche Instrumente entwickelt. Diese erfassen und vergleichen die beteiligten Unternehmenskulturen anhand von festgelegten Kriterien (vgl. Juch et al. 2007).

Es stehen standardisierte sowie individuelle Instrumentarien der Kulturerfassung zur Verfügung sowie das umfangreiche Instrument der Cultural Due Diligence, das vor allem im Bereich der Mergers & Acquisitions zur kulturellen Integration der beteiligten Unternehmen eingesetzt wird (u. a. Bouchard und Pellet 2000; Ferrari und Rothgängl 2003a, 2003b; Strähle 2004 (zit. nach Juch et al. 2007)). Eine Abschätzung der kulturellen Kongruenz gibt Aufschluss darüber, wie intensiv und in der Folge wie aufwändig die Integrationsmaßnahmen ausfallen werden (vgl. Kolesky 2006; Arlinghaus und Lübbert 2003 (zit. nach Kolesky 2006)). Die kulturelle Kompatibilität der beteiligten Parteien kann mithilfe der Cultural Due Diligence untersucht werden. Sie zielt darauf, kulturelle Differenzen der am M&A-Prozess beteiligten Unternehmen aufzuzeigen und bewusst zu machen. Die Cultural Due Diligence ist „als ganzheitliches, am gesamten Integrationsprozess bei M&A orientiertes Instrument konzipiert" (Juch et al. 2007).

Die Durchführung einer Cultural Due Diligence beginnt in der Pre-Merger-Phase mit der Analyse und dem Vergleich beider Unternehmenskulturen, was die Identifikation von Chancen und Risiken eines kulturellen Zusammenschlusses ermöglichen soll. Hierfür führen Kulturgutachter in beiden Unternehmen in allen Bereichen (Finanzen, Personal, Organisation, Steuern, Recht, externe Beziehungen etc.) gemeinsam mit den Bereichsexperten Analysen durch. Dabei wird eine möglichst genaue, holistische Darstellung beider Unternehmenskulturen angestrebt (Juch et al. 2007). Was die operative Durchführung betrifft, besteht keine Einigkeit darüber, „wie eine solche Untersuchung durchzuführen ist" (Arlinghaus und Lübbert 2003 (zit. nach Kolesky 2006)). Die Analyseergebnisse bilden die Grundlage für einen Integrationsplan für die Post-Merger-Phase, der die möglichen Risiken reduzieren, die Chancen eines erfolgreichen Integrationsverlaufes zielgerichtet unterstützen soll (vgl. Kolesky 2006; Weidinger et al. 1999 (zit. nach Kolesky 2006)) und so eine verbesserte Kooperation ermöglicht (vgl. Bischoff 2007). Aufgrund der integrativen Analyse aller Unternehmensbereiche bedeutet eine Cultural Due Diligence jedoch einen enormen Ressourcenaufwand, der außer in der Spezialsituation M&A ein angemessenes Maß übersteigt (vgl. Juch et al. 2007).

Die Post-Merger-Phase hat die bedeutendste unternehmenskulturelle Relevanz (vgl. u. a. Bischoff 2007; Jansen 2001; Olbrich 1999 (zit. nach Bischoff 2007)). In dieser längsten und über Erfolg oder Misserfolg letztlich entscheidenden Phase findet die Zusammenarbeit der Partner auf breiterer Ebene statt (vgl. Bischoff 2007; Jansen 2001; Olbrich 1999 (zit. nach Bischoff 2007)) und die geplanten Maßnahmen zur kulturellen Integration werden umgesetzt (vgl. Bischoff 2007; Kolesky 2006).

An erster Stelle der Planungsphase sollte der Integrationsgrad und die angestrebte Tiefe der Integration bestimmt werden (vgl. Kollesky 2007; vgl. Bischoff 2007; Werner 1999; Gerpott 1993 (zit. nach Kolesky 2007)), wovon u. a. die Gestaltung dieser Phase abhängt.

Integration meint „die Verschmelzung von Unternehmen" und zielt darauf, „sich ergän-zende Unternehmensbereiche aufeinander abzustimmen und zu einer neuen funktio-nierenden Einheit zusammenzufügen" (vgl. Ashkenas et al. 1998 (zit. nach Kuhn 2010)). Die Veränderung der Unternehmenskulturen der beteiligten Unternehmen ist eng an die angestrebte Integrationsstrategie gebunden. Integrationsformen werden beispielsweise in Abhängigkeit vom angestrebten Grad der kulturellen Autonomie der beteiligten Unter-nehmen sowie vom Grad der Strategieabstimmung definiert (vgl. Bischoff 2007).

Dabei zeigt sich, dass Mitarbeiter mit zunehmendem Grad der Strategieabstimmung in einer Kooperation mit zunehmend umfassenden und intensiven Veränderungen konfron-tiert werden (vgl. u.a. Bischoff 2007; Jansen 2001; Olbrich 1999 (zit. nach Bischoff 2007)). Für die Gestaltung des Anpassungsprozesses in der Integrations- bzw. Post-Merger-Phase existieren verschiedene wissenschaftliche Modelle, von denen im Folgenden drei skizziert werden.

Das Modell der Kulturkompatibilität von Cartwright/Cooper erachtet die kulturelle Stimmigkeit der beteiligten Unternehmen, den „cultural fit", als notwendig für das Gelin-gen eines Unternehmenszusammenschlusses. Die Unternehmenskulturen der beteiligten Partner müssen nicht zwangsläufig identisch, aber kompatibel sein, um eine erfolgreiche Integration zu gewährleisten. Demnach werden nur bestimmte Konstellationen kooperie-render Kulturen als erfolgversprechend gesehen.

Cartwright und Cooper beschreiben vier Kulturtypen, anhand derer sie die kulturelle Kompatibilität der beteiligten Unternehmenskulturen „messen":

- Power Cultures: Organisationen mit stark zentralisierten Entscheidungsstrukturen,
- Role Cultures: bürokratische Organisationen mit klarer Rollenzuweisung,
- Task/Achievement Cultures: leistungsorientierte Organisationen
- Person/Support Cultures: dezentralisierte Organisationen (vgl. Cartwright und Cooper 1996 (zit. nach Kolesky 2006); Kolesky 2006)

Desweiteren werden drei Integrationsformen unterschieden (vgl. Cartwright und Cooper 1993 (zit. nach Kolesky 2006)):

- Open Marriage: wenn das kaufende Unternehmen die Unternehmenskultur des Part-ners akzeptiert und nicht verändern möchte;
- Traditional Marriage: wenn das kaufende Unternehmen versucht, seine Unternehmens-kultur auf den übernommenen Partner zu übertragen;
- Collaborative Marriage: wenn beide Unternehmenskulturen zusammenwachsen sollen und eine „Best of Both Worlds"-Kultur entstehen soll (Kolesky 2006; Cartwright und Cooper 1995 (zit. nach Kolesky 2006)).

Laut Cartwright und Cooper hat die „traditional marriage" die größten Erfolgsaussichten, da sich der schwächere Kooperationspartner dem stärkeren anpasst. Die „Collaborative Marriage" verurteilen sie dagegen am stärksten zum Scheitern (Kolesky 2006; Stahl 2001;

Cartwright und Cooper 1993 (zit. nach Kolesky 2006)). Das Akkulturationsmodell von Nahavandi/Malekzadeh sieht die übereinstimmende Wahl der beteiligten Unternehmen eines
Akkulturationsergebnisses als entscheidend für den Integrationserfolg. (vgl. Nahavandi
und Malekzadeh 1988 (zit. nach Kolesky 2006)) Eine Ähnlichkeit der Unternehmenskulturen an sich ist für die Autoren nicht maßgeblich. Es werden vier Akkulturationsformen
unterschieden (vgl. Nahavandi und Malekzadeh 1988 (zit. nach Kolesky 2006)):

- Assimilation
- Integration
- Separation
- Dekulturation

Stimmen die Kooperationspartner über eine Art der kulturellen Integration überein, betrachten die Autoren eine erfolgreiche Akkulturation als wahrscheinlich. Dual-Cultural-
Clash meint das Aufeinandertreffen von zwei Organisationen, deren Unternehmenskultur
(und/oder Landeskultur) sich unterscheiden (vgl. Larsson und Risberg 1998 (zit. nach Kolesky 2006)). Als entscheidend für eine gelingende Integration wird nach diesem Modell
von Larsson nicht der „cultural fit" gesehen, sondern vielmehr die „cultural awareness",
die Wahrnehmung von kulturellen Unterschieden, sowie ein offener Umgang mit anderen
Kulturen (vgl. Kolesky 2006; Larsson und Risberg 1998 (zit. nach Kolesky 2006)). Demnach stellt laut Larsson die Unterschiedlichkeit von Unternehmenskulturen kein gesteigertes Risiko für das Misslingen eines Zusammenschlusses dar. Es kann sogar im Gegenteil
verringert werden, wenn kulturelle Unterschiede ein verstärktes Bewusstsein für selbige
(„cultural awareness") hervorrufen (vgl. Schuppener 2006 (zit. nach Ernst 2012)).

Eine herausragende Bedeutung kommt laut Larsson einem kulturadäquaten Management zu. Der Autor geht weiterhin davon aus, dass die betroffenen Mitarbeiter ihre kulturellen Muster nicht anpassen, sondern dass die Kommunikationsmuster entsprechend
verändert werden (vgl. Schreier 2001 (zit. nach Kolesky 2007)). Diese verschiedenen Integrationsmodelle bieten eine Orientierung für die Integration unterschiedlicher Unternehmenskulturen im Rahmen von Unternehmenszusammenschlüssen. Offenbar bleibt jedoch offen, welche Maßnahmen zur Angleichung von Unternehmenskulturen im Rahmen
eines systematischen Vorgehens zielführend wären.

Ähnliches trifft auf die Gestaltung der (kulturellen) Führung im Rahmen einer Kooperation zu. Im Regelfall ignorieren existierende Modelle, die mögliche Kooperationskonstellationen berücksichtigen, die Organisation und Gestaltung der Führung der Kooperation selbst (vgl. Juch et al. 2007) und vernachlässigen damit einen wichtigen Erfolgsfaktor
für die Zusammenführung von Unternehmenskulturen (vgl. Bligh 2006; Juch et al. 2007).
Wie genau jedoch die Führung gestaltet werden muss, um „cultural clashes" vorzubeugen
oder deren Wurzeln zu adressieren, wird scheinbar nur sporadisch behandelt (vgl. Bligh
2006; Dauber 2009).

Es werden Faktoren identifiziert, die im Rahmen einer Kooperationskultur eine zentrale Rolle einnehmen und die Haltung der Beteiligten zur Kooperation selbst beeinflussen.

Das ganzheitliche Spannungsgefüge „Kooperationskultur" umfasst die Faktoren Kommunikation, Transparenz, Konfliktfreundlichkeit, Lösungsorientierung, Verbindlichkeit und Vertrauen (Dammer 2007). Diese einzelnen Faktoren ergänzen und fördern sich gegenseitig und wirken ausschließlich in ihrem Zusammenspiel. Als zentrale Aufgabe der Führung bzw. des Kooperationsmanagements in Hinblick auf eine gelingende Kultur wird demnach gesehen, diese Faktoren auszubalancieren. Wie genau hierfür diese wesentlichen Einflussfaktoren gesteuert werden müssten, wird nicht aufgezeigt (vgl. Dammer 2007).

Die Mechanismen, die für den Zusammenschluss von Unternehmen und damit von Unternehmenskulturen dargestellt wurden, gelten ebenso für Kooperationen zwischen Wirtschaftsunternehmen und Non-Profit-Organisationen. Für den Verlauf solcher sektorübergreifenden Kooperationen entwickelte Austin ein Drei-Stufen-Modell (vgl. Austin 2000 (zit. nach Bluszcz 2007)):

- Stufe 1: Philanthropie
- Stufe 2: Transaktion/ direkte Kooperation
- Stufe 3: Integration

Im Verlauf dieser Stufen nehmen die Dauer sowie das Ausmaß der organisationalen Interaktion zu. Kooperationen müssen dabei jedoch nicht zwangsläufig die nächst höhere Stufe erreichen, sondern können auch in einer Stufe fortlaufen (vgl. Bluszcz 2007). Generell sind strategische Partnerschaften zwischen Profit- und Non-Profit-Organisationen nur mit offenen Unternehmenskulturen möglich. Sie verändern diese jedoch gleichzeitig. Insgesamt können beide beteiligten Organisationen von der Kooperation profitieren (Bluszcz 2007).

Als Lernfelder für die Non-Profit-Organisationen werden vor allem Effizienzsteigerung durch Management- und Planungs-Know-How identifiziert. Weiterhin kann der Transfer von Finanzen und Personal zu einer Erweiterung der Servicepalette und der Angebotsreichweite beitragen. In Wirtschaftsunternehmen steigern sektorübergreifende Kooperationen die Mitarbeitermotivation, Moral und Stimmung sowie ggf. die Reputation des Unternehmens. Desweiteren können neue Kundengruppen angesprochen werden (vgl. Porter und Kramer 2002 (zit. nach Bluszcz 2007)). Derartige Partnerschaften bieten die Möglichkeit, andere Werte und Kulturen kennenzulernen, was dazu führen kann, mit Unterschieden und Konflikten in der eigenen Unternehmenskultur anders umgehen zu können. Bei langfristigen sektorübergreifenden Kooperationen können sich außerdem gemeinsame Werte herausbilden und die vorhandene Unternehmenskultur sinnvoll ergänzen. Nicht zuletzt bieten Kooperationen zwischen Non-Profit-Organisationen und Wirtschaftsunternehmen das Potenzial für Innovationen im sozialen Bereich (vgl. Bluszcz 2007).

Insgesamt gibt es zwei Ergebnisse, die im Projekt gewonnen werden konnten. Zum einen gibt es eine neue Dienstleistung, die gemeinsam entwickelt und über einen Zeitraum von etwa 18 Monaten in der Praxis erprobt werden konnte. Das zweite Ergebnis ist vor allem die Erkenntnis, dass in Projektbereichen wie Work-Life-Balance immer wieder unterschiedliche Partner gemeinsam agieren, die sich zwar unter einer spezifischen Arbeitsaufgabe verabreden können, aber dennoch sehr schnell divergierende Unternehmenskulturen mitbringen, die die Kooperation erschweren und ggf. Zielkonflikte mit sich bringen.

Die oben genannten Methoden und Verfahren zur Bestimmung unterschiedlicher Unternehmenskulturen wurden in der Form im Projekt „FlexiBalance" nicht eingesetzt. Die fruchtbare kulturelle Auseinandersetzung fand im Wesentlichen in den Planungssitzungen und Workshops statt. Die zentrale Erkenntnis war, dass ohne die transparente Vermittlung der jeweiligen Werte, Normen und Vorstellungen die Diskussionen schnell auf Grenzen gestoßen sind. Es wurde eine Vereinbarung der Partner getroffen, dass betriebswirtschaftliche und soziale Dimensionen den grundlegenden Handlungsspielraum definieren und zwischen diesen die einzelnen Verfahren und Methoden ausbalanciert werden mussten.

7.2 Die modellhafte Dienstleistung FlexiBalance

Die im Folgenden beschriebene Dienstleistung ist das Ergebnis des gemeinsamen Aushandlungsprozesses zwischen Manpower und dem AWO Elternservice. Die Moderation wurde von der TZZ GmbH durchgeführt. Nach einer Planungs- und Entwicklungsphase dürfte als der eigentliche Beginn der Umsetzungsphase die Gründung des Projektbüros in Berlin genannt werden. Hier wurden in der Projektlaufzeit über 90 Personen mit familiärer Verantwortung beraten. Im Rahmen der Erprobungsphase wurde in Berlin 2010 ein Büro eingerichtet, in dem sich Personen mit familiärer Verantwortung auf eine Beschäftigung bei Manpower bewerben konnten. Die Vereinbarkeit von familiären Aufgaben und Organisation der Arbeit sollte als zusammengehörende Aufgabe verstanden werden. Der Bewerber und die Bewerberin sollte unmittelbar mit den Personalverantwortlichen von Manpower ein Konzept erarbeiten, wie die Anforderung der Arbeit und der familiären Verantwortung zusammengeführt werden konnten. Es war daher ausdrückliches Ziel, einen Service anzubieten, der beiden Bedürfnissen und Lebensbereichen gerecht wird. Familie und Arbeit sind Lebensbereiche, die sich nicht gegeneinander unterordnen sollten, sondern vielmehr so gestaltet werden, dass beide Bereiche mit der gewünschten Qualität umgesetzt werden können. Dies verlangt natürlich einen nicht geringen Managementaufwand, der sich auf viele Dimensionen bezieht:

- Die inhaltlichen Arbeitsanforderungen sollen mit einer guten Qualität bewältigt werden.
- Die Arbeitszeiten müssen verlässlich organisiert werden.
- Die Betreuung der Kinder soll eine gute Qualität haben und sich an der Arbeitszeit orientieren.
- Im sozialen Netzwerk muss eine ausreichende Unterstützung vorhanden sein, um etwa bei Krankheit der Kinder eine Betreuungsoption zu besitzen.

Das FlexiBalance-Büro verbindet die Kompetenzen des Personaldienstleisters Manpower und der sozialen Organisation AWO Elternservice. Es wird eine gemeinsame Sprechstunde angeboten, die als niederschwelliges Angebot für Bewerber und Bewerberinnen mit familiärer Verantwortung vorgehalten wird. Es wird die Möglichkeit geboten, sich über Betreuungsmöglichkeiten oder konkrete Arbeitsmöglichkeiten beim Personaldienstleister zu informieren oder sich formal um ein Stellenangebot zu bewerben.

Im Rahmen des Modellprojektes wurde das Büro an einem Tag in der Woche für Bewerber und Bewerberinnen mit familiärer Verantwortung geöffnet. Es bestand die Möglichkeit, sich über das Projekt „FlexiBalance" und das Arbeitszeit- und Betreuungsmanagement zu informieren oder sich gleich direkt um einen Arbeitseinsatz bei Manpower zu bewerben. Bewerberinnen und Bewerbern sollte nach dem ersten Kontakt das weitere Verfahren klar und transparent sein, um möglichst schnell in den eigentlichen Beratungsprozess überführt zu werden. Ziel ist es, eine mögliche berufliche Perspektive und den erforderlichen Betreuungsaufwand in kurzer Zeit verlässlich aufzeigen zu können. Wenn sich ein Bewerber oder eine Bewerberin im FlexiBalance-Büro vorstellt, sind zwei Managementaufgaben zu erfüllen. Zum einen soll der Arbeitseinsatz entsprechend der Bewerberkompetenz geplant werden, zum anderen soll die Betreuung so organisiert werden, dass Arbeit und Familie tatsächlich vereinbar sind. Dabei spielt Qualität eine große Rolle. Arbeits- wie Betreuungssituation müssen so geregelt werden, dass eine optimale Arbeitsleistung erbracht werden kann und sich die Qualität der Kinderbetreuung vollständig mit den Bedürfnissen des Bewerbers oder der Bewerberin deckt. Es sind in der Regel zwei Fachkräfte an der Prozesskette „FlexiBalance" beteiligt. Auf der Seite des Personaldienstleisters sind dies die Personaldisponent(inn)en. Sie sind unter anderem die Fachleute für die berufliche Eignungsdiagnostik, für die Einsatzplanung und für die Auswahl und Abstimmung der Arbeitseinsätze. Für das Betreuungsmanagement sind Kompetenzen notwendig, die von einem Mitarbeiter oder Mitarbeiterin einer sozialen Einrichtung eingebracht werden. Im Rahmen eines FlexiBalance-Projektes wurde ein systematischer Prozess entwickelt, der aus folgenden Schritten bestehen sollte.

Schritt 1: Kontaktaufnahme Diese kann telefonisch erfolgen oder ein direkter Besuch in der Niederlassung sein. Wichtig ist dabei, dass hier signalisiert wird, dass Menschen mit familiärer Verantwortung willkommen sind. Aus den Projekterfahrungen empfiehlt sich folgende Regel: Der erste Gesprächskontakt zur Klärung einer möglichen Arbeitsaufnahme sollte nach spätestens 24 Stunden erfolgen. Bewerber und Bewerberinnen sollten nicht unnötig warten müssen. Es wird möglichst schnell geklärt, ob ein Arbeitseinsatz tatsächlich möglich ist. Auch im FlexiBalance-Projekt ist es natürlich wichtig, dass Qualifikationen vorhanden sind, die mit den Arbeitsanfragen der Kundenunternehmen übereinstimmen. Auf der Grundlage der aktuellen Mitarbeiteranfragen kann hier ein Zeitarbeitsunternehmen sehr gut und sehr schnell bewerten, ob ein Einsatz möglich sein wird.

Schritt 2: Bewerbungsgespräch Der Bewerber oder die Bewerberin wird zunächst einmal über die konkrete Möglichkeit der Unterstützung beim Betreuungsmanagement informiert. Er oder sie soll in jedem Fall gut über das FlexiBalance-Projekt informiert sein und wissen, welche konkreten Hilfen bei der Kinderbetreuung angeboten werden können. Zur Vorbereitung auf das eigentliche Arbeitszeit- und Betreuungsmanagement wird vom Bewerber ein Fragebogen ausgefüllt, um wichtige Informationen zur Betreuungssituation zu dokumentieren. Da steht vor allem die Bewertung der vorhandenen Kompetenzen und Qualifikationen des Bewerbers im Vordergrund. Wenn sich für den Bewerber keine Einsatzmöglichkeiten ergeben, kann überprüft werden, ob durch gezielte Weiterbildungsmaßnahmen die Chance auf einen Arbeitseinsatz erhöht werden kann. Zur Vorbereitung auf das folgende Gespräch wird vom Bewerber bzw. der Bewerberin ein Fragebogen ausgefüllt, der sich auf die konkreten Anforderungen der Betreuungssituation bezieht. Daraus ergibt sich ein Matching: Auf der Grundlage der Qualifikation wird abgeglichen, welche Anfragen von Unternehmen vorliegen und ob der Bewerber/die Bewerberin bezüglich der Qualifikationsanforderungen eingesetzt werden kann.

Schritt 3: Betreuungsmanagementgespräch Hier steht die konkrete Betreuungssituation im Fokus. Wichtig ist unverändert die positive Herangehensweise. Betreuungsaufgaben sind kein Problem, sondern eine zu lösende Voraussetzung für die Arbeitsaufnahme. Als grundlegendes Kriterium gilt es, den Bewerber bei der Organisation seiner Betreuungssituation zu unterstützen, ohne die Eigenverantwortung zu gefährden. Es wird mit dem Bewerber ein dreistufiger Betreuungsplan entworfen und auf seine Umsetzbarkeit hin überprüft.

1. Zunächst wird ein Betreuungsplan für die regulär zu erwartende Arbeitszeit entwickelt oder vereinbart. Meist entspricht dies dem Betreuungsangebot, das durch Kindertagesstätten etc. bereits gestellt wird.
2. Engpässe in der Kinderbetreuung entstehen vor allem dann, wenn die üblichen Angebote nicht mehr ausreichen. Daher wird mit dem Bewerber vereinbart, wie die Betreuungssicherheit auch in diesen Fällen gewährleistet werden kann. Hier wird dann in der Regel auf das vorhandene soziale System zurückgegriffen. Im Beratungsgespräch werden die Ressourcen im sozialen Netzwerk durchgesprochen und konkrete Szenarien überprüft. Wichtig ist dabei, dass die Personen tatsächlich die Betreuungsaufgaben übernehmen können. Oftmals haben die Bewerberinnen diese Möglichkeiten nicht besprochen, sind also in der Realität meist nicht sehr belastbar. Nach Beendigung des Gesprächs wird mit dem Bewerber/der Bewerberin vereinbart, bestimmte Betreuungskonstellationen oder Bedarfe mit den entsprechenden Personen zu besprechen, zu überprüfen und zu vereinbaren.
3. Als letzte Absicherung des Betreuungskonzeptes wird durchgespielt, wie im Falle des Ausfalls der Stufe 2 die Betreuung geregelt werden kann. Die dritte Stufe verleiht dem Betreuungssystem insgesamt eine große Robustheit. Das Betreuungsmanagement ist nicht nur eine organisatorische Aufgabe. Wichtig ist, dass sich der Bewerber oder spätere Mitarbeiter auch sicher fühlen und nicht in Sorge um die Verlässlichkeit der Kinderbetreuung gerät.

Schritt 4: Arbeitsaufnahme oder Qualifizierung Im Ergebnis der ersten Schritte sind nun konkrete Strategien zur Betreuung der Kinder entwickelt worden und ein möglicher Arbeitseinsatz ist vorbereitet. Im letzten Schritt wird dann eine konkrete Vereinbarung zum Arbeitseinsatz und zur Organisation der Betreuung getroffen, die Arbeitsverträge unterschrieben und die Arbeit aufgenommen.

Schritt 5: Kontinuierliche Begleitung der Mitarbeiter und Mitarbeiterinnen während des Arbeitseinsatzes Nach der Arbeitsaufnahme kann eine weitere Begleitung der neuen Mitarbeiter und Mitarbeiterinnen durch die FlexiBalance-Mitarbeiter weiter erforderlich sein.

1. Es sollte durch Gespräche verfolgt werden, ob das entwickelte Betreuungssystem tatsächlich wie gewünscht abläuft oder ob eventuell neue Probleme aufgetaucht sind. Dann sollte die Möglichkeit gegeben werden, gemeinsam mit dem/-r Mitarbeiter/-in nach Lösungsmöglichkeiten zu suchen. Dabei sollte vor allem die Selbstmanagementkompetenz der neuen Mitarbeiter/-innen gestärkt werden.
2. Durch neue Einsätze kann es natürlich erforderlich werden (etwa durch geänderte Arbeitszeiten bei einem anderen Kundenunternehmen oder veränderte Fahrtzeiten durch einen neuen Einsatzort), ein neues Betreuungsmodell zu entwickeln. Das FlexiBalance-Büro kann also Begleiter der Mitarbeiter über mehrere Kundeneinsätze sein.
3. Der neue Mitarbeiter/die neue Mitarbeiterin soll die Möglichkeit behalten, sich bei Betreuungsfragen an das FlexiBalance-Büro zu wenden.

Der hier beschriebene Ablauf und Aufbau des FlexiBalance-Büros kann als Handlungshilfe verstanden werden, die auch von anderen Personaldienstleistungsunternehmen in Kooperation mit einer sozialarbeiterischen Institution übernommen werden kann. Im Rahmen des Projektes wurde das FlexiBalance-Verfahren auch bei zwei mittelständischen Zeitarbeitsunternehmen implementiert und dort umgesetzt. Darüber hinaus diente diese Handlungshilfe zur weiteren Implementierung von FlexiBalance-Ansätzen im Konzern Manpower. Die Evaluation der Planung und Umsetzung des FlexiBalance-Büros wurde von der Technischen Universität Dortmund durchgeführt.

7.3 Zusammenfassung

Im Projekt „FlexiBalance" wurde ein Handlungsplan entwickelt und erprobt, der eine kombinierte Dienstleistung aus Betreuungsmanagement und flexiblem Arbeitseinsatz ermöglicht. In einem vom Elternservice AWO und Manpower betriebenen Projekt- und Beratungsbüro in Berlin wurde während der Projektlaufzeit für über 90 Menschen mit familiärer Verantwortung ein integriertes Betreuungs- und Arbeitszeitmodell entwickelt.

Das Modellprojekt wurde von den Partnern Elternservice AWO und Manpower durchgeführt und von der TZZ GmbH moderiert und begleitet. Die Kooperation war beispielhaft für die Zusammenarbeit von Unternehmen mit unterschiedlichen Kulturen, Werten und Vorstellungen. Letztlich war es aber die fruchtbare Nutzung der Gegensätzlichkeit, die zur erfolgreichen Umsetzung des „FlexiBalance"-Modells geführt hat. Die Projektpartner waren Agenten jeweils einer Perspektive der Work-Life-Balance und konnten in gemeinsamen Aushandlungsprozessen Lösungsmodelle entwickeln, die sowohl der Familie, als auch der Arbeitswelt gerecht wurden.

Eine wichtige Voraussetzung für den Projektprozess war die Transparenz der unterschiedlichen Positionen. Es mussten keine Interessen durchgesetzt, sondern im Spannungsverhältnis zwischen Arbeits- und Familienleben eine tatsächliche Balance hergestellt werden. Theoretische Überlegungen zu Merger-Prozessen konnten genutzt werden, um von Anfang an die unterschiedlichen Unternehmenskulturen produktiv einbeziehen zu können. Dies geschah im Wesentlichen über sprachliche Auseinandersetzungen. Es wurden noch keine systematischen Instrumente und Verfahren zu einem Cultural-Merging eingesetzt. Die Projekterfahrungen zeigen aber, dass Projektgruppen mit Partnern unterschiedlicher Unternehmenskulturen einen kontinuierlichen Prozess benötigen, der Widersprüche aufdeckt und Werte und Einstellungen transparent vermittelt. Auf dieser Grundlage entwickeln Spannungsverhältnisse eine produktive Dynamik für innovative Prozesse.

Literatur

Arlinghaus O, Lübbert K (2003) Cultural Due Diligence. In: Balz U, Arlinghaus O (Hrsg) Das Praxisbuch Mergers & Acquisitions: Von der strategischen Überlegung zur erfolgreichen Integration. Wien, München, S 177–200

Ashkenas R, Demonaco L, Francis S (1998) Making the deal real: how GE capital integrates acquisitions. Harvard Bus Rev January-February 76:165–178

Austin JE (2000) The collaboration challenge: How nonprofits and business succeed through strategic alliances. Jossey-Bass, San Francisco, CA

Berens W, Mertens M, Strauch J (1999) Unternehmensakquisitionen. In: Berens W, Brauner HU (Hrsg) Due Diligence bei Unternehmensakquisitionen. Schäffer-Poeschel Verlag, Stuttgart, S 23–70

Bischoff JM (2007) Change Management in M & A-Projekten – Von der Cultural Due Diligence zur Post-Merger-Integration. In: Keuper F, Groten H (Hrsg) Nachhaltiges Change Management. Interdisziplinäre Fallbeispiele und Perspektiven, Wiesbaden, S 59–126

Bligh MC (2006) Surviving post-merger 'Culture Clash': can cultural leadership lessen the casualties? Leadership 4(2):395–426

Bluszcz, O (2007) Strategische Allianzen zwischen Profit- und Non-Profit-Organisationen. In: Hafner, Sonja J. et al. (Hrsg.) (2007): Gesellschaftliche Verantwortung in Organisationen. Fallstudien unter organisationstheoretischen Perspektiven. München u. Mering: Hampp, S 107–117zcz

Bluszcz O (2008) Kooperation und Innovation: Zivilgesellschaftliche und Organisationstheoretische Grundlagen. Universität Duisburg-Essen, Duisburg

Bluszcz O, Stark W (2009) Intersektorale Strategische Allianzen – Stärkung der Unternehmenskultur durch Kooperationsbeziehungen im Rahmen von unternehmerischem bürgerschaftlichem Engagement. In: Broschüre des Bundesministeriums für Bildung und Forschung (BMBF)s Referat

„Innovative Arbeitsgestaltung und Dienstleistungen" (Hrsg) Unternehmenserfolg – Eine Frage der Kultur. Bonn/Berlin, S 66–69

Bouchard PJ, Pellet L (2000) Getting your shift together—making sense of organizational culture and change: introducing cultural Due Diligence. CCI Press, Arizona

Cartwright S, Cooper C (1993) The role of culture compatibility in successful organizational marriage. Acad Manag Exe 7(2):57–70

Cartwright S, Cooper C (1995) Organizational marriage: „hard versus soft issues? Pers Rev 24(3):32–42

Cartwright S, Cooper C (1996) Managing mergers acquisition and strategic alliances: integrating people and cultures. Butterworth-Heinemann, Oxford

Dammer I (2007) Gelingende Kooperation („Effizienz"). In: Becker T, Dammer I, Howaldt J, Killich S, Loose A (Hrsg) Netzwerkmanagement, Mit Kooperation zum Unternehmenserfolg. Springer, Heidelberg, S 49–62

Dathe J (1998) Kooperationen, Leitfaden für Unternehmen: Strategien, Erfahrungen und Grenzen in Europa. Hanser Verlag, München

Dauber D (2009) Mergers and acquisitions, integration and culture: what we have learned and failed to learn in the past 10 years. In: Conference of the International Association of Cross-Cultural Competence and Management (IACCM) and CEMS Doctoral Seminar. Vienna, Austria, June 24–26

Derenthal K (2009) Innovationsorientierung von Unternehmen – Messung, Determinanten und Erfolgswirkungen. Gabler, Wiesbaden

Ernst S (2012) Erfolgreiches Fusionsmanagement. Die Integration der Unternehmenskultur in der Postmerger-Phase, URL: http://www.munich-business-school.de/intercultural/index.php/Erfolgreiches_Fusionsmanagement_-_Die_Integration_der_Unternehmenskultur_in_der_Postmerger-Phase (20.12.12)

Ferrari E, Rothgängl F (2003a) Cultural Due Diligence: Systemdiagnosen bei M & A Projekten Teil 1. M & A Rev 2: 63–67

Ferrari E, Rothgängl F (2003b) Cultural Due Diligence: Systemdiagnosen bei M & A Projekten Teil 2. In: M & A Rev 3:120–126

Gerpott TJ (1993) Integrationsgestaltung und Erfolg von Unternehmensakquisitionen. Schaeffer-Poeschel, Stuttgart

Gut-Villa C (1997) Human Resource Management bei Mergers & Acquisitions. Verlag Paul Haupt, Bern

Jansen SA (2001) Mergers & Acquisitions: Unternehmensakquisitionen und – kooperationen. Eine strategische, organisatorische und kapitalmarkttheoretische Einführung. Gabler, Wiesbaden

Juch S, Stefanie R, Köppel P (2007) Cultural fit oder fit for culture? Ansätze für ein effizientes und effektives Instrumentarium zur kulturellen Gestaltung Der Zusammenarbeit in internationalen Unternehmenskooperationen. In: Arbeit – Zeitschrift für Arbeitsforschung, Arbeitsgestaltung und Arbeitspolitik. 2/2007, S 89–103

Jung H (1993) Erfolgsfaktoren von Unternehmensakquisitionen. Kalay, Stuttgart

Kolesky K (2006) Management kultureller Integrationsprozesse bei grenzüberschreitenden Unternehmenszusammenschlüssen. Eine Analyse westeuropäischer Akquisitionen in Osteuropa. Kassel university press, Kassel

Kuhn K (2010) Unternehmenskultur als Herausforderung der Post Merger Integration. Ilmenauer Schriften zur Betriebswirtschaftslehre 2010, 5

Larsson R, Risberg A (1998) cultural awareness and national versus corporate barriers to acculturation. In: Gersten, MC, Søderberg A-M, Torp JE (Hrsg) Cultural dimensions of international mergers and acquisitions. De Gruyter, Berlin, S 39–56

Lucks K, Meckl R (2002) Internationale Mergers & ; Acquisitions – Der prozessorientierte Ansatz. Springer, Berlin

Nahavandi A, Malekzadeh AR (1988) Acculturation in Mergers and Acquisitions. Acad Manage Rev 13(1):79–90 (Arizona)

Olbrich M (1999) Unternehmungskultur und Unternehmungswert. Gabler, Wiesbaden

Porter ME, Kramer MR (2002) The competitive advantage of corporate philanthropy. Harvard Bus Rev 80(12 Dec):57–68

Schreier C (2001) Kulturelle Integration grenzüberschreitender Akquisitionen. Der Andere Verlag, Osnabrück

Schuppener AC (2006) Kulturorientiertes Integrationsmanagement bei Unternehmenszusammenschlüssen – Analyse erfolgsabhängiger Faktoren und Ableitung von Implikationen für die Unternehmenspraxis. Meidenbauer, München

Söllner A (2008) Einführung in das Internationale Management – Eine institutionenökonomische Perspektive. Gabler, Wiesbaden

Stahl G (2001) Management der Sozio-Kulturellen Integration bei Unternehmenszusammenschlüssen und -übernahmen. Die Betriebswirtschaft 61(1):61–80

Strähle J (2004a) Cultural Due Diligence. Tectum Verlag, Marburg

Strähle J (2004b) Cultural Due Diligence. Tectum-Verlag, Marburg

Vogel DH (2002) M & A. Ideal und Wirklichkeit. Gabler, Wiesbaden

Weidinger R, Brothers F, Mündemann T (1999) Cultural Due Diligence – Ein Beitrag zur Bewertung von Unternehmenskulturen bei Mergers & Acquisitions. In: M & A Review 10/1999, S 427–436

Werner M (1999) Post-Merger-Integration – Problemfelder und Lösungsansätze. Zeitschrift für Organisation 68:330–337

Wirtz BW (2003) Mergers & Acquisitions Management. Gabler, Wiesbaden

Withauer KF (2011) Führungskompetenz und Karriere. Gabler, Wiesbaden

Wucknitz UD (2002) Handbuch Personalbewertung: Messgrößen – Anwendungsfelder – Fallstudien. Schäffer-Poeschel, Stuttgart

Rufbereitschaft: Verbreitung, Folgen und Handlungsmöglichkeiten

Eva Bamberg, Panja Goerke, Wenzel Matiaske, Simon Fietze,
Niklas Friedrich, Monika Keller, Henning Soll, Tim Vahle-Hinz
und Jan Dettmers

8.1 Einleitung

Die verschiedenen Lebensbereiche wie Arbeit, Freizeit und Familie waren schon immer für einen großen Teil der Bevölkerung nicht klar voneinander getrennt. Kurzfristig anberaumte Überstunden oder unvorhergesehene Arbeitseinsätze führten auch in der Vergangenheit dazu, dass über die vereinbarte Erwerbsarbeitszeit hinaus gearbeitet wurde. Durch die notwendige Versorgung und Pflege von Familienangehörigen entstanden Bedarfe, die auch während der Erwerbsarbeitszeit zu erfüllen waren. Die bereits in der Vergangenheit häufig durchlässigen Grenzen zwischen Erwerbsarbeit und anderen Lebensbereichen sind in jüngerer Zeit zunehmend unklarer geworden. Dies wird u. a. unterstützt durch Modelle der Arbeitszeitflexibilisierung. Eine Variante der Arbeitszeitflexibilisierung ist Rufbereitschaft.

Rufbereitschaft bedeutet, dass Arbeitnehmer verpflichtet sind, auf Abruf die Arbeit aufzunehmen. Die Anforderungen bei Rufbereitschaft sind damit ähnlich wie die bei Bereitschaftsdienst. Der Unterschied ist, dass sich bei letzterem die Arbeitenden im Betrieb befinden; bei ersterem können sich die Beschäftigten an einem Ort ihrer Wahl aufhalten, vorausgesetzt sie sind erreichbar und reaktionsbereit. Einsätze während der Rufbereitschaft, nicht aber die gesamte Phase der Erreichbarkeit, gelten als Arbeitszeit. Rufbereitschaft wird häufig im Rahmen von Tarifverträgen, Betriebsvereinbarungen und Arbeitsverträgen geregelt. Die Arbeit im Rahmen eines Einsatzes wird in der Regel vergütet, die Rufbereitschaftsphase wird pauschal abgegolten (vgl. Vahle-Hinz und Bamberg 2009).

E. Bamberg (✉) · P. Goerke · W. Matiaske · S. Fietze · N. Friedrich · M. Keller · H. Soll · T. Vahle-Hinz · J. Dettmers
Fachbereich Psychologie, Universität Hamburg, Von-Melle-Park 11,
20146 Hamburg, Deutschland
E-Mail: bamberg@uni-hamburg.de

S. Kaiser et al. (Hrsg.), *Arbeits- und Beschäftigungsformen im Wandel*,
DOI 10.1007/978-3-658-00331-9_8, © Springer Fachmedien Wiesbaden 2013

Zur Verbreitung und Wirkung von Rufbereitschaft liegen nur wenige Untersuchungsergebnisse vor. Gestaltungsempfehlungen, die auf gesicherten Erkenntnissen basieren,
können deshalb kaum formuliert werden. Um diese Lücke zu schließen, führten wir in
Hamburg das Verbundprojekt „Flexibilität und Verfügbarkeit durch Arbeit auf Abruf"
(RUF)[1] durch. Der Verbund bearbeitete in drei Teilvorhaben folgende Themenstellungen:

- Verbreitung, Bedeutsamkeit und Präferenzen von Arbeit auf Abruf, besonders von Rufbereitschaft (Helmut-Schmidt-Universität/Universität der Bundeswehr Hamburg, Institut für Personalwesen und Arbeit)
- Wirkungen von Rufbereitschaft – allgemein ((Landes-)Universität Hamburg, Arbeits-
und Organisationspsychologie)
- Wirkungen von Rufbereitschaft – konkret am Beispiel Luftfahrt (Deutsches Zentrum
für Luft- und Raumfahrt (DLR), Abteilung für Luft- und Raumfahrtpsychologie).

Im vorliegenden Kapitel werden Ergebnisse aus den Teilvorhaben vorgestellt, Handlungsmöglichkeiten werden diskutiert.

8.2 Verbreitung von Rufbereitschaft

Bisher existieren kaum repräsentative Daten zur Verbreitung von Rufbereitschaft in deutschen Unternehmen. Eine erste Auswertung von Betriebsdaten auf Basis der Cranet-Er-
hebung 2009[2] zeigt, dass Rufbereitschaft in Deutschland weit verbreitet ist, aber nur wenige Beschäftigte in dieser Arbeitszeitform tätig sind. 59,2 % der Betriebe mit mehr als
100 Beschäftigten, in denen durchschnittlich 6,5 % der Beschäftigten in Rufdiensten tätig
sind, setzt Rufbereitschaft ein (Fietze et al. 2013). Auf Personenebene zeigt eine repräsentative Befragung des ISO-Instituts[3] aus 2003, dass 4 % der Beschäftigten in Rufdiensten
tätig sind (Bauer et al. 2004). Nach der BIBB/BAuA-Erwerbstätigenbefragung 2005/2006[4]
leistet mindestens einer von fünf Beschäftigten in Deutschland (21,8 %) Rufbereitschaft

---

[1] Förderkennzeichen 01FH09083 Beteiligte: Uni Hamburg: Eva Bamberg (Gesamtkoordination;
Leitung), Jan Dettmers, Niklas Friedrich, Monika Keller, Tim Vahle-Hinz, Anika Schulz, Isabella
von Wissmann, Laura Stoll; DLR: Panja Goerke, Henning Soll; Helmut-Schmidt-Universität: Wenzel
Matiaske (Leitung), Verena Tobsch, Simon Fietze, Mandy Schult.

[2] Im Rahmen des „Cranfield Network on International Strategic Human Resource Management"
(Cranet) wurden in 2009 418 Betriebe schriftlich zu Unternehmenspraktiken im Bereich des Personalmanagement befragt (Kabst, Wehner, Meifert and Kötter 2009).

[3] Die vom Institut zur Erforschung sozialer Chancen in Köln (ISO) durchgeführte Repräsentativbefragung von 4.012 abhängigen Beschäftigten ist Bestandteil eines kontinuierlichen Berichtssystems
zur Arbeitszeit und Betriebszeitenentwicklung in Deutschland.

[4] Die BIBB/BAuA-Erwerbstätigenbefragung 2005/2006 ist eine Repräsentativbefragung von 20.000
Erwerbstätigen in Deutschland, die gemeinsam vom Bundesinstitut für Berufsbildung (BIBB) und
der Bundesanstalt für Arbeitsschutz und Arbeitsmedizin (BAuA) durchgeführt wurde.

oder Bereitschaftsdienst (Beermann et al. 2008). Jedoch ist der Anteil der Beschäftigten mit Rufbereitschaft nicht von denen mit Bereitschaftsdienst trennbar. Bereitschaftsdienst ist allerdings – wie oben beschrieben – weder arbeitsrechtlich noch faktisch mit Rufbereitschaft gleichzusetzen.

Um eine umfassende Bestandsaufnahme über Verbreitung und Ausgestaltung, Bedeutsamkeit sowie Einschätzungen von Rufbereitschaft in Deutschland zu erhalten, wurde im Rahmen unserer Untersuchungen auch eine repräsentative Betriebsbefragung durchgeführt. In 500 in Deutschland ansässigen Betrieben mit mindestens 150 Beschäftigten unterschiedlicher Branchen und Betriebsgrößen wurden Personalverantwortliche per Telefoninterview[5] befragt.[6]

8.2.1 Allgemeine Ergebnisse

Die Ergebnisse bestätigen obige Befunde, dass Rufbereitschaft bei Betrieben in Deutschland weit verbreitet ist (Tobsch et al. 2012). Etwa 44 % aller in Deutschland ansässigen Betriebe nutzt Rufbereitschaft (vorrangig als formelle, vertraglich vereinbarte Form), um flexibel auf Notfälle oder Kundenwünsche außerhalb der regulären Arbeitszeit reagieren zu können. Die Intensität, d. h. der Anteil der Beschäftigten pro Betrieb, die Rufbereitschaft leisten, ist hingegen relativ gering. Durchschnittlich rund 9 % der Beschäftigten in Betrieben mit Rufbereitschaft sind davon betroffen (Tobsch et al. 2012).

Deutliche Unterschiede hinsichtlich der Nutzung von Rufbereitschaft zeigen sich bezüglich der Betriebsgröße und zwischen den einzelnen Branchen. Fast jeder sechste Betrieb mit bis zu 100 Beschäftigten setzt Rufbereitschaft ein (15,8 %), während es bei größeren Betrieben mehr als dreimal so viele sind: zwischen 44,2 % und 67,5 % (Abb. 8.1). Dass größere Betriebe Rufbereitschaft eher einsetzen bzw. angeben, Rufdienste formell zu nutzen, begründet sich u. a. damit, dass größere Betriebe über ein institutionalisiertes Personalmanagement verfügen, das für die Ausgestaltung und Steuerung des Personalsystems zuständig ist. Klein- und mittelständische Betriebe besitzen oft keine Personalabteilung und setzen daher nur vereinzelt solche Instrumente formal um.

*Fallzahl < 15

Branche In Bezug auf die Verbreitung von Rufbereitschaft nach Branchen zeigen sich zu erwartende Unterschiede. Rufdienste werden häufiger in Betrieben der Energie- und Wasserversorgung (81,3 %), öffentlichen Dienstleistungen (59,2 %), im Gesundheits-

---

[5] Computer Assisted Telephone Interview; CATI.

[6] Die Stichprobe wurde mittels einer einfachen Zufallsauswahl aus einem Betriebsstättenverzeichnis gezogen. Diese Befragung erfolgte im Zeitraum von April bis Mai 2011. Die Rücklaufquote ist mit 14,8 % als sehr zufriedenstellend einzuschätzen. Die Bruttostichprobe umfasste 3.870 Betriebsadressen. Der Fragebogen richtete sich sowohl an Betriebe mit als auch ohne Rufbereitschaft und war dementsprechend strukturiert. Die Interviewdauer betrug für Betriebe mit Rufbereitschaft durchschnittlich 28 min, für Betriebe ohne Rufbereitschaft lediglich 14 min.

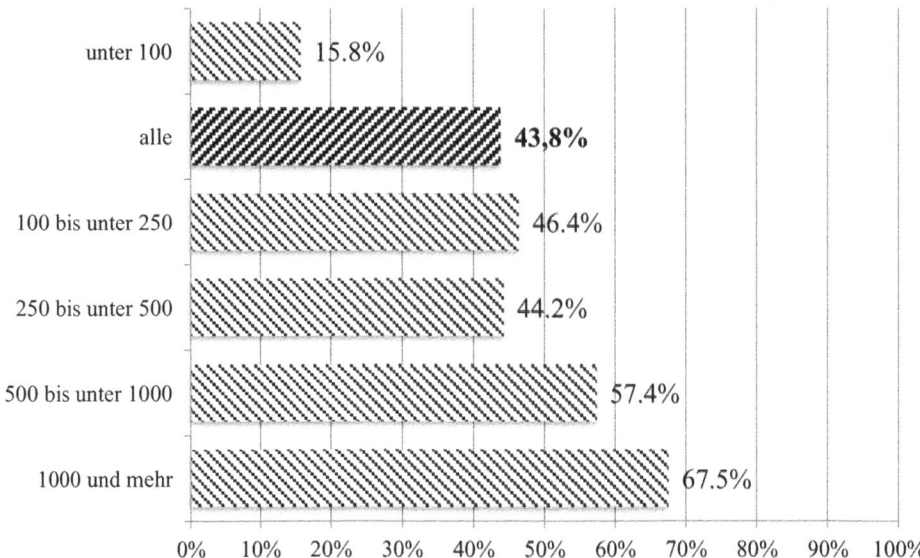

Abb. 8.1 Verbreitung von Rufbereitschaft nach Betriebsgröße. (Quelle: Betriebsbefragung 2011, eigene Berechnungen)

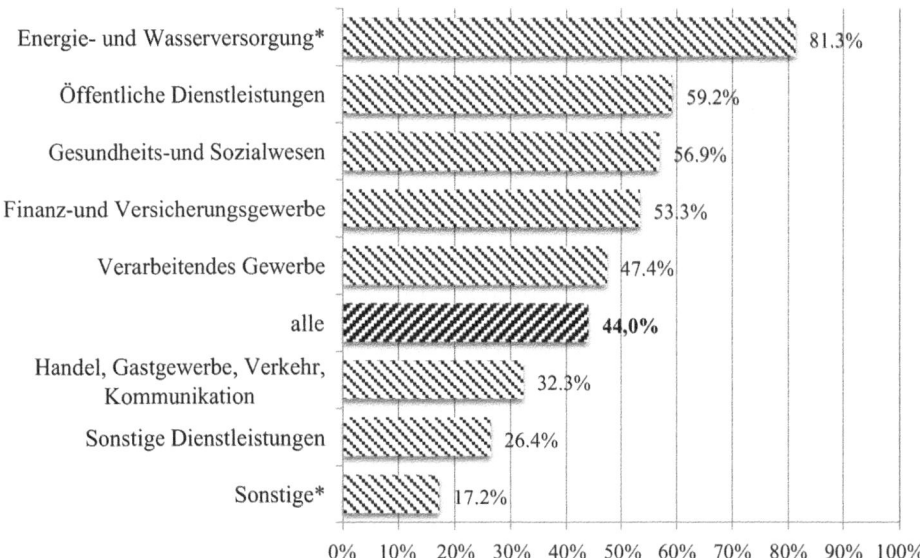

Abb. 8.2 Verbreitung von Rufbereitschaft nach Branche. (Quelle: Betriebsbefragung 2011, eigene Berechnungen)

und Sozialwesen (56,9 %) sowie im Finanz- und Versicherungswesen (53,3 %) eingesetzt (Abb. 8.2). Im produzierenden Gewerbe liegt der Anteil von Betrieben, die Rufbereitschaft einsetzen, nur leicht über dem Durchschnitt (47,4 %). Rufbereitschaft ist üblicherweise ein

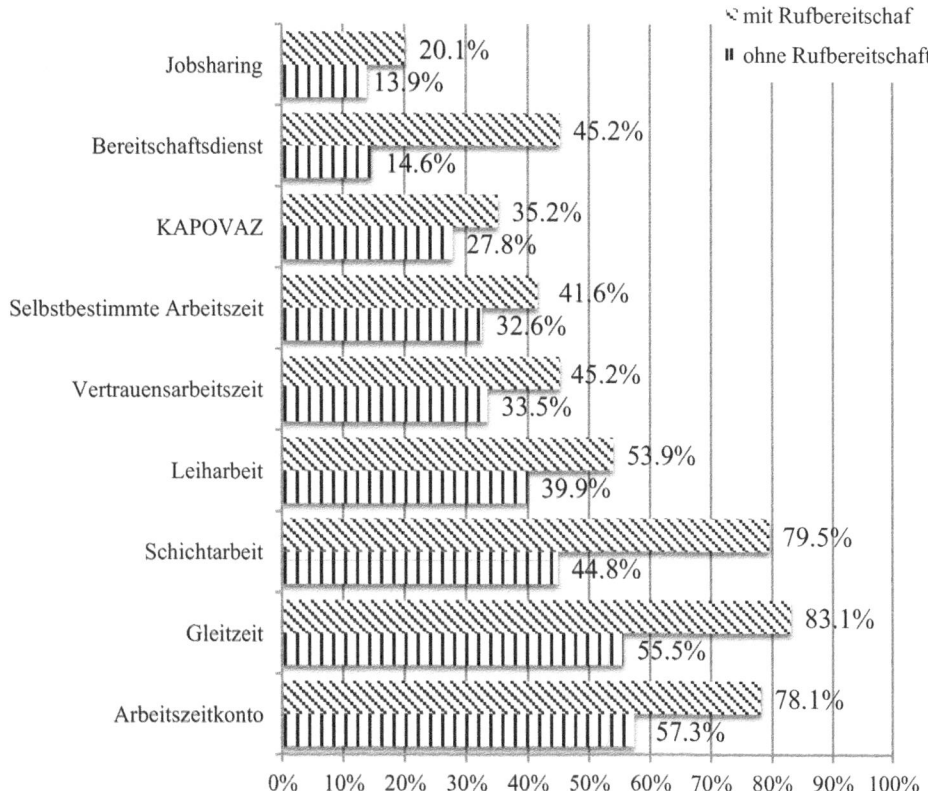

Abb. 8.3 Verbreitung von flexiblen Arbeitszeitformen bei Betrieben mit und ohne Rufbereitschaft. (Quelle: Betriebsbefragung 2011, eigene Berechnungen)

zusätzlicher Service gegenüber dem Kunden. Hierzu kann man beispielsweise den 24-Stunden-Schlüsselnotdienst zählen, für den ein solches Angebot wirtschaftlich von Vorteil ist. Im produzierenden Gewerbe kann davon ausgegangen werden, dass Rufbereitschaft als Anforderungen des Marktes und z. B. zur Wartung technischer Anlagen eingesetzt wird. In anderen Branchen ist Rufbereitschaft weniger ein Gebot der Konkurrenzfähigkeit. Bei Betrieben der Energie- und Wasserversorgung und im Sozial- und Gesundheitswesen handelt es sich eher um eine durch Gesetze und Vorschriften bestimmte Notwendigkeit.

Anhand unserer Betriebsbefragung wird deutlich, dass Betriebe mit Rufbereitschaft auch wesentlich häufiger andere flexible Arbeitszeitmodelle implementiert haben (Abb. 8.3). Arbeitszeitkonten, Schichtarbeit und Gleitzeit wird in vier von fünf Betrieben mit Rufbereitschaft eingesetzt (78,1 % bis 83,1 %); in Betrieben ohne Rufbereitschaft nutzt nur etwa jeder zweite Betrieb (44,8 % bis 57,3 %) diese Arbeitszeitformen. Leiharbeit, Vertrauensarbeitszeit, selbstbestimmte Arbeitszeit, Kapazitätsorientierte variable Arbeitszeit (KAPOVAZ) wird von 35,2 % bis 53,9 % der Betriebe mit Rufbereitschaft genutzt, bei den Betrieben ohne Rufbereitschaft liegt dieser Anteil lediglich zwischen 27,8 % und 39,9 %. Am größten sind die Unterschiede hinsichtlich des Bereitschaftsdienstes. In 45,2 % der Betriebe mit Rufbereitschaft wird auch Bereitschaftsdienst genutzt, während nur etwa 15 % der Betriebe ohne Rufbereitschaft davon Gebrauch machen.

Diese Ergebnisse weisen auf zwei wichtige Punkte hin. Erstens wird Rufbereitschaft scheinbar nicht als Alternative zum Bereitschaftsdienst eingesetzt. Vielmehr handelt es sich um komplementäre Arbeitszeitinstrumente, die gemeinsam genutzt werden, weil sich der daraus gezogene Mehrwert ergänzt. So könnten Rufbereitschaftsleistende für Beschäftigte in Bereitschaftsdienst am Arbeitsort als Reserve bereitstehen, um bei einem unerwartet hohen oder komplexen Arbeitsanfall zum Einsatz zu kommen. Zweitens deutet der Befund, dass andere flexible Arbeitszeitkonzepte bei Betrieben mit Rufbereitschaft stärker zum Einsatz kommen, darauf hin, dass Rufbereitschaft nur ein Instrument von vielen im Rahmen einer flexibilisierenden Personalpolitik ist und nach den betrieblichen Erfordernissen mit anderen verknüpft wird.

Sind für die Tätigkeiten, die ggf. während der Rufbereitschaft auszuführen sind, besondere Qualifikationen erforderlich, ist das Personalmanagement gefordert, die Beschäftigten entsprechend auszuwählen bzw. vorzubereiten. In der Mehrheit der Betriebe (66,5 %) leisten nur Beschäftigte mit ausreichender Berufserfahrung Rufbereitschaftsdienste. Lediglich für 14,2 % der Betriebe mit Rufbereitschaft ist Berufserfahrung gar nicht oder weniger wichtig. Dies ist angesichts der Tatsache, dass Beschäftigte in Rufbereitschaft meist auf sich gestellt sind, wenn es darum geht Entscheidungen zu treffen bzw. Probleme zu beheben wenig überraschend. Allerdings sind spezielle Schulungen für Rufbereitschaftsleistende in mehr als der Hälfte der Betriebe (58,4 %) nicht erforderlich. Nur für 26,5 % der Betriebe ist dies wichtig bis sehr wichtig. Dieser Befund deutet darauf hin, dass Rufbereitschaft in der Regel der üblichen Tätigkeit der Beschäftigten entspricht, des Öfteren auch spezielles Fachwissen erforderlich ist. Erfahrungen im Umgang mit Kunden sind für ein Drittel der Betriebe (34,1 %) mit Rufbereitschaft erforderlich, für knapp die Hälfte (48,4 %) trifft dies allerdings gar nicht zu.

8.2.2   Ausgestaltung von Rufbereitschaft

Rufbereitschaft sowie deren Vergütung ist in etwas mehr als 90 % der Betriebe vertraglich geregelt. Dabei findet in drei von vier Betrieben (76,7 %) ein Tarifvertrag oder eine Betriebsvereinbarung Anwendung. Lediglich in etwa 16 % der Betriebe wird Rufbereitschaft ausschließlich durch individuelle arbeitsvertragliche Vereinbarungen geregelt.

Bemerkenswerterweise wird in 70,2 % der Betriebe Rufbereitschaft auch vergütet, wenn kein Ruf erfolgt (Abb. 8.4). In weiteren 15,6 % wird Rufbereitschaft durch andere Regelungen vergütet, wenn kein Einsatz erfolgt. Dies ist insofern überraschend, als dass Rufbereitschaft arbeitsrechtlich erst dann als Arbeitszeit gilt, wenn die Arbeit durch die Entgegennahme des Rufes aufgenommen wird. Die Vergütung der Arbeitszeit bei einem Einsatz während der Rufbereitschaft erfolgt in 37,9 % der Betriebe als normale Vergütung inkl. gängiger Zuschläge (wie Wochenend-, Feiertags- und Nachtzuschläge). In der Hälfte der Betriebe mit Rufbereitschaft (50,2 %) wird zusätzlich ein Zuschlag gezahlt. In jeweils einem Viertel der Betriebe ist eine Überstundengutschrift (22,8 %) oder ein Arbeitszeitausgleich (25,1 %) möglich.

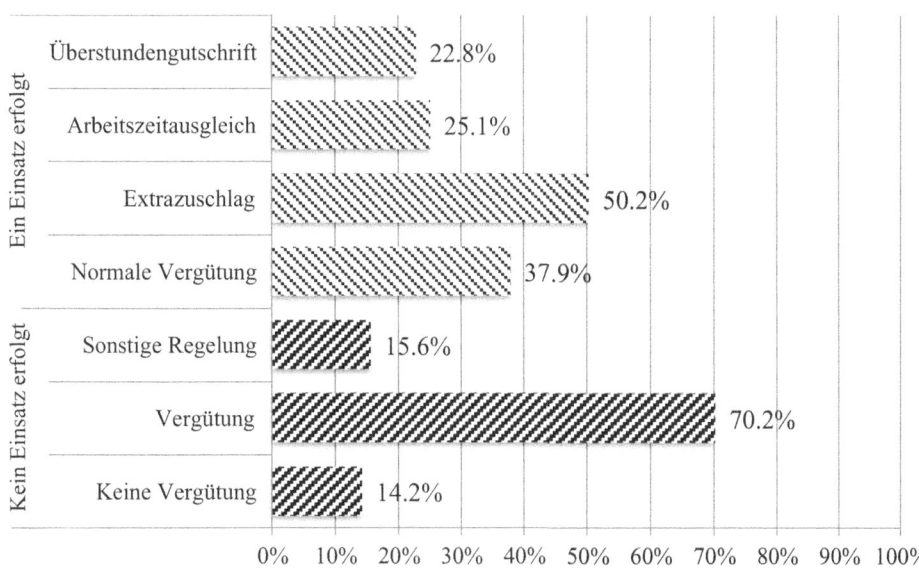

Abb. 8.4 Vergütung von Rufbereitschaft. (Quelle: Betriebsbefragung 2011, eigene Berechnungen.)

Rufbereitschaftsleistende werden für gewöhnlich etwa zwei bis drei Mal pro Rufbereit-schaftsphase gerufen (Tab. 8.1). In Betrieben der Energie- und Wasserversorgung liegt die Anzahl der Rufe deutlich höher, in der Finanz- und Versicherungsbranche etwas niedriger. Die durchschnittliche Einsatzdauer beträgt nach Einschätzung der befragten Personalver-antwortlichen zwei Stunden und 45 min. Hier gibt es deutliche Unterschiede zwischen den Branchen: im Gesundheits- und Sozialwesen ist die tatsächliche Einsatzdauer im Schnitt viel höher, in Grundversorgungsbetrieben sowie im Handel, Gastgewerbe, Verkehr und Kommunikation etwas niedriger. Die von den Betrieben gewünschte Reaktionszeit – die Zeit zwischen Arbeitsaufnahme und erfolgtem Ruf – beträgt im Durchschnitt eine halbe Stunde. Es ist aufgrund der Befunde zur Zeitspanne zu vermuten, dass die gewünschte Reaktionszeit davon abhängt wie zeitkritisch eine Aufgabe ist. Bei Tätigkeiten im Gesund-heitswesen geht es meist – im Gegensatz zum Finanz- und Versicherungsgewerbe – um soziale Dienstleistungen, die häufig eine zeitnahe Bearbeitung erfordern.

In der überwiegenden Mehrheit der Betriebe (85,0 %) ist es den Beschäftigten möglich, einen Ruf weiterzugeben. Rufbereitschaft im Pool oder Tandem gibt es hingegen nur bei etwa knapp der Hälfte (47,7 %), wesentlich häufiger jedoch in der Energie- und Wasserver-sorgung (69,2 %), im Handel, Gastgewerbe, Verkehr, Kommunikation (60,0 %) und in der öffentlichen Verwaltung (62,1 %).

Die Planung der Rufbereitschaftsdienste erfolgt in einem von fünf Betrieben (21,1 %) ausschließlich durch Vorgesetzte. In der Mehrheit der Betriebe (66,1 %) gestalten Beschäf-tigte und Vorgesetzte die Rufbereitschaftsplanung gemeinsam, in 12,8 % planen die Mit-arbeiter allein oder im Team die Rufbereitschaft. Den individuellen Bedürfnissen einer-seits und den betrieblichen Anforderungen andererseits gerecht zu werden, ist eine beson-

Tab. 8.1 Gestaltung von Rufbereitschaft. (Quelle: Betriebsbefragung 2011, eigene Berechnungen)

	Tatsächliche Anzahl Rufe	Einsatzdauer	Gewünschte Reaktionszeit	Ruftausch möglich	Rufbereitschaft im Pool/Tandem
Alle Branchen	2,4	2 h 45m	30 m	85 %	48 %
In ausgewählten Branchen[a]:					
Energie- & Wasserversorgung	+ + +	–			+ +
Handel, Gastgewerbe, Verkehr, Kommunikation		–		+	+
Finanz- & Versicherungsgewerbe	–		+ + +		
Gesundheits- & Sozialwesen			– –		
Öffentliche Dienstleistungen	+ +			– –	+

[a] Durchschnittliche Abweichung in Relation zur Standardabweichung:
+++ (>0,6), ++ (.4 bis 0,6), + (0,2 bis 0,4), – (−0,2 bis −0,4), – – (−0,4)

dere Herausforderung der Personalplanung bzw. Dienstplangestaltung. Wenn, wie oben aufgezeigt, vorrangig Beschäftigte mit ausreichender Berufserfahrung und speziellem Fachwissen Rufbereitschaft leisten können, ist es umso wichtiger individuelle Präferenzen z. B. bei Beschäftigten mit Fürsorge- und Pflegeverpflichtungen zu berücksichtigten, um Motivation und Commitment der Rufbereitschaftsleistenden zu stärken. Die Teilhabe an der Planung der Rufbereitschaft ist dabei neben der Möglichkeit einen Ruf weiterzugeben, eine weitere mögliche Form der Partizipation (Keller et al. 2011), von der die überwiegende Mehrheit der Betriebe Gebrauch macht.

8.3   Wirkungen von Rufbereitschaft

Weiter oben wurde darauf verwiesen, dass zu Rufbereitschaft nur eingeschränkt Untersuchungsergebnisse vorliegen. Im vorliegenden Abschnitt gehen wir auf einschlägige Befunde ein, um dann anschließend die Ergebnisse unseres Projekts zusammenfassend wiederzugeben.

8.3.1   Überblick zu theoretischen Grundlagen und empirischen Studien

Verglichen mit anderen Formen der Arbeitszeit werden die gesundheitlichen Folgen von Rufbereitschaft vergleichsweise wenig untersucht. Nicol und Botterill publizierten 2004 einen Überblicksartikel, den wir um eine eigene Literaturrecherche ergänzt haben (Bamberg et al. 2012; Vahle-Hinz und Bamberg 2009). Zusammenfassend ergibt sich aus dem Review, dass Rufbereitschaft mit Stress, Einschränkungen des Wohlbefindens und mit Schlafproblemen einhergeht. Mit den Studien sind jedoch einige methodische Probleme verbunden: Bei den Untersuchungen handelte es sich zum größten Teil um Querschnittstudien; in einigen Fällen wurde lediglich eine Einschätzung von Rufbereitschaft durch die Betroffenen erhoben. Es wurden kaum Untersuchungen durchgeführt, die aufgrund ihres Designs Aussagen zu kausalen Beziehungen erlauben. Aussagen über Wirkung von Rufbereitschaft sind somit kaum möglich. Die meisten Untersuchungen wurden mit Ärzten durchgeführt. Ferner wurde in den Untersuchungen nicht getrennt zwischen der Rufbereitschaftsphase und den Einsätzen während der Rufbereitschaft. Von daher ist nicht klar, ob die Beziehungen zwischen Rufbereitschaft und Gesundheit, die berichtet werden, auf Mehrarbeit oder auf Schichtarbeit zurückzuführen sind. Die Folgen von Rufbereitschaft bedürfen somit noch einer empirischen Überprüfung.

Während der Rufbereitschaftsphase müssen die Beschäftigten entweder Mehrarbeit leisten oder sie müssen für eventuelle Anforderungen reaktionsbereit und verfügbar sein. Verfügbarkeit (Bamberg und Dettmers 2013) ist somit im Kontext von Rufbereitschaft ein wichtiges Thema.

Die Wirkungen von Rufbereitschaft können auf dem Hintergrund von Konzepten zu Arbeit und Gesundheit und zu Erholung erklärt werden (Bamberg et al. 2012). Diesen Konzepten folgend, haben Belastungen und hohe Anforderungen negative Wirkungen auf Gesundheit und Wohlbefinden. Ressourcen können negative Effekte von Arbeitsbedingungen abmildern. In diesem Zusammenhang kommt den Erholungsmöglichkeiten besondere Bedeutung zu. Die Wirkung von Erholung betrifft kurzfristige und langfristige Folgen der Arbeitsbedingungen. Kurzfristige Folgen, wie z. B. Ermüdung, erhöhter Blutdruck oder Beeinträchtigungen des psychischen Befindens sind reversibel, wenn die Beschäftigten nicht länger den Anforderungen und Belastungen ausgesetzt sind. Ist Erholung unzureichend, dann entwickeln sich kurzfristige Effekte zu langfristigen Folgen, Gesundheitsprobleme entstehen. Ein wesentlicher Aspekt der Erholung ist der inhaltliche Abstand zu den Anforderungen und Belastungen des Arbeitsplatzes. Dies wird als Detachment bezeichnet. Detachment bedeutet, dass sich die Arbeitenden kognitiv und emotional von ihrer Arbeit lösen und distanzieren. Es wird davon ausgegangen, dass Detachment die Wirkungen von Arbeitsbedingungen auf Gesundheit puffert und eine positive Beziehung zu Gesundheit hat (Sonnentag und Fritz 2007).

Während der Rufbereitschaftsphase müssen die Beschäftigten verfügbar sein, da evtl. Arbeitsanforderungen zu bewältigen sind. Damit sind Aufenthaltsort und Tätigkeit nur mit Einschränkungen frei wählbar. Unter diesen Bedingungen dürfte Detachment und damit Erholung nur eingeschränkt möglich sein. Es ist deshalb davon auszugehen, dass Rufbereitschaft durch die Anforderungen nach Verfügbarkeit auch ohne Arbeitseinsätze beeinträchtigende Wirkungen auf die Gesundheit hat. Durch die Arbeitseinsätze können zusätzliche Anforderungen entstehen, die die negativen Wirkungen der Rufbereitschaftsphase verstärken können. Wir nehmen somit an, dass Rufbereitschaft aufgrund eingeschränkter Erholungsmöglichkeiten und ggf. aufgrund von Mehrarbeit im Rahmen von Einsätzen negative Wirkungen auf Gesundheit haben kann.

Rufbereitschaft kann aber unter bestimmten Bedingungen auch positive Wirkungen auf Gesundheit haben. Rufbereitschaft kann den Beschäftigten ihre wichtige Rolle im Erwerbsleben verdeutlichen, die Arbeitseinsätze können mit interessanten Arbeitsaufgaben verbunden sein etc. Letztlich werden also Ausgestaltung, Rahmenbedingungen und Arbeitsaufgaben entscheidend für die Wirkungen von Rufbereitschaft sein.

8.3.2   Studien der Universität Hamburg

An der Universität Hamburg wurden mehrere Studien durchgeführt, um die Folgen von Rufbereitschaft zu untersuchen (Friedrich et al. (Im Erscheinen)). Im Rahmen einer Interviewstudie wurden 20 Beschäftigte leitfadengestützt zu Rufbereitschaft befragt. Des Weiteren wurden Querschnittstudien mit Hilfe von Fragebogen durchgeführt. Dabei ging es u. a. um die Rahmenbedingungen von Rufbereitschaft sowie um Erfahrungen und Einschätzungen zu Rufbereitschaft und um Organisationsklima. Mit Hilfe einer Tagebuchstudie wurde durch Kurzfragebögen, die in Zeiten mit und ohne Rufbereitschaft auszufüllen waren,u. a. das Befinden der Beschäftigten, Schlaf- und Freizeitqualität, Konflikte zwischen Arbeits- und Privatleben erfasst. Darüber hinaus wurden an physiologischen Daten Kortisol und Herzratenvariabilität erhoben. Über letztere wird an dieser Stelle nicht berichtet.

Die unten zusammengefassten Ergebnisse basieren vor allem auf den Tagebuchdaten, zum Teil aber auch auf den anderen Untersuchungen. An den Tagebuchstudien haben (1) N = 126 Rufbereitschaftsleistende aus 12 Betrieben (BMBF-Verbundprojekt „Flexibilität und Verfügbarkeit durch Arbeit auf Abruf (RUF)") und (2) N = 31 Softwareadministratoren(Bamberg et al. 2012) teilgenommen. Bei den folgenden Ausführungen beziehen wir uns vor allem auf Friedrich et al. (Im Erscheinen); weitere Informationen finden sich bei Bamberg et al. (2012).

8.3.2.1   Allgemeine Ergebnisse

Unsere Untersuchung zeigte, dass sich die Rufbereitschaftsleistenden an Tagen mit Rufbereitschaft signifikant schlechter erholten als an Tagen ohne Rufbereitschaft. An Rufbereitschaftstagen war zudem eine bedeutsame Verschlechterung im Wohlbefinden zu beobachten, und Konflikte zwischen Arbeit- und Familien-/Privatleben waren signifikant erhöht. Die genannten Unterschiede fanden sich in beiden Tagebuchstudien unabhängig davon wieder, ob die Beschäftigten während ihres Rufbereitschaftsdienstes zu einem Einsatz gerufen wurden oder nicht. Die Unterschiede waren somit im Wesentlichen nicht auf das Auftreten von Rufbereitschaftseinsätzen zurückzuführen (Friedrich et al. Im Erscheinen). Die negative Wirkung von Rufbereitschaft wurde durch das Ausmaß an Besorgnisneigung der Betroffenen moderiert (Bamberg et al. 2012). Je stärker ein Beschäftigter dazu neigte, besorgt zu sein, umso stärker wirkte sich Rufbereitschaft auf Wohlbefinden aus.

Ein Vergleich zwischen *Werk*tagen und *Wochenend*tagen zeigte zudem, dass die Beeinträchtigungen des Wohlbefindens für die Betroffenen am Wochenende gravierender waren. Das erscheint plausibel, denn ein freies Wochenende ohne Rufbereitschaft bietet deutlich mehr Zeit und Möglichkeiten, sich von der Arbeit kognitiv-emotional zu distanzieren und privaten Aktivitäten nachzugehen als die wenigen Stunden nach dem werktäglichen Feierabend. Folglich sind die Beeinträchtigungen durch Rufbereitschaft am Wochenende belastender.

8.3.2.2 Körperliche Reaktion

Zur Bewertung der körperlichen Reaktion auf Arbeitsbelastungen wird häufig die Aktivität der Hypothalamus-Hypophysen-Nebennierenrinden-Achse (HHNA) herangezogen. Speichelkortisol ist hierfür ein häufig verwendeter Indikator. Das Hormon Kortisol wird von der Nebennierenrinde gebildet und ausgeschüttet. Es gilt als Endprodukt der HHNA und weist daher auf eine Aktivität dieser hin. Landläufig wird es auch als „Stresshormon" bezeichnet. Eine anhaltend hohe Kortisolkonzentration steht im Zusammenhang mit gesundheitlichen Beeinträchtigungen wie koronare Herzerkrankung, Adipositas oder Arteriosklerose (Kudielka und Wüst 2010; vgl. Friedrich et al. Im Erscheinen).

Die Konzentration des Kortisols im Speichel wurde in unserer Untersuchung an Tagen mit und an Tagen ohne Rufbereitschaft verglichen. Zur Messung von Kortisol wurden an insgesamt acht Tagen (vier Tage mit Rufbereitschaft, vier Tage ohne Rufbereitschaft, einschließlich jeweils zwei Wochentage und das Wochenende) Speichelproben erhoben. Die Messung erfolgte in der Untersuchung des Projektes zu vier Zeitpunkten am Tag: Direkt nach dem Erwachen, 15 min und 30 min später, sowie direkt vorm Schlafengehen. Die ersten drei Proben wurden benutzt um die Cortisol after awakening response (CAR) zu berechnen, die als reliables Maß der HHNA-Aktivität gilt (Kudielka und Wüst 2010; Pruessner et al. 1997).

Die Ergebnisse zeigten eine stärker Aufwachreaktion an Tagen mit Rufbereitschaft als an Tagen ohne Rufbereitschaft. Des Weiteren zeigten die Analysen, dass dieser Unterschied vor allem auf eine unterschiedliche Aufwachreaktion am Wochenende zurückzuführen war. Rufbereitschaft führte also zu einer körperlichen Reaktion. Auch in diesem Zusammenhang galt, dass dieses Ergebnis nicht durch das Auftreten von Arbeitseinsätzen erklärt werden konnte.

Zusammenfassend lässt sich festhalten, dass Rufbereitschaft Wirkungen auf Wohlbefinden hat. Dies betrifft die somatische und die kognitiv-emotionalen Ebene. Die Wirkungen bestehen unabhängig davon, ob Arbeitseinsätze durchzuführen sind oder nicht (Friedrich et al. Im Erscheinen).

8.3.2.3 Bedingungen der Rufbereitschaft

Weiter oben wurde hervorgehoben, dass Rufbereitschaft nicht per se Folgen für die Gesundheit hat, sondern dass die Folgen davon abhängig sind, wie Rufbereitschaft durchgeführt wird. In diesem Zusammenhang können vier Bereiche differenziert werden, die von Interesse sind: (a) Die Rahmenbedingungen von Rufbereitschaft, (b) die Rufbereitschaftsphase,

d. h. der Rufbereitschaftsdienst, in der die Beschäftigten Rufbereitschaft haben, unabhängig davon, ob es zu einem Arbeitseinsatz kommt – und (c) die Arbeitsbedingungen während der Rufbereitschaftseinsätze. Da Rufbereitschaft in der Freizeit stattfindet ist darüber hinaus (d) die persönliche und familiäre Situation von Bedeutung. In unseren Untersuchungen wurden diese vier Bereiche berücksichtigt. Die Ergebnisse, die in den folgenden Abschnitten skizziert werden, liefern Hinweise zu Schwachstellen in der Organisation und Ausgestaltung von Rufbereitschaft.

Rahmenbedingungen von Rufbereitschaft

Unter Rahmenbedingungen von Rufbereitschaft verstehen wir die betrieblichen Regelungen und Gegebenheiten, die v. a. Einteilung der Rufbereitschaftsdienste, Vergütung sowie Freizeitausgleich und Dienstantritt nach erfolgten Rufbereitschaftseinsätzen betreffen. Weiterhin sind allgemeine Bedingungen wie Klima und Bindung an den Betrieb sowie deren Einfluss auf Rufbereitschaft hier zu verorten. Dazu gehört auch, wer Rufbereitschaft leistet und leisten sollte, wie die Einteilung vorgenommen wird, für welche Dauer und Frequenz die Einteilung gilt und wie Planungen kurzfristig angepasst werden können. Weiterhin werden in diesem Abschnitt auch die persönlichen Einstellungen zu Rufbereitschaft dargestellt (vgl. ausführlicher Friedrich et al. Im Erscheinen).

Allgemeine Einschätzung der Rufbereitschaft

Im Rahmen ihrer Rufbereitschaft erlebten die Teilnehmer unserer Untersuchung sowohl positive als auch negative Aspekte: Im Zuge einer generellen Einschätzung der Rufbereitschaft gaben mehr als ein Drittel der Befragten an, dass sie Rufbereitschaft als (eher) große Belastung erleben würden. Positive Aspekte von Rufbereitschaft konnten insbesondere darin liegen, dass die Beschäftigten in der Rufbereitschaft einen Vorteil für sich bzw. ihren persönlichen oder beruflichen Werdegang sahen, oder dass die Rufbereitschaft als sinnvoll und wichtig angesehen wurde. Dies wurde von ca. der Hälfte der Befragten so gesehen. Nahezu die Hälfte der Befragten sah es als (eher) selbstverständlich an, dass sie in Rufbereitschaft arbeiteten.

Dienstplanung

Der Dienstplanung kommt ein besonderer Stellenwert in Bezug auf die Vereinbarkeit von Rufbereitschaft mit dem Familien- und Privatleben zu. Die Untersuchungsergebnisse zeigten, dass Rufbereitschaftsdienste für die Mehrheit der Befragten hinsichtlich ihrer zeitlichen Lage (z. B. unterschiedliche Anfangszeiten am Tag, unterschiedliche Wochentage, unterschiedliche Lage innerhalb eines Monats) gleichbleibend waren. Es kam nur für eine Minderheit durch unerwartete Ereignisse zu nicht eingeplanten Rufbereitschaftsdiensten, bei denen man kurzfristig einspringen musste. Bei beinahe jedem Fünften waren die Rufbereitschaftsdienste hinsichtlich ihrer zeitlichen Lage unterschiedlich. Kurzfristige Anpassungen der Diensteinteilung auf eigenen Wunsch waren für die Mehrheit der Befragten möglich (z. B. mit einem Kollegen zu tauschen oder den Dienst zu verlegen).

In unserer Auswertung zeigten sich bedeutsame Einflüsse der Dienstplanung auf Konflikte mit der Familie, auf Befindensbeeinträchtigungen sowie auf die Erholung der Beschäftigten während der Rufbereitschaft. Die Beschäftigten, die über eine für sie günstige Diensteinteilung berichteten, wiesen an Tagen, an denen sie Rufbereitschaft leisteten, weniger negative Auswirkungen auf als diejenigen, bei denen die Diensteinteilung ungünstig ablief.

Ein wesentlicher Aspekt bei der Dienstplanung ist, dass die Betroffenen Mitsprache bei der langfristigen Festlegung ihrer Rufbereitschaftsdienste haben (vgl. Langhoff et al. 2006). Wenngleich es sicherlich nicht möglich ist, bei der Planung sämtliche terminlichen Wünsche aller Rufbereitschaftsleistenden zu erfüllen, so hilft Mitsprache den Betroffenen in der Regel dennoch, eigene Prioritäten zu setzen, das Privat- und Arbeitsleben besser koordinieren zu können und zumindest die wichtigsten privaten Termine wahrnehmen zu können. Die Analysen in der vorliegenden Untersuchung unterstrichen dies: Der Einfluss auf die langfristige Dienstplanung milderte die negative Wirkung von Rufbereitschaft auf Konflikte zwischen Arbeit und Familie ab, und wirkte sich gleichzeitig positiv auf die erlebte Kontrolle der Betroffenen über ihre Freizeit aus. Die Untersuchungsergebnisse zeigten, dass knapp die Hälfte der Stichprobe ein hohes Maß an Mitsprache bei der Dienstplanung hatte. Eine Minderheit von etwas mehr als zehn Prozent gab aber an, keinen Einfluss auf die langfristige Dienstplangestaltung zu haben.

Die Auswertungen zeigten, dass die kurzfristige Übernahme von unerwarteten Rufbereitschaftsdiensten zu erhöhter emotionaler und kognitiver Beanspruchung sowie einer verminderten Schlafqualität in Rufbereitschaft führte. Die kurzfristige Übernahme unerwarteter Rufbereitschaftsdienste verstärkte also die negativen Auswirkungen der Rufbereitschaft. Dem gegenüber erwies es sich als günstig, wenn die Möglichkeit bestand, dass Beschäftigte einen Rufbereitschaftsdienst kurzfristig mit Kollegen tauschen können, sofern dies aus persönlichen bzw. privaten Gründen erforderlich wurde (vgl. Langhoff et al. 2006).

Eine weitere wichtige Möglichkeit, um mit ungünstigen Wirkungen von Rufbereitschaft besser umgehen zu können, bestand darin, die nach einem Rufbereitschaftsdienst zu leistende reguläre Arbeitszeit an die eigenen Bedürfnisse anzupassen. Insbesondere ging es hier um die Option, den Arbeitsbeginn der regulären Arbeit nach hinten zu verlegen. Im Zuge der statistischen Auswertungen zeigte sich, dass diese Möglichkeit einen positiven Effekt hatte, also die negativen Auswirkungen der Rufbereitschaft auf das Befinden und die Erholung der Betroffenen abmilderte. Die Untersuchungsergebnisse zeigten, dass gut die Hälfte der Befragten diese Möglichkeit hatte: Sie konnten die reguläre Arbeit nach der Rufbereitschaft zeitlich an ihre Bedürfnisse anpassen. Allerdings gab auch gut ein Viertel der Rufbereitschaftsleistenden an, dass sie diese Möglichkeit nicht gehabt hätten.

Organisationales Klima und Bindung an die Organisation

Über die konkrete Dienstplangestaltung hinaus haben weitere organisationale Bedingungen einen Einfluss darauf, wie sich Rufbereitschaft auf die Erholung, das Wohlbefinden sowie den Konflikt mit dem Familien- und Privatleben auswirkt. Unsere Untersuchung zeigte, dass ca. die Hälfte der Befragten die (Zuteilung zur) Rufbereitschaft als gerecht empfanden. Es zeigte sich ferner, dass eine transparente und faire Gestaltung von Entscheidungsprozessen und faires Verhalten der Vorgesetzten potentielle negative Wirkungen von Rufbereitschaft abminderten. Ähnliche Ergebnisse ergaben sich hinsichtlich sozialer Unterstützung (vgl. ausführlicher Friedrich et al. Im Erscheinen).

Nicht nur die durch den Betrieb gestalteten Voraussetzungen und Bedingungen haben einen Einfluss auf die Wirkung von Rufbereitschaft, auch die eigenen Einstellungen und Bewertungen in Bezug auf das eigene Unternehmen und auf Rufbereitschaft sowie die Bindung an das Unternehmen (Commitment) beeinflussen die Wirkung von Rufbereitschaft. Die Beschäftigten, die ihrem Unternehmen positiv gegenüber standen und im Kontext ihrer Rufbereitschaft positive Aspekte erlebten, erfuhren weniger Beeinträchtigungen durch die Rufbereitschaft als diejenigen, die ihre Rufbereitschaft weniger positiv bzw. negativ erlebten.

Die Rufbereitschaftsphase

Unabhängig davon, ob es zu einem Arbeitseinsatz kommt, ist der Rufbereitschaftsdienst mit Einschränkungen für die Betroffenen verbunden, da sie sich für einen möglichen Abruf bereithalten müssen. Die Rufbereitschaftsphase ist durch Unsicherheit gekennzeichnet, denn es ist unklar, ob es zum Einsatz kommt oder nicht, wo und wie lange ein Einsatz sein wird. Unsere Untersuchungsergebnisse zeigten, dass negative Wirkung von Rufbereitschaft auf Befinden und den Konflikt zwischen Arbeit und Familie mit zunehmender Unsicherheit verstärkt wurden. Etwas mehr als ein Viertel der Befragten verspürten häufig Unsicherheit.

Kommt ein Abruf in einer ungelegenen Situation, wird bedeutsam, ob die Beschäftigten die Option haben, einen Ruf abzulehnen bzw. an Kollegen weitergeben zu können. Für weniger als zehn Prozent der Befragten bestand diese Möglichkeit generell, für mehr als die Hälfte immerhin in Ausnahmefällen, gut ein Drittel hatte diese Möglichkeit nicht. Die Möglichkeit, einen Ruf abzulehnen, entlastete die Rufbereitschaftsleistenden von der Anforderung, während der gesamten Rufbereitschaftsphase (z. B. eine Woche lang) permanent verfügbar zu sein um auf Abruf (umgehend) die Arbeit aufzunehmen. Die uns vorliegenden Untersuchungsergebnisse verdeutlichen dies: Bestand die Möglichkeit der Rufweitergabe an einen Kollegen, verminderte dies die Wirkung von Rufbereitschaft auf Befindensbeeinträchtigungen und reduzierte den negativen Effekt von Rufbereitschaft auf die Erholung der Betroffenen. Das heißt, dass diejenigen, die einen Ruf weitergeben konnten, während der Rufbereitschaft weniger beeinträchtigt waren und sich besser erholen konnten als ihre Kollegen, die diese Möglichkeit nicht hatten. Generell waren Vorhersehbarkeit und Beeinflussbarkeit der Rufbereitschaft wichtige Faktoren, die mögliche negative Wirkungen mindern können.

Die Ergebnisse unserer Untersuchung zeigten, dass die meisten Befragten während ihrer Rufbereitschaft dazu neigten, sich zu Hause aufzuhalten. Die Freizeitaktivitäten wurden angepasst, nicht wie gewohnt ausgeübt, während der Rufbereitschaft musste auf Aktivitäten verzichtet werden.

Eine Rolle spielt in diesem Kontext insbesondere der Zeitraum, innerhalb dessen die Beschäftigten bei einem Ruf die Arbeit aufnehmen müssen. Mit der Länge bzw. Kürze der Reaktionszeit schränkt sich der Bewegungsradius der Rufbereitschaftsleistenden ein. Je länger die Reaktionszeit, desto wahrscheinlicher ist es, dass die Beschäftigten auch während der Rufbereitschaft ihren gewohnten Freizeitaktivitäten nachgehen können. Sie haben es dann selbst in der Hand, ob sie bei einem Ruf umgehend reagieren und zum Arbeitseinsatz starten bzw. die Arbeit aufnehmen, oder ob sie die vorgegebene zeitliche Frist ausschöpfen.

Arbeitsbedingungen während der Rufbereitschaftseinsätze
Wie bei Tätigkeiten während der regulären Arbeitszeit können auch bei Rufbereitschaft Belastungen (z. B. Zeitdruck, qualitative Überforderung) auftreten, die mit negativen (gesundheitlichen) Folgen im Zusammenhang stehen. Die Arbeit kann aber auch positive Aspekte, d. h. Ressourcen enthalten, wie z. B. Handlungs- und Entscheidungsspielräume sowie soziale Unterstützung. Ressourcen können zum einen die negative Wirkung auftretender Stressoren abpuffern und zum anderen haben sie per se einen positiven Effekt auf die Gesundheit (Bamberg et al. 2003). Welche Stressoren und Ressourcen in welchem Ausmaß konkret auftreten ist abhängig von der zu bewältigenden Arbeitsaufgabe und deren betrieblicher Ausgestaltung. Unsere Untersuchung ergab hier insgesamt ein recht positives Bild: Die Stressoren waren relativ niedrig und die Ressourcen relativ hoch ausgeprägt.

Stressoren
Während der Rufbereitschaftseinsätze können die für Arbeitstätigkeit typischen Stressoren auftreten. Im Folgenden gehen wir nur auf die Faktoren ein, die im Kontext der Arbeitseinsätze bei Rufbereitschaft eine besondere Rolle spielen.

In Rufbereitschaft können Arbeitseinsätze spät in der Nacht oder sehr früh am Morgen erfolgen. Aus der Forschung zu *Schichtarbeit* sind die negativen somatischen und psychosozialen Folgen von sozial abweichenden Arbeitszeiten für Gesundheit und Wohlbefinden bekannt.

Fast die Hälfte der Befragten berichteten von Unsicherheit, wenn sie einen Ruf bekommen hatten, da sie nicht wussten, welche Arbeit zu verrichten war. Knapp die Hälfte der Rufbereitschaftsleistenden war nach Eingang eines Rufs (teilweise) unsicher, hinsichtlich der Dauer des Einsatzes. Nur ein kleinerer Teil war hinsichtlich des Einsatzortes unsicher.

Aufgaben, die als *unnötig* oder *unzumutbar* eingeschätzt werden, bilden gemeinsam die Gruppe der *Illegitimen Aufgaben* (Semmer et al. 2010). Solche Aufgaben stellen eine Bedrohung des Selbstwertes der Mitarbeiter dar und wirken daher negativ auf die Gesundheit. Die Auswertungen der vorliegenden Untersuchung verdeutlichen dies in Bezug auf Rufbereitschaft: Waren während der Arbeitseinsätze häufig illegitime Aufgaben auszuführen, verstärkte dies die negative Wirkung der Rufbereitschaft auf Erholung, Wohlbefinden und den Konflikt mit dem Familien-/Privatleben. In der vorliegenden Stichprobe traten selten unzumutbare Aufgaben auf. Die Beschäftigten wurden aber manchmal zum Arbeitseinsatz gerufen und mussten Aufgaben durchführen, die sie für unnötig hielten.

Kommt es zu einem Abruf, dann kann der konkrete Anlass unbekannt sein, oder die Bewältigung der Arbeitsaufgabe übersteigt die Fähigkeiten eines einzelnen Beschäftigten. Die negative Wirkung von Situationen dieser Art ist als *qualitative Überforderung* in der Literatur belegt (Zapf und Semmer 2004) und zeigte sich auch in den Ergebnissen der vorliegenden Untersuchung zu Rufbereitschaft. Situationen in Rufbereitschaft, in denen die Beschäftigten die anstehenden Arbeitstätigkeiten mit ihren fachlichen Kenntnissen oder ihrer Berufserfahrung nicht sicher bewältigen konnten, waren in ca. einem Drittel der Fälle gegeben.

In Bezug auf die *quantitative Überforderung*, die durch hohe Arbeitsdichte und Zeitdruck entsteht, gaben ein Drittel der Befragten diese als mittelmäßig bis eher hoch an. Die übrigen Befragten erlebten die quantitative Überforderung in der Rufbereitschaft als eher oder gar sehr gering. Mussten Tätigkeiten häufig unter Zeitdruck erfüllt werden, war das Befinden während der Rufbereitschaft vermindert, und es kam dann verstärkt zum Konflikt zwischen Familien- und Privatleben.

Arbeitsorganisatorische Probleme in der Rufbereitschaft waren in der vorliegenden Untersuchung besonders hoch ausgeprägt. Hierunter versteht man fehlende Informationen, ungeeignetes Werkzeug sowie Schwachstellen in der Arbeitsorganisation, die die eigene Arbeit beeinträchtigen und zu Verzögerungen und/oder Mehrarbeit führen. Ca. die Hälfte der Beschäftigten gab eine *mittelmäßige* bis eher hohe Ausprägung der arbeitsorganisatorischen Probleme an. Die nachteiligen Folgen von arbeitsorganisatorischen Problemen sind aus der Literatur bekannt (Semmer et al. 1995) und zeigten sich auch in unserer Untersuchung: Durch das Auftreten von arbeitsorganisatorischen Problemen wurden die negativen Wirkungen von Rufbereitschaft auf Wohlbefinden, Erholung und den Konflikt mit dem Familien- und Privatleben verstärkt.

In einigen Branchen kann es während der Rufbereitschaft vermehrt zu Kundenkontakt kommen. Zumeist befinden sich die Kunden in einer Notsituation und das Lösen dieser Situation gehört zum Arbeitsauftrag des Arbeitseinsatzes. Hierdurch können erhöhte Anforderungen an die emotionale Kompetenz von Mitarbeitern entstehen, z. B. sind aufgebrachte Kunden zu beruhigen. Mitarbeiter in Rufbereitschaft müssen evtl. vermehrt *Emotionsarbeit* (Hochschild 1990; Zapf und Holz 2006) leisten, die Betroffenen müssen die Diskrepanz zwischen ihren eigenen Gefühlen und dem, was sie gegenüber Kollegen, Kunden u. a. ausdrücken (z. B. das „Nicht-Zeigen" von Ärger), d. h. emotionale Dissonanz, regulieren. Es geht demnach darum, „gute Miene zum bösen Spiel" zu machen. Die negative Wirkung von emotionaler Dissonanz auf Gesundheit und Wohlbefinden ist in der Literatur mehrfach hervorgehoben worden (Zapf et al. 1999) und wurde durch die Ergebnisse unserer Untersuchung zu Rufbereitschaft unterstrichen. Die emotionale Dissonanz war in der vorliegenden Stichprobe vergleichsweise hoch ausgeprägt.

Ressourcen
Wichtige Ressourcen in den Arbeitsbedingungen während der Rufbereitschaftseinsätze stellen *Handlungs- und Entscheidungsspielräume* dar. Sie gewährleisten, dass die Rufbereitschaftsleistenden ihre Tätigkeit so ausüben können, wie sie es für richtig halten, ohne

dass sie sich beispielsweise bei ihrem Chef rückversichern müssen, was insbesondere in Zeiten der Rufbereitschaft – also abends und am Wochenende – mit zusätzlichem Aufwand und der Befürchtung von Störungen verbunden wäre. Dies ist besonders wichtig, da die Rufbereitschaftsleistenden oftmals alleine ihrer Tätigkeit nachgehen und dann die entsprechende Legitimation benötigen, Entscheidungen selbst treffen zu dürfen. In der vorliegenden Stichprobe gaben ungefähr zwei Drittel an, einen *eher* oder sogar *sehr* hohen Handlungs- und Entscheidungsspielraum zu haben.

Eine weitere sehr wichtige Ressource stellt *soziale Unterstützung* (Frese und Semmer 1991; Van Dierendonck et al. 1998) dar. Analysen zeigen, dass insbesondere die Unterstützung durch Vorgesetzte eine wichtige Rolle im Kontext von Rufbereitschaft spielt. Konnten Rufbereitschaftsleistende auf die Unterstützung ihrer Vorgesetzten zählen, verminderte dies den negativen Effekt von Rufbereitschaft auf das Befinden, die Erholung, die Schlafqualität und auf den Konflikt mit dem Familienleben. Für die soziale Unterstützung durch Kollegen zeigten die Analysen, dass diese ebenfalls die negative Wirkung von Rufbereitschaft abmilderte, wenngleich ihr Einfluss nicht ganz so groß ist wie durch die Vorgesetzten. Die Befragten in unserer Untersuchung bewerteten die Unterstützung durch ihre(n) Vorgesetzten und insbesondere durch ihre Kollegen positiv. Die große Mehrheit gab an, dass die Unterstützung hoch sei.

Neben den negativen Wirkungen der arbeitsbedingten Stressoren in Rufbereitschaft war es für die Teilnehmer der Untersuchung auch möglich, dass Arbeitsaufgaben in Rufbereitschaft ein Potential zur *Weiterentwicklung* der Beschäftigten hatten. Unterschieden sich die Anforderungen der Aufgaben in Rufbereitschaft von den Anforderungen der Aufgaben in der regulären Tätigkeit ergab sich daraus für die Mitarbeiter die Möglichkeit, Neues zu lernen. Hierdurch konnte Rufbereitschaft auch die Möglichkeit zur beruflichen Entwicklung bergen. Dadurch waren positive Wirkungen auf das Befinden der Beschäftigten gegeben.

8.3.2.4 Persönliche und familiäre Situation

Die Einschränkungen, die mit Rufbereitschaft verbunden sind, können mit dem privaten Umfeld in Widerspruch stehen und sie können das soziale Umfeld der Rufbereitschaftsleistenden beeinträchtigen, denn Personen in Rufbereitschaft können z. T. bei der Ausübung privater und familiärer Aktivitäten nicht teilnehmen und sie sind, um innerhalb kürzester Zeit einsatzbereit zu sein, räumlich gebunden. Betroffen sind somit Familien, Partner sowie der Freundes- und Bekanntenkreis der Rufbereitschaftsleistenden. Beispielsweise muss sich während der Rufbereitschaft auch der (Ehe-)Partner des Beschäftigten bereithalten, um im Falle eines Rufs zu einem Arbeitseinsatz spontan die Kinderbetreuung übernehmen zu können. Um zu verhindern, dass gemeinsame Freizeitaktivitäten mit der Familie oder mit Freunden abrupt abgebrochen werden müssen, kommt es teilweise zu Einschränkungen im Freizeitverhalten der Betroffenen bzw. manche Freizeitaktivitäten (z. B. Familienausflüge) werden während der Rufbereitschaft nicht unternommen. Neben den konkreten Einschränkungen durch die permanente Abrufsituation sind Familie und

Freunde möglicherweise auch durch stressbedingte Auswirkungen auf den Rufbereitschaftsleistenden (z. B. Nervosität, Gereiztheit) in Mitleidenschaft gezogen.

Nach unserer Untersuchung führte Rufbereitschaft dazu, dass Konflikte zwischen Arbeit und Familien-/Privatleben anstiegen. Dies war unter anderem darauf zurückzuführen, dass bei Rufbereitschaft die Aktivitäten in der Freizeit, mit der Familie und mit Freunden so angepasst werden mussten, dass Erreichbarkeit und umgehender Arbeitseinsatz gewährleistet waren.

Das soziale Umfeld der Beschäftigten ist nicht nur von den Bedingungen und Wirkungen der Rufbereitschaft betroffen, sondern hat gleichzeitig auch Einfluss darauf. Familie und Freundeskreis können nicht nur als von Rufbereitschaft (indirekt) Betroffene angesehen werden. Je nachdem wie sie mit der Rufbereitschaft des Beschäftigten umgehen, nehmen sie auch Einfluss darauf, wie dieser seine Rufbereitschaft erlebt. Die Ergebnisse unserer Untersuchung bestätigten dies. Sowohl die soziale Unterstützung durch die Familie als auch durch Freunde wirkten als Moderatoren auf den Zusammenhang zwischen Rufbereitschaft und Erholung sowie den Zusammenhang zwischen Arbeit und Familie. Das bedeutete, dass die Rufbereitschaftsleistenden, die viel Unterstützung durch ihre Familie und Freunde erfuhren, während der Rufbereitschaft weniger Einschränkungen in ihrer Erholung und weniger Konflikte mit ihrer Familie erlebten, als diejenigen, die wenig unterstützt wurden. In der vorliegenden Stichprobe wurde Unterstützung sehr positiv eingeschätzt. Der größte Teil der Beschäftigten gab an, dass die Unterstützung durch ihre Familie bzw. durch Freunde hoch oder sogar sehr hoch war.

Zusammenfassend zeigen unsere Ergebnisse, dass es zahlreiche vor allem betriebliche, aber auch außerbetriebliche Bedingungen gibt, die die Wirkung von Rufbereitschaft beeinflussen. Eine Gestaltung dieser Bedingungen dürfte wesentliche Auswirkungen auf das Erleben und die Folgen von Rufbereitschaft haben. Weiter unten werden wir dies ausführen.

8.4   Arbeit auf Abruf in der Luftfahrt

Rufbereitschaft ist in der Luftfahrtbranche stark verbreitet und wird in der Regel als „Standby" oder Standby-Dienst bezeichnet. Das Teilprojekt der Abteilung für Luft- und Raumfahrtpsychologie des Deutschen Zentrums für Luft- und Raumfahrt (DLR) befasste sich mit der Analyse von Wirkungen von Rufbereitschaft auf die Beschäftigten im Bereich Luftfahrt. Der Fokus lag dabei auf dem fliegerischen Personal.

Eine herausfordernde Arbeitsbedingung in der Luftfahrt (hier: insbesondere Piloten und Kabinenpersonal) stellt neben wechselnder Schichtarbeitszeiten und Zeitverschiebung der Standby-Dienst dar. Standby-Dienste können als eine Sonderform der Rufbereitschaft angesehen werden, die jedoch viele Ähnlichkeiten zu Rufbereitschaft in anderen Branchen aufweist. Als wichtige Merkmale sind hier die ständige Erreichbarkeit und eine festgelegte Zeitspanne zu nennen, in der die Mitarbeiter am Einsatzort erscheinen müssen. Ähnlich zu anderen Branchen ist auch, dass der Standby-Dienst nur dann vergütet wird,

wenn es zu einem Einsatz kommt. Dabei können unterschiedliche monetäre bzw. freizeit-
ausgleichende Vergütungsformen zum Tragen kommen. So werden z. B. Standby-Einsätze
häufig mit einem höheren Grundgehalt abgegolten oder es werden auch bei Nicht-Einsatz
eine geringe Anzahl von Arbeitsstunden angerechnet.

Ein großer Unterschied zu anderen Formen der Rufbereitschaft ist, dass ein Standby-
Dienst aufgrund von Sicherheitsbestimmungen hinsichtlich der Flugdienst- und Ruhezeiten (EU-OPS) immer anstatt eines normalen Arbeitsdienstes durchgeführt wird und nicht
zusätzlich zur normalen Arbeit. Darüber hinaus kann bei vielen Airlines ein Standby-Einsatz, anders als in den meisten Branchen, zu einer mehrtägigen Abwesenheit vom Wohnort führen und eine besonders starke Belastung für die Mitarbeiter und deren Familien
bedeuten.

8.4.1 Studien des Deutschen Zentrums für Luft- und Raumfahrt

Das DLR hat zwei Studien durchgeführt, um Auswirkungen von Standby-Diensten zu
untersuchen (vgl. Goerke und Soll Im Erscheinen). Angelehnt an die Untersuchungen der
Universität Hamburg wurden zunächst im Rahmen einer Interviewstudie 5 Kapitäne von
unterschiedlichen deutschen Airlines leitfadengestützt zu Standby-Diensten und ihren
Folgen befragt.

Darüber hinaus diente eine umfassende Mitarbeiterbefragung in einer kleineren deutschen Kurzstrecken-Airline dazu, vertiefende Informationen zu den Rahmenbedingungen
von Standby-Diensten, zur Bewertung von Standby und dessen Auswirkungen zu erhalten.
Parallel zu den Studien der Universität Hamburg wurde in diesem Rahmen eine Tagebuchstudie durchgeführt, in der die Mitarbeiter 1. an Tagen mit Standby-Dienst, 2. an normalen
Flugdiensttagen sowie 3. an dienstfreien Tagen zu verschiedenen Zeitpunkten, u. a. ihr
Befinden, ihre Schlaf- und Freizeitqualität sowie Konflikte zwischen Arbeits- und Privatleben eingeschätzt haben. Neben dem Tagebuch füllten die Mitarbeiter einen Online-Fra-
gebogen aus, der Fragen zu Erfahrung mit Standby und dessen Bewertung, zu Stressoren
und Ressourcen sowie zu verschiedenen personenbezogenen Merkmalen enthielt. An der
Tagebuchstudie nahmen insgesamt N = 43 Mitarbeiter teil, während die Onlinebefragung
von N = 41 Mitarbeitern beendet wurde. Die Stichprobe verteilt sich folgendermaßen auf
die drei verschiedenen Mitarbeitergruppen: 28 % Kapitäne, 30 % Kopiloten und 42 % Ka-
binenmitarbeiter.

Die im Folgenden vorgestellten Ergebnisse beruhen hauptsächlich auf der Mitarbeiterbefragung (Tagebuchstudie inkl. Onlinefragebogen), werden jedoch einleitend durch die
Erkenntnisse der Interviewstudie ergänzt. Bei der unten angeführten Zusammenfassung
beziehen wir uns vor allem auf Goerke und Soll (in Dr.), wo die Ergebnisse und Handlungsempfehlungen ausführlicher dargestellt sind.

8.4.1.1 Ergebnisse der Interviewstudie

Ziel der Interviewstudie war es, erste Erkenntnisse über positive und negative Auswirkungen von Standby-Diensten auszumachen. Darüber hinaus sollten Rahmenbedingungen genauer erfasst werden, um die nachfolgende Mitarbeiterbefragung besser auf das spezifische Berufsfeld ausrichten zu können.

Eine erste wichtige Erkenntnis, die aus den Interviews abgeleitet werden kann, ist, dass Piloten sehr unterschiedlich mit Standby-Diensten umgehen und die Belastung unterschiedlich stark wahrnehmen. Einige der befragten Piloten beschrieben die Belastung durch die ständig erforderte Verfügbarkeit im Standby als sehr hoch, da sie sich dadurch in ihrer Freizeitgestaltung stark beeinträchtigt fühlen. Darüber hinaus wurde zum Teil von einer deutlich erhöhten Grundspannung berichtet, die verstärkt wird, sobald das Telefon klingelt.

Andere wiederum nahmen die Belastung als deutlich geringer wahr und sahen nach der eigenen Einschätzung im Standby-Dienst auch positive Aspekte, wie z. B. zusätzliche Zeit, um Kleinigkeiten zu erledigen, die im Alltag liegen geblieben sind, Hobbies nachzugehen, die von zu Hause aus durchgeführt werden können oder zusätzliche Zeit mit der Familie zu verbringen.

Die Wahrnehmung und Bewertung des Standby-Dienstes scheinen nach Aussagen der Piloten jedoch von verschiedenen Rahmenbedingungen beeinflusst zu werden. Als erste wichtige Rahmenbedingung ist hier die Entfernung des Wohnortes zum Stationierungsort zu nennen. Insbesondere diejenigen, die zu ihrem Einsatzort pendeln müssen (sogenannte „Shuttler"), erscheinen nach Einschätzung der Befragten durch Standby-Dienste stärker belastet. Da sie die Standby-Zeit am Stationierungsort verbringen müssen und dafür ggf. ein Hotel buchen oder eine Zweitwohnung mieten müssen, um bei einer Aktivierung aus dem Standby innerhalb der geforderten Zeit am Einsatzort sein zu können, wird ihre Freizeitgestaltung noch stärker eingeschränkt als diejenige der am Wohnort-Stationierten. Eine weitere Rahmenbedingung scheint das geflogene Streckennetz (Kurz- vs. Langstrecke) des fliegerischen Personals zu sein. Hierbei kann insbesondere eine Aktivierung auf Langstrecke zu einem längeren Einsatz und damit verbunden zu einer längeren Abwesenheit vom Wohnort nach sich ziehen. Damit einhergehend kann es zu deutlichen Veränderungen des monatlichen Dienstplanes kommen, was den Mitarbeitern eine hohe Flexibilität abfordert.

8.4.1.2 Ergebnisse der Mitarbeiterbefragung

Aufbauend auf den Ergebnissen der Interviewstudie und in Zusammenarbeit mit der Universität Hamburg wurde die Mitarbeiterbefragung dergestalt entworfen, dass der Ist-Zustand hinsichtlich der Wahrnehmung und der Auswirkungen der aktuellen Standby-Regelung erfasst werden konnte. Ein Großteil der erfragten Parameter orientierte sich an den Befragungen der Universität Hamburg, um einen Vergleich zwischen den Branchen zu ermöglichen. Die Befragung wurde an die luftfahrtspezifischen Begrifflichkeiten angepasst, und nicht zu den Rahmenbedingungen passende Konstrukte weggelassen, um bei den Befragten keine Verwirrung hervorzurufen und aussagekräftige Ergebnisse zu erhalten. Als Beispiel kann hier angeführt werden, dass die Arbeitsaufgaben in Standby-Diensten gewöhnlich zu denen in normalen Diensteinsätzen identisch sind, so dass Stressoren und Ressourcen nur allgemein für die Arbeit erhoben wurden und keine spezifische Unterscheidung zwischen normalem Flugdienst und Standby-Diensten vorgenommen wurde.

Die Darstellung der Ergebnisse orientiert sich am Aufbau der Ergebnisdarstellung der Universität Hamburg, um eine bessere Vergleichbarkeit herzustellen. Da jeweils ein Großteil der untersuchten Parameter bereits weiter oben theoretisch eingeführt wurde, wird nur auf bisher unerwähnte Aspekte vertiefend eingegangen.

8.4.1.3 Bedingungen der Rufbereitschaft

Auch im Kontext der Luftfahrt wurde genauer untersucht, wie Rufbereitschaft durchgeführt wird, um die spezifischen Auswirkungen von Standby-Diensten auf das Wohlbefinden und die Freizeitgestaltung zu identifizieren. Hierfür wurden ebenfalls die folgenden vier Bereiche berücksichtigt: Rahmenbedingungen von Standby-Diensten, der Standby-Dienst, Arbeitsbedingungen während eines Standby-Einsatzes sowie die persönliche und familiäre Situation. Ergänzend wurde noch die Entfernung zum Einsatzort als ein zusätzlicher Aspekt betrachtet, da die Interviews erste Hinweise geliefert hatten, dass diese Bedingung möglicherweise einen wichtigen Einfluss auf das Erleben von Standby-Diensten haben könnte.

Rahmenbedingungen

Wie bereits weiter oben erwähnt, werden in diesem Verbundprojekt unter Rahmenbedingungen betriebliche Regelungen und Gegebenheiten zu Standby-Diensten (bzw. Rufbereitschaftsdiensten) verstanden. Hierbei steht insbesondere die Einteilung der Rufbereitschaftsdienste im Vordergrund. Dazu gehört auch, wie die Einteilung vorgenommen wird, für welche Dauer und Frequenz die Einteilung gilt und wie Planungen kurzfristig angepasst werden können. Weiterhin werden in diesem Abschnitt auch die persönlichen Einstellungen zu Rufbereitschaft dargestellt (vgl. ausführlicher Friedrich et al. Im Erscheinen sowie Goerke und Soll Im Erscheinen).

Allgemeine Einschätzung von Standby

Hinsichtlich der wahrgenommenen Belastung ist positiv zu vermerken, dass etwas mehr als die Hälfte der Befragten Standby überhaupt nicht bzw. eher nicht als große Belastung wahrnehmen. Einschränkend ist allerdings anzuführen, dass dennoch knapp ein Viertel der Mitarbeiter Standby als Belastung sehen.

Wie erwartet ist es in der luftfahrtspezifischen Stichprobe für einen Großteil der Mitarbeiter eine Selbstverständlichkeit, im Standby zu arbeiten. Insgesamt stimmten dieser Aussage über die Hälfte der Befragten voll oder eher zu. Dieses Ergebnis deckt sich mit den Erwartungen, da davon auszugehen ist, dass sich das fliegerische Personal schon bei der Berufswahl dieser Arbeitsart bewusst ist und als notwendige Bedingung akzeptiert.

Während es sich in anderen Branchen gezeigt hat, dass Rufbereitschaft auch mit positiven Assoziationen verbunden sein kann, wie z. B. wahrgenommene eigene Wichtigkeit für das Unternehmen, konnte dieser Aspekt in der Luftfahrt nicht bestätigt werden. Über drei

Viertel der Mitarbeiter sahen den Stellenwert ihrer Arbeit bzw. ihre eigene Bedeutung für das Unternehmen nicht durch den Standby-Dienst erhöht.

Zusammenfassend kann jedoch positiv festgehalten werden, dass ein Großteil der Befragten angibt, mit dem Standby zufrieden zu sein, da knapp drei Viertel der Befragten dieser Aussage teilweise, eher oder sogar voll zustimmten.

Dienstplanung

Wie bereits oben im Abschnitt der Universität Hamburg angeführt, hat die Dienstplanung eine besondere Bedeutung für die Vereinbarkeit von Standby-Diensten mit dem Familien- und Privatleben. Im Unterschied zu den Ergebnissen der Universität Hamburg ist die zeitliche Verortung der Standby-Dienste in der vorliegenden Stichprobe nicht sehr gleichbleibend, sondern variiert stark. Dieses beinhaltet unterschiedliche Anfangszeiten am Tag, unterschiedliche Wochentage und eine unterschiedliche Lage innerhalb eines Monats. Vergleichbar gering ist hingegen die Häufigkeit, in der Mitarbeiter kurzfristig durch unerwartete Ereignisse für unerwartete Standby-Dienste einspringen müssen.

Die Universität Hamburg konnte in verschiedenen Branchen zeigen, dass die Mitsprache bei der Planung von Rufbereitschaftsdiensten die negative Wirkung von Rufbereitschaft abmildern kann (s. o.). Mitarbeiter mit einer größeren Mitsprachemöglichkeit zeigten geringere Beeinträchtigungen in ihrem Befinden als Mitarbeiter mit wenig Mitsprachemöglichkeit (vgl. Friedrich et al. Im Erscheinen). Die Einflussnahme auf die *langfristige Festlegung der Standby-Dienste* wurde in der vorliegenden Stichprobe aus der Luftfahrt überwiegend als gering (ca. ein Drittel der Befragten) bis sehr gering (ca. zwei Drittel der Befragten) eingeschätzt. Aufbauend auf den Erkenntnissen der Universität Hamburg kann vermutet werden, dass für die luftfahrtspezifische Stichprobe in diesem Punkt Optimierungspotential vorhanden ist.

Die Ergebnisse der Universität Hamburg konnten darüber hinaus zeigen, dass sich eine höhere Flexibilität in Bezug auf Tauschmöglichkeiten von Rufbereitschaftsdiensten bzw. die kurzfristige Weitergabe von Rufen positiv auf das Erleben und den Umgang mit Rufbereitschaft auswirken kann. Diese abmildernden Rahmenbedingen scheinen jedoch in der Luftfahrt organisatorisch schwierig umzusetzen zu sein. Hinsichtlich der Tauschmöglichkeiten gaben über die Hälfte der Befragten an, dass es (eher) nicht möglich ist, *Standby-Dienste kurzfristig zu tauschen*. Ähnlich schwierig ist es für Mitarbeiter, eine Aktivierung aus dem Standby weiterzugeben. Über die Hälfte der Befragten sieht nur in Ausnahmefällen die Möglichkeit, eine Aktivierung weiterzugeben und über ein Drittel gibt an, dass diese Möglichkeit niemals vorhanden ist.

Als positiver Aspekt kann in diesem Zusammenhang jedoch genannt werden, dass ein Großteil der Mitarbeiter nach der eigenen Einschätzung schon am Vortag über eine Aktivierung aus dem Standby informiert wird. Dieses reduziert die Unsicherheit und erleichtert es den Mitarbeitern, sich auf die neue Situation einzustellen.

Standby-Dienst

In einem Standby-Dienst müssen sich die Mitarbeiter für einen potentiellen Einsatz bereithalten, was mit Einschränkungen der Betroffenen verbunden ist. Wie oben bereits angeführt ist ein wichtiger Aspekt die Unsicherheit, ob es zu einem Einsatz kommt und wie lange dieser Einsatz dauern wird, da die negative Wirkung von Rufbereitschaft mit zunehmender Unsicherheit verstärkt wird. Während im Rahmen der Studie der Universität Hamburg gezeigt werden konnte, dass etwas mehr als ein Viertel der Befragten sich häufig verunsichert fühlte, empfand in unserer Stichprobe nur knapp ein Fünftel häufig Unsicherheit bei der Frage, ob es zu einem Einsatz kommt und nur ca. 5 % der Befragten Unsicherheit, wie lange der Einsatz dauert. Als eine mögliche Erklärung kann hierfür angeführt werden, dass die Mitarbeiter bei einem potentiellen Einsatz vertraute Aufgaben übernehmen und die Länge der Einsätze aus der Erfahrung und durch vorgegebene Flugpläne gut einschätzen können.

Die Einschränkungen für die Betroffenen in der luftfahrtspezifischen Stichprobe werden insbesondere durch den gewählten Aufenthaltsort und die Ausrichtung der Freizeitaktivitäten deutlich. Ähnlich wie in der Stichprobe der Universität Hamburg gibt ein Großteil der Befragten an, während der Standby-Dienste die meiste Zeit zu Hause zu sein und zudem passt die Mehrheit der Mitarbeiter nach der eigenen Einschätzung seine Freizeitaktivitäten an und übt sie nicht wie gewohnt aus.

Arbeitsbedingungen während der Standby-Einsätze

Da sich im fliegerischen Kontext die Arbeit im Standby-Einsatz im Regelfall nicht von normalen Flugdiensteinsätzen unterscheidet, werden allgemeine Stressoren und Ressourcen der Arbeit auch in diesem Kontext als Einflussfaktoren näher betrachtet, die die negative Wirkung von Standby-Diensten verstärken bzw. abmildern können. Ähnlich positiv wie die Ergebnisse der Universität Hamburg fallen auch die Ergebnisse der Untersuchung in der Luftfahrtbranche aus, da potenzielle Stressoren gering ausgeprägt sind und Ressourcen von den Mitarbeitern als hoch eingeschätzt werden. Beispielhaft werden im Folgenden einige wichtige Aspekte aufgeführt. Eine ausführliche Darstellung der Arbeitsbedingungen während der Standby-Einsätze findet sich unter Goerke und Soll (Im Erscheinen).

Stressoren

Aus der Literatur sind als potenzielle Stressoren vor allem *qualitative und quantitative Überforderung bei der Arbeit* zu nennen. Die Ergebnisse der vorliegenden Studie zeigen diesbezüglich jedoch ein sehr positives Bild. So geben fast die Hälfte der Befragten an, qualitativ fast nie bei der Arbeit und sogar fast drei Viertel geben an quantitativ fast nie überfordert zu sein. Als Erklärung für dieses positive Ergebnis kann auch hier angeführt werden, dass die Mitarbeiter sowohl im normalen Flugdienst als auch im Standby-Einsatz Tätigkeiten gegenüberstehen, die den üblichen Routinetätigkeiten entsprechen und die Mitarbeiter nicht mit neuen und ungewohnten Situationen konfrontiert werden.

Ressourcen

Im Bereich der Luftfahrt hat sich insbesondere die *soziale Unterstützung von Vorgesetzten* und *Kollegen* als wichtige Ressource herausgestellt, um negativen Effekte von Standby-Diensten entgegen zu wirken. Deutlich über die Hälfte der Mitarbeiter gibt an, oft bis immer Unterstützung von ihren Kollegen zu unterhalten. Ein ähnliches Bild zeigt sich in Bezug auf die Vorgesetzten, auch wenn die Unterstützung tendenziell etwas geringer ausgeprägt zu sein scheint. Etwas mehr als ein Drittel der Befragten fühlten sich von Ihren Vorgesetzten oft bzw. immer unterstützt und ein weiteres gutes Drittel gab an, manchmal Unterstützung von ihren Vorgesetzten zu erhalten.

8.4.1.4   Persönliche und familiäre Situation

Im Kontext von Standby-Diensten ist es notwendig nicht nur die Standby-Leistenden zu betrachten, sondern auch ihr persönliches und familiäres Umfeld, da dieses durch die Standby-Situation in ähnlichem Maße hinsichtlich der Freizeitgestaltung betroffen ist (siehe Ergebnisse Universität Hamburg).

Ähnlich wie in anderen Branchen lassen im Luftfahrtkontext die Analysen darauf schließen, dass der Konflikt zwischen Arbeit und Familien-/ Privatleben in der Standby-Situation im Vergleich zu freien Tagen anstieg. Hinzu kommt, dass auch das Lösen von der Arbeit unter Standby-Bedingungen eingeschränkt ist. Die Ergebnisse zeigen, dass Mitarbeiter an freien Tagen deutlich besser von der Arbeit abschalten können als an Standby-Tagen. Ein ähnliches Muster zeigt sich in Bezug auf die Kontrolle über die eigene Freizeitgestaltung. Diese ist an freien Tagen am höchsten ausgeprägt und es zeigt sich jeweils ein bedeutsamer Unterschied zu Standby-Tagen wie zu normalen Flugdiensttagen.

8.4.1.5   Einfluss der Entfernung zum Einsatzort

Eine Sonderbedingung im fliegerischen Umfeld ist die Tatsache, dass ein nicht unerheblicher Teil der Mitarbeiter nicht am Stationierungsort wohnt und daher für die Diensteinsätze zum Stationierungsort anreisen muss (shuttlen). Dementsprechend ist es für die Shuttler auch notwendig für Standby-Dienste zum Stationierungsort zu reisen und sich vor Ort aufzuhalten, um im Falle eines Einsatzes rechtzeitig den Dienst antreten zu können. Die Ergebnisse der vorliegenden Untersuchung zeigen, dass an Standby-Tagen insbesondere der Konflikt zwischen Arbeit und Familien-/Privatleben bei Shuttlern stärker ausgeprägt ist als bei Mitarbeitern, die am Stationierungsort wohnen. Ein ähnliches Bild zeigt sich beim Lösen von der Arbeit. Am Wohnort stationierte Mitarbeiter können deutlich besser von der Arbeit abschalten als Shuttler. Diese Ergebnisse bestätigen die Erwartung, dass Shuttler durch die Abwesenheit von ihrem Wohnort und damit ihrem sozialen Umfeld stärker von den negativen Auswirkungen von Standby-Diensten betroffen sind.

Zusammenfassend lässt sich festhalten, dass viele Einflussfaktoren, die in anderen Branchen ähnliche Wirkungszusammenhänge auf Standby-Dienste gezeigt haben, auch im Luftfahrtkontext zu finden sind. Als einen wichtigen zusätzlichen Effekt lässt sich „Einfluss der Entfernung zum Einsatzort" bzgl. der Gruppe der Shuttler hervorheben, die durch ihre Abwesenheit vom Wohnort und ihrem sozialen Umfeld besonders stark von den Auswirkungen von Standby-Diensten betroffen sind (vgl. Goerke und Soll Im Erscheinen).

8.5 Gesundheitsgerechte Gestaltung von Rufbereitschaft

Weiter oben wurde eine Reihe von Faktoren benannt, die die Wirkungen von Rufbereitschaft beeinflussen. Auf dieser Grundlage lassen sich Gestaltungshinweise ableiten.

Wie in anderen Gestaltungfeldern, kann auch bei Rufbereitschaft getrennt werden zwischen verhältnisbezogener Gestaltung, die auf eine Veränderung der situativen Faktoren abzielt (z. B. der Häufigkeit und Dauer der Einsätze, der Einsatzplanung) und verhaltensbezogener Gestaltung, die personale Merkmale (z. B. Bewältigungsstrategien im Umgang mit Unsicherheit) betrifft. Ferner kann Gestaltung betriebliche Bedingungen (z. B. die Einsatzplanung) oder außerbetriebliche Bedingungen (z. B. Unterstützung bei der Kinderbetreuung) betreffen. Schließlich bezieht sich Gestaltung auf die Einführung und/oder auf die Durchführung von Rufbereitschaft. Zur Gestaltung gibt es eine Reihe von Veröffentlichungen. Dazu gehören eine Broschüre der Bundesanstalt für Arbeitsschutz und Arbeitsmedizin (Langhoff u. a., et al. 2006) und ein Überblick zu Betriebsvereinbarungen (Böker 2010). Im Rahmen des Verbundes Ruf wurden ebenfalls Gestaltungsvorschläge entwickelt (Friedrich et al. Im Erscheinen; Keller et al. 2011; Keller et al. 2012). Bei der Gestaltung von Rufbereitschaft lassen sich eine Reihe von thematischen Schwerpunkten trennen (vgl. Kasten). Diese werden bei Friedrich et al. (Im Erscheinen) und bei Keller et al. (2011) ausführlich diskutiert. Im Folgenden sollen lediglich einige Punkte hervorgehoben werden.

Thematische Schwerpunkte der Gestaltung von Rufbereitschaft

Vertragliche Regelung
Vergütung
Beteiligung und Mitbestimmung
1. Einfluss auf Einführung der Rufbereitschaft
2. Transparenz
3. Einfluss auf Arbeitszeit, Rufbereitschaft und Arbeitseinsätze

Arbeitszeit und Dienstpläne
4. Arbeitszeit (allgemein)
5. Arbeitszeit (bezogen auf Rufbereitschaft)Häufigkeit, Länge und Lage der Rufbereitschaft/ArbeitseinsätzeAnzahl der aufeinander folgenden Rufbereitschaften/Arbeitseinsätze
6. Ruhezeiten

Arbeitstätigkeit und Arbeitsbedingungen
7. Arbeitstätigkeit allgemein
8. Arbeitseinsätze
9. Rufbereitschaftsphase

Legitimität
- der Rufbereitschaft
- der Arbeitsaufgaben

Motivation und Qualifikation
10. Intrinsische und extrinsische Motivatoren
11. Berufliche und persönliche Weiterentwicklung

Organisationskultur

(modifiziert nach Keller et al. 2011, S. 738)

8.5.1 Vertragliche Regelungen und Vergütung

Weiter oben wurde darauf verwiesen, dass Unsicherheit, die mit Rufbereitschaft verbunden sein kann, ein Belastungsfaktor ist, der negative Wirkungen von Rufbereitschaft verstärkt. Eine Möglichkeit, Unsicherheit zu reduzieren, ist, Rufbereitschaft nicht informell zu praktizieren, sondern vertraglich festzulegen. Dies wird in vielen Fällen realisiert (Böker 2010).

Bedingungen der Rufbereitschaft sowie die Vergütung der Rufbereitschaftsphase und der Einsätze ist häufig in Tarifverträgen und Betriebsvereinbarungen geregelt (Böker 2010). Angesichts der Einschränkungen bei Rufbereitschaft und der zusätzlichen Einsätze sollte Vergütung eine Selbstverständlichkeit sein. Eine Vergütung von Rufbereitschaft kann aber ambivalente Effekte haben. Die Vergütung kann als Motivator wirken, sich möglichst häufig für Rufbereitschaft bereit zu erklären. Damit besteht die Gefahr der Überforderung und der mangelnden Erholung. Bei Vereinbarungen zu Rufbereitschaft ist deshalb über eine Obergrenze für Rufbereitschaftsdienste nachzudenken.

8.5.2 Beteiligung und Mitbestimmung

Weiter oben wurde die Relevanz der Einflussmöglichkeiten bei Rufbereitschaft mehrfach hervorgehoben. Mitbestimmung und Beteiligung ist bei der *Einführung* von Rufbereitschaft erforderlich. Dies betrifft die indirekte Mitbestimmung durch die betriebliche Interessenvertretung und die direkte Mitbestimmung durch die Betroffenen. Es ist davon auszugehen, dass Mitbestimmung dazu beiträgt, dass adäquate Regelungen der Rufbereitschaft erarbeitet werden und dass diese von einem großen Teil der Beschäftigten getragen werden. Mitbestimmung bei der *Durchführung* von Rufbereitschaft betrifft grundsätzliche Fragen der Regelung von Rufbereitschaft, also z. B. Dauer zeitliche Lage, Gratifikationen, Beteiligtenkreis. Daneben ist auch von Bedeutung, welche Einflussmöglichkeiten Einzelne auf ihre Rufbereitschaftsphasen und auf Einsätze haben. Weiter unten werden wir darauf näher eingehen. An dieser Stelle sei hervorgehoben, dass individuelle Lösungen unter Beteiligung der Betroffenen anzustreben sind. So könnte von betrieblicher Seite Tauschmöglichkeit unterstützt werden. Beschäftigte sollten auch die Möglichkeit haben, einen Ruf abzulehnen. Dies legt die Bildung von Rufbereitschaftandems oder Gruppen nah. Diese Beschäftigten könnten sich gegenseitig nicht nur vertreten, sondern auch die Unsicherheiten verringern, da sie sich beratend zur Seite stehen.

Um die Einschränkung der Mitarbeiter durch Rufbereitschaft möglichst gering zu halten, sollte den Beteiligten des Weiteren Handlungsspielraum hinsichtlich des Aufenthaltsortes, also ein möglichst hoher Bewegungsfreiraum, ermöglicht werden. In Friedrich et al. (Im Erscheinen) finden sich dazu eine Reihe von konkreten Vorschlägen.

8.5.3   Arbeitszeit und Dienstpläne

Grundsätzlich ist die Gestaltung von Rufbereitschaft Gestaltung von Arbeitszeit. Von daher sind grundlegende Empfehlungen zur Arbeitszeitgestaltung zu berücksichtigen. Die Dauer der Rufbereitschaftsphase sollte sich nach den Arbeitsbelastungen und nach der Anzahl der Einsätze richten, d. h. wenn hohe Belastungen und/oder häufige Einsätze zu verzeichnen sind, sollte die Rufbereitschaftsphase kürzer sein (Keller et al. 2011).

In unserem Projekt wurden darüber hinaus eine Reihe konkreter Gestaltungsempfehlungen für die Dienstpläne thematisiert. Die häufigste Form der Rufbereitschaft war die Einteilung für eine Woche, mit Beginn am Montagmorgen und Ende am darauffolgenden Montagmorgen. Somit schließt sich nach der letzten Rufbereitschaftsnacht ein regulärer Arbeitstag an. Es gab jedoch auch einen Betrieb, der die Rufbereitschaft freitags mittags beginnen lässt. Diese Einteilung hat den Vorteil, dass nach der Belastung durch Rufbereitschaft ein freies Wochenende Regeneration ermöglicht. Für alle weiteren Formen, wie beispielsweise Rufbereitschaft an einzelnen Tagen, sollte ebenfalls berücksichtigt werden, dass im Anschluss genügend Zeit zur Erholung ermöglicht wird. Hiermit ist nicht nur die gesetzlich vorgeschriebene Mindestruhe gemeint, da diese nur greift, wenn auch ein Abruf stattfand. Vielmehr geht es hier auch um die Belastung durch die Bereitschaft bzw. Abrufsituation, von der eine Erholung ermöglicht werden sollte (Friedrich et al. Im Erscheinen).

Es bietet es sich an, feste Termine (Wochen im Monat, z. B.: jede erste Woche) zu vergeben, sodass die Beschäftigten gut vorausplanen können. Routinen, in denen Beschäftigte ihre „festen" Wochen in Rufbereitschaft haben, bleiben präsent. Aus Workshops wurde berichtet, dass es sich in verschiedenen Betrieben bewährt hat, wenn ein Jahresplan durch den Betrieb vorgegeben wird, der dann durch die Betroffenen verändert werden kann. Eine vollständig freie Einteilung unter den Betroffenen führe nach Aussagen der Teilnehmer eher zur Berücksichtigung der Interessen der schnellsten als zu einem ausgeglichenen Dienstplan. In diesem Zusammenhang ist außerdem wichtig, dass die frühzeitig festgelegte Dienstplanung – auf die private Termine bereits abgestimmt sind – auch verbindlich ist, und dass es möglichst nicht zu kurzfristigen Veränderungen kommt, denn das würde möglicherweise bedeuten, dass private Aktivitäten abgesagt werden müssen (Friedrich et al. Im Erscheinen).

8.5.4 Arbeitseinsätze und Arbeitsbedingungen

Während der Einsätze in der Rufbereitschaft ist die Qualität der Arbeitstätigkeit zu gewährleisten, indem Ressourcen gefördert werden, Belastungen reduziert werden und eine Passung zwischen Anforderungen und Handlungsbereitschaft gesichert wird.

Manche Berufsgruppen müssen bei den Einsätzen riskante und sehr belastende Arbeitsaufgaben bewältigen. So sind z. B. von Polizei, Feuerwehr oder dem Rettungsdienst immer wieder Einsätze mit hohem Gefährdungspotential zu erbringen. Im Rahmen der Prävention von Posttraumatischen Belastungsstörungen (z. B. Wiemann und Ruprecht 2011) werden Maßnahmen diskutiert, die die Bewältigung solcher Einsätze unterstützen sollen, wie Gestaltung eines entsprechenden Einsatzteams, Pausenregelung, Stressmanagement und Supervision (vgl. auch Teegen 2003).

Doch auch weniger spektakuläre Belastungen sind, wie unser Projekt gezeigt hat, bei Rufbereitschaft ernst zu nehmen. So besteht immer wieder das Problem der Überforderung, wenn in Rufbereitschaft Aufgaben übernommen werden müssen, die im Alltag nicht bearbeitet werden. Die Einrichtung von Erfahrungsaustausch beispielsweise in Tandems oder in Teams bietet sich an. Eine weitere Lösung ist, bei Bedarf erfahrene Kollegen zu konsultieren, die dann bei Rufbereitschaft einspringen. Diese Kooperationsmöglichkeiten bei Rufbereitschaft haben den Vorteil, dass durch sie soziale Unterstützung gewährleistet werden kann. Ein gutes Dokumentationssystem von bisherigen Einsätzen ist eine weitere Möglichkeit, die Beschäftigten vorzubereiten.

8.5.5 Einsatzort

Eine wichtige Determinante der Tätigkeit während eines Rufbereitschaftseinsatzes ist der Einsatzort. Teilweise ist es möglich, dass die in Rufbereitschaft zu leistenden Arbeitsaufgaben von zu Hause, von unterwegs oder einem anderen beliebigen Ort der eigenen Wahl per Telefon oder PC/Internet durchgeführt werden können (Remote-Einsätze). Ist dies der Fall, können die Rufbereitschaftsleistenden üblicherweise selbst entscheiden, ob es erforderlich ist, die Arbeitstätigkeit vor Ort durchzuführen oder ob dies auch von zu Hause oder unterwegs aus machbar ist (Böker 2010). Ggf. kann den Beschäftigten die Möglichkeit eingeräumt werden, den Ort für die Tätigkeit frei zu wählen. Dies kann beispielsweise durch Laptops und UMTS-Internet unterstützt werden. Sinnvoll ist auch, einen Teil der Arbeit per Telefon zu leisten oder aber vorzubereiten.

8.5.6 Legitimität und Gerechtigkeit

Weiter oben wurde verdeutlicht, dass Legitimität und Gerechtigkeit im Kontext von Rufbereitschaft mindestens zwei Fragen betreffen: Wer macht Rufbereitschaft und welche Aufgaben sind bei Einsätzen zu erfüllen? Für die Einteilung zu Rufbereitschaft sind unterschiedliche Beschäftigungsverhältnisse zu berücksichtigen, d. h. dass z. B. Beschäftigte mit Teilzeitstellen auch anteilig Rufbereitschaftsdienste leisten sollten, da sonst eine Ungerechtigkeit in der Zuteilung der Dienste entsteht (Langhoff et al. 2006). Weiterhin könnte über eine Freiwilligkeit zur Teilnahme nachgedacht werden, da dies die Motivation steigert (Langhoff et al. 2006). Dieses Vorgehen kann jedoch auch dazu führen, dass die Belastung auf wenige Mitarbeiter konzentriert wird (s. o.).

Um die Legitimität der Arbeitsaufgaben zu gewährleisten, ist es von zentraler Bedeutung, die Aufgaben in Rufbereitschaft von allen Teilaufgaben zu befreien, die in der regulären Arbeitszeit ausführbar sind. Hier ist die Kommunikation der Wichtigkeit der Aufgaben von hoher Bedeutung. Sind Aufgaben notwendig, sollte dies den Beschäftigten auch entsprechend deutlich gemacht und begründet werden, um Missverständnisse zu vermeiden (Friedrich et al. Im Erscheinen).

8.5.7 Unsicherheit über einen Abruf

Wie der Rufbereitschaftsdienst von den Betroffenen erlebt wird, ist davon abhängig, inwieweit die Abrufsituation sowie der Einsatz mit Unsicherheit verbunden sind. Unsicherheit verstärkt mögliche negative Wirkungen von Rufbereitschaft (s. o.). Um die Unsicherheit über einen möglichen Einsatz zu verringern, bietet es sich an, ggf. den Mitarbeitern zu signalisieren, wie wahrscheinlich ein Einsatz ist. Tage, an denen ein Abruf wahrscheinlicher ist (erhöhtes Aufkommen während des regulären Tages, Auslastung von Systemen, hoher Krankenstand, Wetterprognosen etc.), könnten beispielsweise für alle ersichtlich gekennzeichnet werden. Der Hinweis, dass ein Einsatz sehr wahrscheinlich ist, könnte die Beschäftigten in ihrer Vorbereitung unterstützen. Somit wäre nicht nur die Unsicherheit reduziert, sondern die Beschäftigten könnten schneller reagieren. Weiterhin könnten sie dann ihr Freizeitverhalten anpassen und ihr Umfeld vorbereiten. Hinweise auf ruhigere Tage mit geringerer Wahrscheinlichkeit eines Abrufes können die Freizeitqualität erhöhen. Längere oder aufwendigere Aktivitäten können angegangen werden, da es doch wahrscheinlich ist, diese nicht abbrechen zu müssen. In der Interviewstudie gaben einige Personen eine aktive Suche nach möglichen Signalen als persönliche Strategie an, beispielsweise indem Informationen über eine Abrufwahrscheinlichkeit telefonisch beim Vorgesetzten eingeholt werden.

Die Unsicherheit bezüglich der Einsätze kann über Informationsweitergabe bei der Aktivierung der Rufbereitschaft reduziert werden. Häufig können Einsätze besser eingeschätzt werden, wenn bekannt ist, worum es geht. Ein Dokumentationssystem der bisherigen Rufe unterstützt diese Einschätzung. Wenn nach jedem Ruf Ursache und Länge eines

Einsatzes dokumentiert werden, kann die Einsatzdauer bei ähnlichen Einsätzen besser abgeschätzt werden.

8.5.8 Gestaltungsempfehlungen in der Luftfahrt

Einige der oben genannten Gestaltungsempfehlungen treffen ebenfalls für die Luftfahrtbranche zu und lassen sich gut umsetzen. Z. B. könnte die Unsicherheit über einen Abruf reduziert werden, indem die Wahrscheinlichkeit eines Abrufs deutlich gemacht wird oder dem Mitarbeiter die Möglichkeit geboten wird, sich eigenständig schon am Vorabend bei der Einsatzleitung über potenziellen Einsätzen in den frühen Morgenstunden zu informieren. Andere Gestaltungsempfehlungen sind schwierig bzw. gar nicht auf die Luftfahrtbranche übertragbar, wie z. B. die konkreten Vorschläge für die zeitliche Lage der Rufbereitschaftsphasen oder feste, gleichbleibende Rufbereitschaftswochen (s. o.), da Standby-Dienste in der Einsatzplanung grundsätzlich unterschiedlich gestaltet sind.

Daher sollen im Folgenden einige luftfahrtspezifische Gestaltungsempfehlungen vorgestellt werden (ausführlicher s. Goerke und Soll Im Erscheinen). Auch wenn aufgrund der planerischen Komplexität der Einsatzpläne die langfristige und kurzfristige Einflussnahme der Mitarbeiter auf die Dienstplangestaltung schwierig ist, könnte die Veröffentlichung der Monatsplanung es den Mitarbeitern erleichtern, potenzielle Tauschpartner zu finden. Sollte eine derartige Lösung von der Unternehmensseite nicht gewünscht bzw. schwierig umzusetzen zu sein, dann wäre auch eine Plattform denkbar, auf der die Mitarbeiter auf freiwilliger Basis ihre Dienstpläne für mögliche Tauschoptionen veröffentlichen können.

Wie oben angeführt sind Shuttler besonders stark von den Auswirkungen von Standby-Diensten betroffen. Um Standby-Dienste für diese Mitarbeitergruppe angenehmer zu gestalten, wäre es z. B. denkbar, die zeitliche Lage der Standby-Dienste an die Bedürfnisse der Mitarbeiter anzupassen. Darüber hinaus könnte darüber nachgedacht werden, besondere Anreize für Shuttler zu schaffen, ihren Wohnort an den Stationierungsort zu verlegen oder sie bei der Suche nach einer Unterkunft für die Zeit des Standby-Dienst zu unterstützen.

Neben den organisationalen Maßnahmen könnten Mitarbeiter auch individuell unterstützt werden, um mit der Standby-Situation besser umgehen zu können. Hierbei sollte auch die Familie bzw. das soziale Umfeld der Mitarbeiter mit eingeschlossen werden. Ein konkreter Ansatzpunkt könnte es sein, sich mental auf einen Standby-Dienst einzustellen und diesen bewusst mit seinem sozialen Umfeld zu planen. Daraus könnte z. B. eine positive Wahrnehmung des Standby-Dienstes entstehen, da der Mitarbeiter entweder unerwartet einen freien Tag hat bzw. im Falle einer Aktivierung aus dem Standby Arbeitsstunden sammelt.

8.6 Zusammenfassung und Resümee

Bei Rufbereitschaft handelt es sich um ein flexibles Arbeitszeitmodell, das es Betrieben ermöglicht, außerhalb der regulären Arbeitszeiten Dienstleistungen anzubieten oder in Notfällen Störungen zu beheben. Dabei ist Rufbereitschaft in Deutschland relativ weit verbreitet. 43,8 % der Betriebe nutzen diesen so genannten Hintergrunddienst, mehrheitlich durch Tarifvertrag oder Betriebsvereinbarung geregelt. In größeren Betrieben und einzelnen Branchen (vor allem in der Energie- und Wasserversorgung, öffentlichen Dienstleistungen sowie im Gesundheits- und Sozialwesen) wird Rufbereitschaft überdurchschnittlich häufig eingesetzt. Allerdings sind auf Basis der berichteten Betriebsbefragung nur etwa 9 % der Beschäftigten pro Betrieb von Rufbereitschaft betroffen.

Bei Rufbereitschaft handelt es sich um ein flexibles Arbeitszeitmodell, das es Betrieben ermöglicht, außerhalb der regulären Arbeitszeiten Dienstleistungen anzubieten oder in Notfällen Störungen zu beheben. Dabei ist Rufbereitschaft in Deutschland relativ weit verbreitet. 43,8 % der Betriebe nutzen diesen so genannten Hintergrunddienst, mehrheitlich durch Tarifvertrag oder Betriebsvereinbarung geregelt. In größeren Betrieben und einzelnen Branchen (vor allem in der Energie- und Wasserversorgung, öffentlichen Dienstleistungen sowie im Gesundheits- und Sozialwesen) wird Rufbereitschaft überdurchschnittlich häufig eingesetzt. Allerdings sind auf Basis der berichteten Betriebsbefragung nur etwa 9 % der Beschäftigten pro Betrieb von Rufbereitschaft betroffen.

Rufbereitschaft ist eine Variante flexibler Arbeitszeitregelung, von der viele Berufsgruppen betroffen sind: Hebammen und Piloten, Seelsorger und Softwareadministratoren, Klempner und Ärzte – sie alle arbeiten mehr oder weniger häufig in Rufbereitschaft. Für viele Betroffene ist Rufbereitschaft eine Selbstverständlichkeit, ein wesentliches Element ihrer beruflichen Identität. Rufbereitschaft kann aber negative Wirkungen auf Gesundheit und Wohlbefinden haben. Die Folgen für die Gesundheit lassen sich vor allem der Verfügbarkeit während der Rufbereitschaftsphase zuschreiben, Mehrarbeit durch Arbeitseinsätze spielt demgegenüber eine untergeordnete Rolle.

Die Bedingungen, unter denen Rufbereitschaft durchgeführt wird, können die Folgen verstärken oder mindern. Gestaltung von Rufbereitschaft ist somit ein zentrales Thema. Dabei gibt es eine Reihe von Ansatzpunkten, die sich generell bei Arbeitsgestaltung bewährt haben, wie z. B. die Realisierung von Mitbestimmung und Beteiligung, die Sicherung von Ressourcen wie Handlungsspielraum und soziale Unterstützung sowie die Reduktion von Belastungen wie Unsicherheit und Überforderung. Als zentrales Gestaltungsprinzip ist zu berücksichtigen, dass bei Rufbereitschaft Anforderungen von Erwerbsarbeit und von Freizeit und Familie in Bezug gesetzt werden. Rufbereitschaft in der Erwerbsarbeit ist gut machbar, wenn die Erwerbstätigen die entsprechende Zeit haben und wenn Anforderungen aus anderen Lebensbereichen nicht dringlich sind. Rufbereitschaft kann zum kaum lösenden Problem werden, wenn Anforderungen aus verschiedenen Tätigkeitssystemen, also z. B. aus Arbeit und Familie zu erfüllen sind. In diesem Falle treffen Anforderungen nach Verfügbarkeit aus verschiedenen Lebensbereichen und in verschiedenen Lebensbereichen zusammen (Dettmers & Bamberg, Im Erscheinen; Bamberg & Dettmers, 2013). Hier sind Lösungen gefragt, die über Arbeitsgestaltung hinausgehen.

Literatur

Bamberg E, Busch C, Ducki A (2003) Betriebliches Stress- und Ressourcenmanagement. Strategien und Methoden für die neue Arbeitswelt. Huber, Göttingen

Bamberg E, Dettmers J, Funck H, Krähe B, Vahle-Hinz T (2012) Effects of on-call work on well-being: results of a daily survey. Appl Psychol Health Well-Being 4(3):299–320

Bamberg E, Dettmers J (2013) Verfügbarkeit – ein (neues) Thema der Arbeitsgestaltung? Profile – Internationale Zeitschrift für Veränderung, Lernen, Dialog, 12 (24)

Bauer F, Groß H, Lehmann K, Munz E (2004) Arbeitszeit 2003. Arbeitszeitgestaltung, Arbeitsorganisation und Tätigkeitsprofile. Institut zur Erforschung sozialer Chancen (iso): Köln. Abgerufen von http://www.wkdis.de/downloads/Arbeitszeit%202003.pdf

Beermann B, Brenscheidt F, Siefer A (2008) Unterschiede in den Arbeitsbedingungen und -belastungen von Frauen und Männern. In: Badura B, Schröder H, Vetter C (Hrsg) Fehlzeiten-Report 2007– Arbeit, Geschlecht und Gesundheit. Springer, Heidelberg, S. 69–82

Böker K-H (2010) Rufbereitschaft. Hans-Böckler-Stiftung, Düsseldorf

Dettmers, J. & Bamberg, E. (Im Erscheinen). Rufbereitschaft als erweiterte Verfügbarkeit für die Erwerbsarbeit. In J. Dettmers, S. Fietze, N. Friedrich & M. Keller (Hrsg.), Rufbereitschaft. Mering: Hampp.

Fietze S, Matiaske W, Tobsch V, Schult M (2013). Flexibilität durch Verfügbarkeit: Rufbereitschaft und Arbeit auf Abruf in Deutschland. Bericht Nr. 26, Werkstatt für Organisations- und Personalforschung e. V.: Berlin (in Vorbereitung)

Frese M, Semmer NK (1991) Stressfolgen in Abhängigkeit von Moderatorvariablen. Der Einfluss von Kontrolle und sozialer Unterstützung. In: Greif S, Bamberg E, Semmer N (Hrsg) Psychischer Stress am Arbeitsplatz. Hogrefe, Göttingen, S 135–153

Friedrich N, Keller, M. Vahle-Hinz, T. (Im Erscheinen) Bedingungen, Wirkungen und Gestaltungsmöglichkeiten von Rufbereitschaft. In: Fietze S, Friedrich N, Keller M, Dettmers J (Hrsg) Rufbereitschaft. Mering, Hampp

Goerke P, Soll H (Im Erscheinen) Standby-Dienst: Rufbereitschaft in der Luftfahrt. In: Fietze S, Friedrich N, Keller M, Dettmers J (Hrsg) Rufbereitschaft. Mering, Hampp

Hochschild AR (1990) Das gekaufte Herz. Zur Kommerzialisierung der Gefühle. Campus, Frankfurt/Main

Kabst R, Wehner MC, Meifert M, Kötter PM. (2009) Personalmanagement im internationalen Vergleich. The cranfield project on international strategic human resource management. Ergebnisbericht der siebten Erhebung. Justus-Liebig-Universität Gießen. Abgerufen von http://www.acht-etappen.com/stuff/Cranet_Ergebnisbericht_2009.pdf

Keller M, Bamberg E, Friedrich N, Dettmers J, Vahle-Hinz T (2011) Gesundheitsgerechte Gestaltung von Rufbereitschaft. In: Bamberg E, Ducki A, Metz A-M (Hrsg) Handbuch Gesundheitsförderung und Gesundheitsmanagement in der Arbeitswelt. Hogrefe, Göttingen, S 713–734

Keller M, Bamberg E, Dettmers J, Friedrich N, Vahle-Hinz T, Schulz A (2012) Bei Anruf Arbeit. Ansätze zur Gestaltung von Rufbereitschaft. Personal quarterly 64(1):30–33

Kudielka BM, Wüst S (2010) Human models in acute and chronic stress: assessing determinants of individual hypothalamic pituitary adrenal axis activity and reactivity. Stress 13(1):1–14

Langhoff T, Sczesny C, Wingen S, Marino D, Knelangen M (2006) Rufdienste. Eine Handlungshilfe zur positiven Gestaltung. Bundesanstalt für Arbeitsschutz und Arbeitsmedizin (Hrsg) Dortmund

Nicol AM, Botterill JS (2004) On-call work and health: a review. Environmen Health Glob Access Sci Sour 3 (15)

Pruessner JC, Wolf OT, Hellhammer DH, Buske-Kirschbaum A, Auer K von, Jobst S, Kaspers F, Kirschbaum C (1997) Free cortisol levels after awakening: a reliable biological marker for the assessment of adrenocortical activity. Life Sci 61(26):2539–2549

Semmer N, Zapf D, Dunckel H (1995) Assessing stress at work. A framework and an instrument. In: Svane O, Johansen C (Hrsg) Work and health – scientific basis of progress in the working environment. Office for Official Publications of the European Communities, Luxembourg, S 105–113

Semmer NK, Tschan F, Meier LL, Facchin S, Jacobshagen N (2010) Illegitimate tasks and counterproductive work behavior. Appl Psychol Inter Revie 59(1):70–96

Sonnentag S, Fritz C (2007) The recovery experience questionnaire: Development and validation of a measure for assessing recuperation and unwinding from work. J Occup Health Psychol 12(3):204–221

Teegen F (2003) Posttraumatische Belastungsstörungen bei gefährdeten Berufsgruppen. Prävalenz – Prävention – Behandlung. Hans Huber, Bern [Reihe Praxis der A & O-Psychologie]

Tobsch V, Matiaske W, Fietze S (2012) Abrufarbeit: Die ständige Verfügbarkeit. personal quarterly 64(1):26–29

Vahle-Hinz T, Bamberg E (2009) Flexibilität und Verfügbarkeit durch Rufbereitschaft – die Folgen für Gesundheit und Wohlbefinden. Arbeit 18(4):327–340

Van Dierendonck D, Schaufeli WB, Buunk BP (1998) The evaluation of an individual burnout intervention program: The role of inequity and social support. J Appl Psychol 83(3):392–407

Wiemann G, Ruprecht U (2011) Arbeitsbedingte psychische Traumatisierungen. In: Bamberg E, Ducki A, Metz A-M (Hrsg) Gesundheitsförderung und Gesundheitsmanagement in der Arbeitswelt. Ein Handbuch, Göttingen, S 323–339

Zapf D, Semmer N (2004). Stress und Gesundheit in Organisationen. In: Schuler H (Hrsg) Enzyklopädie der Psychologie. Band Organisationspsychologie (2. Aufl). D III 3, Göttingen, S 1007–1112

Zapf D, Holz M (2006) On the positive and negative effects of emotion work in organizations. European J Work Org Psychol 15(1):1–28

Zapf D, Vogt C, Seifert C, Mertini H, Isic A (1999) Emotion work as a source of stress: The concept and development of an instrument. J Work Org Psychol 8(3):371–400

The manufacturer's authorised representative in the EU is Springer
Nature Customer Service Centre GmbH, Europaplatz 3, 69115 Heidelberg,
Germany. If you have any concerns regarding our products, please
contact ProductSafety@springernature.com

Printed and bound by CPI Group (UK) Ltd, Croydon, CR0 4YY
26/04/2026
02097302-0010